Politik entdecken

Politik und Wirtschaft

Band 1 Hessen

mit Beiträgen von

Dr. Michael Berger
Dr. Thomas Berger-von der Heide
Christoph Breithack
Nadine Di Pardo
Dietmar Falk
Andrea Drescher
Sabine Held
Elisabeth Herkenrath
Karl-Heinz Holstein
Winfried Kneip
Frank Neumann
Dr. Dieter Potente
Lothar Schwandt
Birgit Skörries
Reinhard Stachwitz
Thomas Zimmermann

in Zusammenarbeit
mit der Verlagsredaktion

Cornelsen

Redaktion Jürgen Grabowski

Bildassistenz Dagmar Schmidt

Umschlaggestaltung Klein & Halm Grafikdesign, Berlin

Layout Buchgestaltung+, Berlin

Technische Umsetzung Klein & Halm Grafikdesign, Berlin

www.cornelsen.de

Die Links zu externen Webseiten Dritter, die in diesem Lehrwerk angegeben sind, wurden vor Drucklegung sorgfältig auf ihre Aktualität geprüft. Der Verlag übernimmt keine Gewähr für die Aktualität und den Inhalt dieser Seiten oder solcher, die mit ihnen verlinkt sind.

1. Auflage, 1. Druck 2012

Alle Drucke dieser Auflage sind inhaltlich unverändert und können im Unterricht nebeneinander verwendet werden.

Druck Stürtz GmbH, Würzburg

ISBN 978-3-06-064178-9

Inhalt gedruckt auf säurefreiem Papier aus nachhaltiger Forstwirtschaft.

Inhalt

Anhang

Liebe Schülerin, lieber Schüler,

bevor du dich beim Durchblättern und Bearbeiten der ersten Kapitel daran machst, zu entdecken, was Politik bedeutet, soll dir diese Doppelseite einen Einstieg zur Arbeit mit dem Buch geben.

Methode

Hier geht es nicht so sehr um Inhalte und Sachwissen, sondern um die Methoden des Faches Politik. An einem Beispiel lernst du kennen, wie das Wissen für dieses Fach zustande kommt. Das können Umfragen, Erkundungen und andere Methoden sein. Hier bekommst du Hilfestellungen, sodass du die Methoden auch praktisch anwenden kannst.

METHODE

Erkundung: Einkaufsfalle Supermarkt?!

M 1 Eingangsbereich eines Supermarktes

M 5 Karikatur

Der perfekte Supermarkt

Orangen und Äpfel, vielfach gespiegelt, in warmem Licht – ein kleines Paradies gleich am Eingang. Geschaffen hat es Dieter Brinkmann, Ladendesigner einer Supermarkt-Kette. Damit will er seine Kunden bremsen. Schließlich hätten die noch ihren Straßenschritt in den Beinen.
Danach öffnen sich links die ersten Regale quer zur Laufrichtung. Hier stehen die teuren Artikel immer in jenen Reihen, denen die Kunden entgegenlaufen, die preiswerten liegen in ihrem Rücken.
Um zur Milch zu gelangen, die fast alle Kunden kaufen, muss man jedoch erst einmal durch den gesamten Supermarkt. Direkt neben der Milch lockt dann ein Becher Mousse au chocolat, „eine Impulsware", wie Brinkmann sagt. Das ganze Geschäft ist so sortiert: Neben den wenigen Artikeln, die man wirklich braucht, liegen gewinnbringende Waren, die wir sehen müssen, damit uns der Impuls zum Kaufen durchzuckt.
Auch die Produktanordnung im Regal folgt … durch den Supermarkt läuft." Die Musik richtet sich danach, wann Rentner einkaufen und wann Schulkinder: Morgens erklingen Schlager, ab mittags wird die Musik moderner.
Dann sind da noch die Außenseiten der Regale. Dort hat Brinkmann seine „Stopper" aufgebaut. Auf ihnen stapeln sich Waren, die wie Schnäppchen erscheinen. Jede Woche werden diese Stopper umgeräumt. Wo heute ein Stapel Kartoffelchips steht, wartet morgen die Shampoo-Pyramide. Und alle paar Monate wird richtig umgeräumt, damit die Kunden den ganzen Markt durchsuchen.
Direkt vor der Kasse wartet noch die „Quengelware", die kleinen Kindern große Augen macht. „Teure Artikel, mit denen wir richtig Geld verdienen", sagt Brinkmann. Schnell hat der Nachwuchs den Eltern einen Schokoriegel abgetrotzt – leider kostet er hier fast so viel wie der Dreierpack hinten im Laden.
Nach 20 Minuten ist der Durchschnittskunde an der Kasse angelangt, der Einkaufswagen wie von Geisterhand gefüllt. Nicht umsonst …

4 Wirtschaft entdecken

M 1 Bravo Faktor Jugend 7 – Studie des Bauer-Verlages. Diese Studie ist vom Bauer-Verlag als „Service" für Unternehmen erstellt worden, die in Bravo werben möchten. Aber auch für selbstbewusste Kinder lohnt sich ein Blick in diese Studie. Ihr findet sie und über 15 weitere Studien vom Bauer-Verlag zur Zielgruppe Kinder und Jugendliche unter: www.bauermedia.com/zielgruppen.0.html

Wir Menschen brauchen so einiges, um leben zu können. Zum Beispiel Luft und Sonnenlicht oder Lebensmittel und Kleidung. Aber am liebsten möchten wir noch viel mehr haben: ein neues Handy, einen neuen MP3-Player, neue Schuhe und und und …

Immer mehr Kinder und Jugendliche in Deutschland verfügen heute über eine enorme und ständig steigende Geldmenge. Sie sind deshalb eine interessante und heiß umworbene Zielgruppe der Unternehmen. Und immer häufiger fragen Eltern den informierten Nachwuchs bei Kaufentscheidungen um Rat. Kinder und Jugendliche bestimmen heute selbstbewusst, was im Einkaufskorb landet, sie sind deshalb eine schwierige, aber auch interessante Zielgruppe für Unternehmen.
In diesem Kapitel steht ihr als Verbraucher (Konsumenten) im Mittelpunkt. Ihr werdet z. B. erfahren und erforschen, wie Konsumenten beeinflusst werden können.

Am Ende dieses Kapitels kannst du

- den Unterschied zwischen Wünschen und Bedürfnissen erklären und eigene Beispiele nennen.
- erklären, warum der Mensch wirtschaftet. Außerdem kannst du mithilfe des „ökonomischen Prinzips" zeigen, wie dieses Wirtschaften funktioniert.
- die Entwicklung des Geldes vom Tauschhandel bis zum Buchgeld beschreiben.
- an Beispielen erklären, wie Werbung funktioniert. Außerdem kennst du Methoden, wie du als Kunde kritischer mit Werbung umgehen kannst.
- an einem Beispiel erklären, welchen Einfluss Kunden auf Firmen haben. Außerdem kannst du beurteilen, ob Kunden beim Einkaufen Verantwortung für Produktionsbedingungen bestimmter Artikel haben.
- an Beispielen deine Rechte als Kunde beschreiben.

62

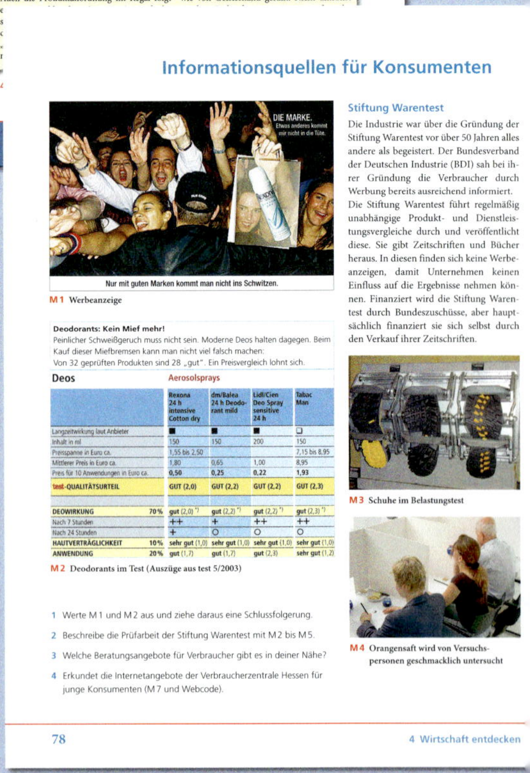
Informationsquellen für Konsumenten

Nur mit guten Marken kommt man nicht ins Schwitzen.

M 1 Werbeanzeige

Deodorants: Kein Mief mehr!
Peinlicher Schweißgeruch muss nicht sein. Moderne Deos halten dagegen. Beim Kauf dieser Miefbremsen kann man nicht viel falsch machen:
Von 32 geprüften Produkten sind 28 „gut". Ein Preisvergleich lohnt sich.

Deos		Aerosolsprays			
		Rexona 24 h intensive Cotton dry	dm/Balea 24 h Deodorant mild	Lidl/Cien Deo Spray sensitive 24 h	Tabac Man
Langzeitwirkung laut Anbieter		■	■	■	□
Inhalt in ml		150	150	200	150
Preisspanne in Euro ca.		1,55 bis 2,50			7,15 bis 8,95
Mittlerer Preis in Euro ca.		1,80	0,65	1,00	8,95
Preis für 10 Anwendungen in Euro ca.		0,50	0,25	0,22	1,93
test-QUALITÄTSURTEIL		GUT (2,0)	GUT (2,2)	GUT (2,2)	GUT (2,3)
DEOWIRKUNG	70 %	gut (2,0) *)	gut (2,2) *)	gut (2,2) *)	gut (2,3) *)
Nach 7 Stunden		++	+	++	++
Nach 24 Stunden		+	O	O	O
HAUTVERTRÄGLICHKEIT	10 %	sehr gut (1,0)	sehr gut (1,0)	sehr gut (1,0)	sehr gut (1,0)
ANWENDUNG	20 %	gut (1,7)	gut (1,7)	gut (2,3)	sehr gut (1,2)

M 2 Deodorants im Test (Auszüge aus test 5/2003)

1 Werte M 1 und M 2 aus und ziehe daraus eine Schlussfolgerung.
2 Beschreibe die Prüfarbeit der Stiftung Warentest mit M 2 bis M 5.
3 Welche Beratungsangebote für Verbraucher gibt es in deiner Nähe?
4 Erkundet die Internetangebote der Verbraucherzentrale Hessen für junge Konsumenten (M 7 und Webcode).

Stiftung Warentest

Die Industrie war über die Gründung der Stiftung Warentest vor über 50 Jahren alles andere als begeistert. Der Bundesverband der Deutschen Industrie (BDI) sah bei ihrer Gründung die Verbraucher durch Werbung bereits ausreichend informiert.
Die Stiftung Warentest führt regelmäßig unabhängige Produkt- und Dienstleistungsvergleiche durch und veröffentlicht diese. Sie gibt Zeitschriften und Bücher heraus. In diesen finden sich keine Werbeanzeigen, damit Unternehmen keinen Einfluss auf die Ergebnisse nehmen können. Finanziert wird die Stiftung Warentest durch Bundeszuschüsse, aber hauptsächlich finanziert sie sich selbst durch den Verkauf ihrer Zeitschriften.

M 3 Schuhe im Belastungstest

M 4 Orangensaft wird von Versuchspersonen geschmacklich untersucht

78 4 Wirtschaft entdecken

Auftakt

Die blauen Auftaktseiten markieren jeweils den Beginn eines Kapitels. Auf diesen Seiten findest du erste Anregungen, dich mit einem Thema zu beschäftigen. Unter dem Button „Am Ende dieses Kapitels kannst du" findest du einen Überblick über die Kompetenzen, die du auf den Folgeseiten erwerben kannst.

KOMPETENZ-Trainer

In jedem der sieben Kapitel kannst du dein Wissen und deine Kompetenzen in unterschiedlichen Themengebieten erweitern und vertiefen. Am Ende jedes Kapitels kannst du deine neu erworbenen Kompetenzen überprüfen und trainieren.

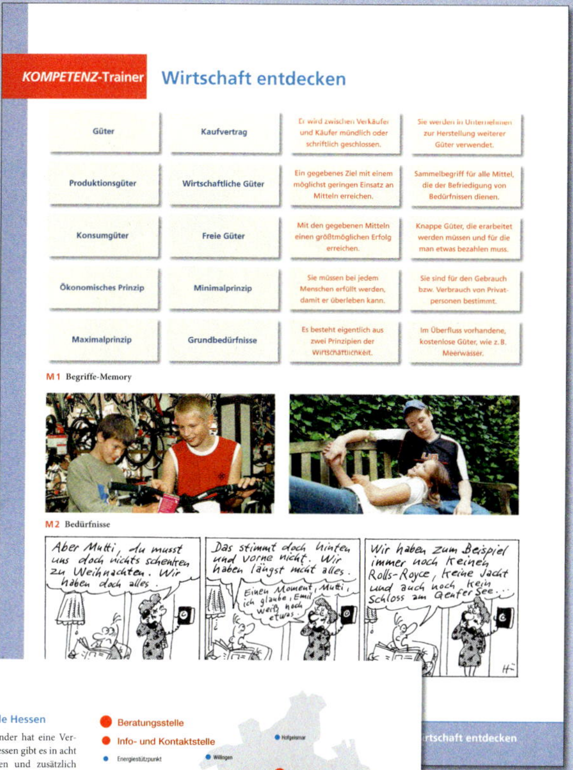

Anhang

Innerhalb der Kapitel dieses Buches wirst du immer wieder auf die unten aufgeführten Symbole stoßen. Wie ein Link im Internet sollen sie dich auf Seiten im Anhang dieses Buches führen. Dabei unterscheiden wir vier Anhangteile:
Lexikon, **Arbeitstechniken**, **Arbeitsformen** und **Kompass**.

In den ersten drei Teilen findest du jeweils alphabetisch sortiert nähere Angaben zu den gekennzeichneten Begriffen.
Einige Themen führen dich in weit entfernte Länder – der Kompass soll dir zusammen mit den angegebenen Koordinaten (z. B. K7) eine schnelle räumliche Orientierung ermöglichen.

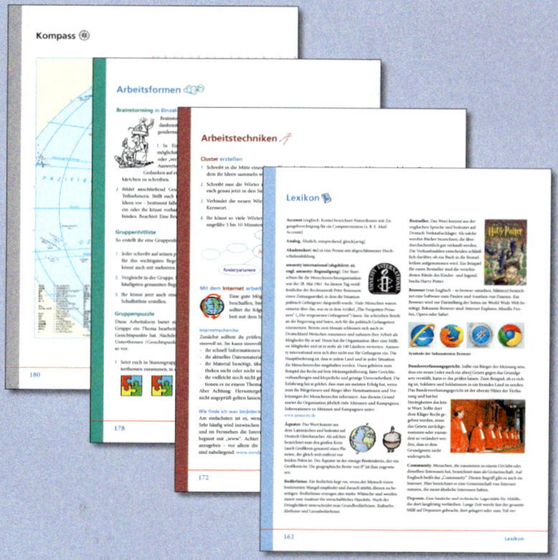

Themenseite

Die Themenseiten beleuchten jeweils einen zentralen Aspekt innerhalb des Kapitels. Einleitungstexte geben dir eine kurze Einführung in das Thema. Anschließend kannst du alleine oder in Gruppen das Thema mithilfe der Materialien und Arbeitsaufträge selbstständig erschließen.

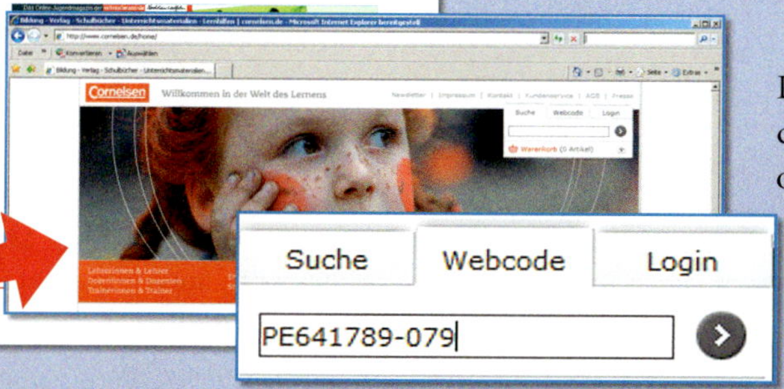

Die Webcodes weisen dich auf Internetseiten hin, auf denen du aktuelle und weitere interessante Informationen findest. Gib den Webcode auf der Internetseite www.cornelsen.de im Fenster oben rechts ein und klicke auf den Pfeil rechts.

1 Politik entdecken

Hat das Bermudadreieck sie verschlungen?

Kreuzfahrtschiff im Hurrikan verschollen

Über 2000 Personen an Bord. Alle tot?

Nachdem der Hurrikan Michael überraschend seine Richtung verändert hat, ist das große Kreuzfahrtschiff „Traum der Karibik“ offenbar vom Orkan voll erfasst worden. Seit dem Notruf des Kapitäns fehlt von dem Schiff jede Spur. Mit dem Schlimmsten muss gerechnet werden.

Am Ende dieses Kapitels kannst du

- den Begriff „Politik" an eigenen Beispielen erklären.
- beschreiben, wie ein Jugendparlament arbeitet. Außerdem kannst du Möglichkeiten nennen, wie du deine Interessen demokratisch vertrittst.
- beschreiben, wie eine Gemeinde, als kleinste politische Einheit des Staates, organisiert ist. Du kannst die Aufgaben einer Gemeinde an Beispielen erklären.
- an einem Fallbeispiel zeigen, wie in einer Demokratie trotz unterschiedlicher Interessen Lösungen gefunden werden.

Simulation: Ordnung tut Not – Überleben in Gemeinschaften

Teilt euch in Gruppen auf und bearbeitet das folgende Projekt. Stell dir vor, du hast dich mit einer Gruppe von 25 Personen auf eine Insel retten können. Gehe davon aus, dass eine baldige Rettung unwahrscheinlich ist. Du musst zusammen mit den anderen Überlebenden euer Zusammenleben organisieren. Nimm dafür als Voraussetzung an, dass es auf der Insel trinkbares Wasser, Früchte, auch Fische und Vögel gibt. Über irgendwelche Gefahren ist dir nichts bekannt. Diskutiert die rechts aufgeführten Fragen. Überlegt genau und bedenkt die Folgen. Schreibt dann die Entscheidungen, Gesetze und Vereinbarungen auf Kartonbögen und präsentiert euer Ergebnis der Klasse.

Insel der Gesetzlosen?

Bei eurer Ankunft seid ihr auf der Insel ohne Gesetze und Regeln. Wie werden bei euch Gesetze gemacht? Wie regelt ihr die Arbeitsaufteilung und die Freizeit? Welche Regeln gelten für Männer, Frauen und Kinder? Wem gehört was? Was ist Privatbesitz, was gehört allen? Welche Rechte haben die Menschen auf eurem Inselabschnitt? Welche Gesetze gelten für die Umwelt (Wasser, Luft, Pflanzen, Tiere)?

Insel der Einsiedler?

Die Insel ist dünn besiedelt und es stellt sich die Frage, ob ihr anderen Inselbewohnern die Mitgliedschaft in eurer Inselgruppe ermöglichen wollt. Wer darf herein? Welche Voraussetzungen muss sie oder er erfüllen? Beachtet bei der Beantwortung dieser Fragen auch eure bisherigen Gesetze und Vereinbarungen.

Insel der Könige?

Als ihr auf die Insel gekommen seid, gab es hier niemanden, der das Sagen hatte. Wie regelt ihr das in Zukunft auf eurer Insel? Soll es niemanden geben, der entscheidet und bestimmt? Sollen es alle gemeinsam oder jeder für sich machen? Soll es einen König oder eine andere Herrschaftsform geben?

Insel der Geldlosen?

Auf eurer Insel gibt es kein Geld. Perlen könnten als Währung zum Bezahlen von Waren und Arbeit dienen. Muscheln als Geld? Ist das möglich? Wer verwaltet das neue Geld? Wie viel Arbeitsentgelt bzw. Lohn wird bezahlt? Was kostet ein Stück Holz, was kostet ein Fisch?

Was bedeutet Politik?

M 1 A: Debatte im Deutschen Bundestag. B: Müllentsorgung auf einer Deponie. C: Kinder protestieren 1951 in Braunschweig gegen eine Steuer auf Süßigkeiten. D: Der Familienrat tagt. Foto E: In zahlreichen Bundesländern wurde seit 2004 per Gesetz ein totales Rauchverbot an den Schulen verhängt, das für Schüler und Lehrer gilt.
F: Feier in Dublin anlässlich der Einführung des Euro am 1.1.2002.

M2 Politik ist …

Politik = Streit?

Wo viele Menschen zusammenleben, müssen sie nicht nur viele Aufgaben bewältigen, sie müssen auch Regeln und eine Ordnung für ihr Zusammenleben festlegen. Warum? Ganz einfach: Die Menschen wollen im Zusammenleben mit anderen ganz unterschiedliche Dinge. Den Einzelnen wäre es am liebsten, wenn das, was ihnen wichtig ist, für alle gültig wäre. Deshalb geraten sie in eine Auseinandersetzung mit Gruppen, die gegensätzliche Ziele haben und diese ebenfalls durchsetzen wollen. Damit das Zusammenleben der Menschen aber funktioniert, werden für alle verbindliche Vereinbarungen und Umgangsformen benötigt. Diese herzustellen ist die Aufgabe der Politik. In ihr entwickeln die Menschen Regeln (Verträge, Gesetze, Ordnungen), die für die Beteiligten – trotz ihrer gegensätzlichen Interessen – verbindlich sind.

Ich würde dafür sorgen, dass es mehr Spielplätze gibt und die auch in Ordnung gehalten werden, nicht so kaputt sind.

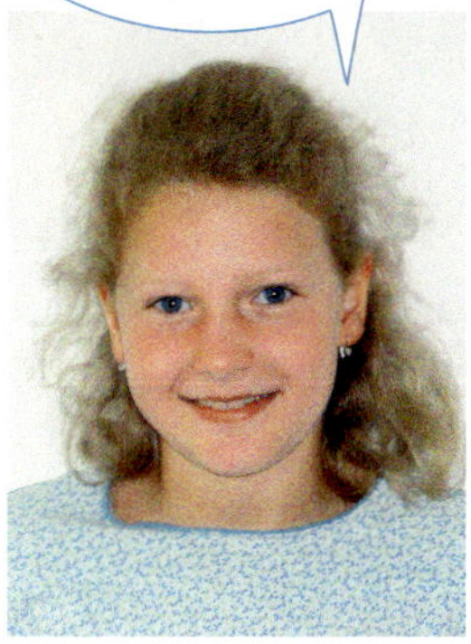

Frederike (7)

Ich würde Häuser bauen, damit die Leute, die als Obdachlose auf der Straße leben, auch ein Zuhause haben.

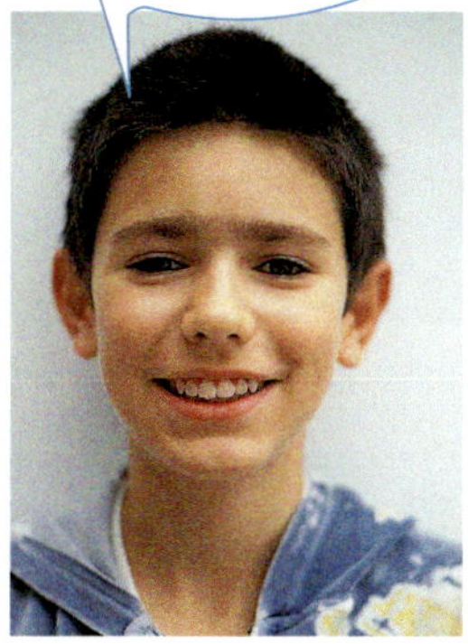

Thilo (11)

Wegen der Umwelt würde ich schauen, dass die Leute mehr Bus und U-Bahn fahren.

Charlotte (10)

Alexandra (11)

Ich würde dafür sorgen, dass Kinder, die zu Hause geschlagen werden, ein neues Zuhause bekommen, wo es ihnen besser geht.

Celina (11)

Ich würde versuchen, die Stadt und die Gefängnisse sicherer zu machen. Für Kinderschänder würde ich härtere Strafen einführen.

M3 Wenn ich Politiker wäre …

1 Bei welchen Fotos denkst du sofort an Politik? Warum? (M1)

2 Auch die anderen Fotos haben jeweils mit Politik zu tun. Erkläre den Zusammenhang. (M1)

3 Welche Aussage in M2 drückt deiner Meinung nach am besten aus, was Politik ist? Begründe.

4 Was würdest du tun, wenn du Politiker/Politikerin wärest? Sammelt weitere Beispiele an der Tafel. (M3)

Kinder- und Jugendparlamente: Das Beispiel Wiesbaden

M 1 Abstimmung im Jugendparlament Wiesbaden

Webcode:
PE641789-012

Politik = Kindersache?

Politik ist keine Angelegenheit, die die Erwachsenen allein unter sich ausmachen sollten. Du kannst in diesem Buch viele Möglichkeiten entdecken, selbst politisch aktiv zu werden, z. B. als Umweltschützer(in), als Klassensprecher(in) oder als Mitglied einer Gemeinde. Es gibt in Hessen z. B. Städte und Gemeinden, in denen Kinder- und Jugendparlamente eingerichtet worden sind. Hier vertreten Kinder und Jugendliche ihre Interessen gegenüber den Politikern. Wie das funktioniert, kannst du hier an dem Beispiel des Jugendparlaments Wiesbaden erfahren.

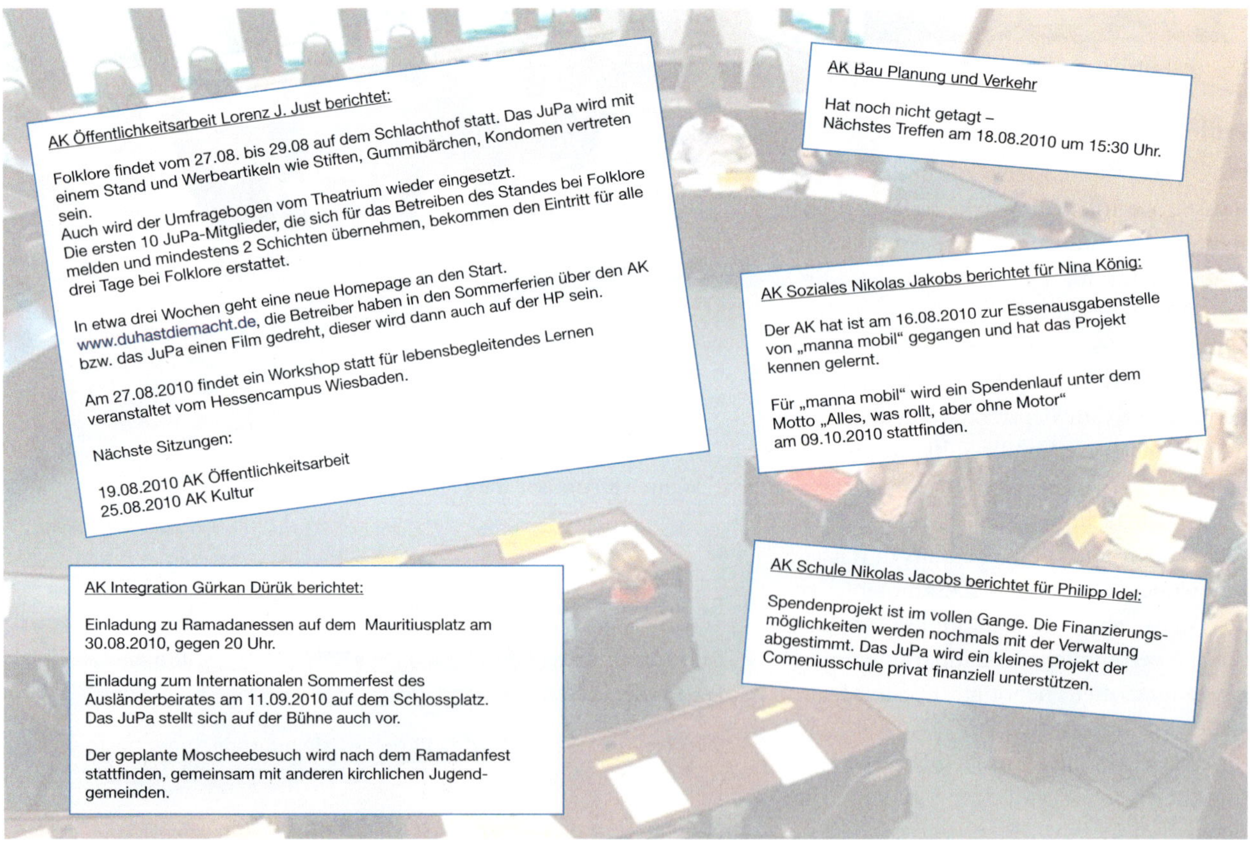

AK Öffentlichkeitsarbeit Lorenz J. Just berichtet:

Folklore findet vom 27.08. bis 29.08 auf dem Schlachthof statt. Das JuPa wird mit einem Stand und Werbeartikeln wie Stiften, Gummibärchen, Kondomen vertreten sein.
Auch wird der Umfragebogen vom Theatrium wieder eingesetzt.
Die ersten 10 JuPa-Mitglieder, die sich für das Betreiben des Standes bei Folklore melden und mindestens 2 Schichten übernehmen, bekommen den Eintritt für alle drei Tage bei Folklore erstattet.

In etwa drei Wochen geht eine neue Homepage an den Start. www.duhastdiemacht.de, die Betreiber haben in den Sommerferien über den AK bzw. das JuPa einen Film gedreht, dieser wird dann auch auf der HP sein.

Am 27.08.2010 findet ein Workshop statt für lebensbegleitendes Lernen veranstaltet vom Hessencampus Wiesbaden.

Nächste Sitzungen:

19.08.2010 AK Öffentlichkeitsarbeit
25.08.2010 AK Kultur

AK Bau Planung und Verkehr

Hat noch nicht getagt –
Nächstes Treffen am 18.08.2010 um 15:30 Uhr.

AK Soziales Nikolas Jakobs berichtet für Nina König:

Der AK hat ist am 16.08.2010 zur Essenausgabenstelle von „manna mobil" gegangen und hat das Projekt kennen gelernt.

Für „manna mobil" wird ein Spendenlauf unter dem Motto „Alles, was rollt, aber ohne Motor" am 09.10.2010 stattfinden.

AK Integration Gürkan Dürük berichtet:

Einladung zu Ramadanessen auf dem Mauritiusplatz am 30.08.2010, gegen 20 Uhr.

Einladung zum Internationalen Sommerfest des Ausländerbeirates am 11.09.2010 auf dem Schlossplatz. Das JuPa stellt sich auf der Bühne auch vor.

Der geplante Moscheebesuch wird nach dem Ramadanfest stattfinden, gemeinsam mit anderen kirchlichen Jugendgemeinden.

AK Schule Nikolas Jacobs berichtet für Philipp Idel:

Spendenprojekt ist im vollen Gange. Die Finanzierungsmöglichkeiten werden nochmals mit der Verwaltung abgestimmt. Das JuPa wird ein kleines Projekt der Comeniusschule privat finanziell unterstützen.

M 2 Bericht der Arbeitskreisvorsitzenden auf der Sitzung des Jugendparlaments Wiesbaden am 17.8.2010

M3 Wahlen

Das erste Jugendparlament in Wiesbaden wurde am 26. November 2009 gewählt. 21 239 wahlberechtigte Jugendliche hatten die Möglichkeit, ihre Stimme abzugeben. Insgsamt haben sich davon 2402 Jugendliche, das sind etwa 11,3 Prozent, an der Wahl beteiligt. Wahlberechtigt sind alle in Wiesbaden lebenden Jugendlichen zwischen 14 und 21 Jahren. Als Mitglied für das Parlament konnte sich jeder Wiesbadener Jugendliche wählen lassen, der das 19. Lebensjahr nicht vollendet hatte. Die Wahl der Abgeordneten für das Jugendparlament findet alle zwei Jahre statt.

nach: http://homepage.jugendparlament-wiesbaden.de/?page_id=39, Abruf: 1.12.2010

M4 Auszug aus der Geschäftsordnung des Jugendparlaments Wiesbaden

§ 1 Vorstand

(1) Der Vorstand wird in der konstituierenden Sitzung in getrennten Wahlgängen gewählt. Zur Wahl benötigt der Kandidat eine einfache Mehrheit der Stimmen.

(4) Der Jugendparlamentsvorsitzende vertritt das Jugendparlament nach außen. Das Jugendparlament verfügt ferner über einen ständigen Vertreter des Jugendparlaments in der Stadtverordnetenversammlung (…)

§ 5 Arbeitskreise

(1) Zur Vorbereitung und Diskussion über Anträge kann das Jugendparlament Arbeitskreise frei bilden. Die Anzahl der Mitglieder und den Zuständigkeitsbereich kann das Jugendparlament frei festlegen. Beschließt das Jugendparlament eine Begrenzung der Mitgliederzahl, so müssen die Mitglieder vom Jugendparlament gewählt werden. (...)

http://homepage.jugendparlament-wiesbaden.de, Abruf: 1.12.2010

Einsatz für bessere Schulen

JUGENDPARLAMENT Arbeitskreis startet Spendenaktion für außergewöhnliche Projekte

Für bessere Schulen will sich in den kommenden Monaten das Jugendparlament (JuPa) einsetzen. Um auf die angekündigten Schulbudgetkürzungen aufmerksam zu machen, startete der JuPa-Arbeitskreis „Schule und Bildung" am Samstag sein Spendenprojekt auf dem Mauritiusplatz. Dabei kamen insgesamt rund 100 Euro zusammen.

„Wir sind trotzdem zufrieden, denn es ging in erster Linie darum, in der Fußgängerzone Präsenz zu zeigen und auf das Projekt aufmerksam zu machen", sagte Philipp Idel, Vorsitzender des Arbeitskreises. Sieben Mitglieder stellten insgesamt 14 Projekte vor, die finanziell gefördert werden sollen. Dazu gehören beispielsweise ein Popmusikprojekt an der Albert-Schweitzer-Schule, die Anschaffung von Smart-Boards von der Grundschule Sauerland und die Einrichtung einer Hausaufgabenhilfe an der Friedrich-Jahn-Schule. (...)

von Kathrin Handschuh

M5 Zeitungsartikel über eine Aktion des Wiesbadener Jugendparlaments, *(http://www.wiesbadener-tagblatt.de/region/wiesbaden/meldungen/9656781.html, Abruf: 01.12.2010)*

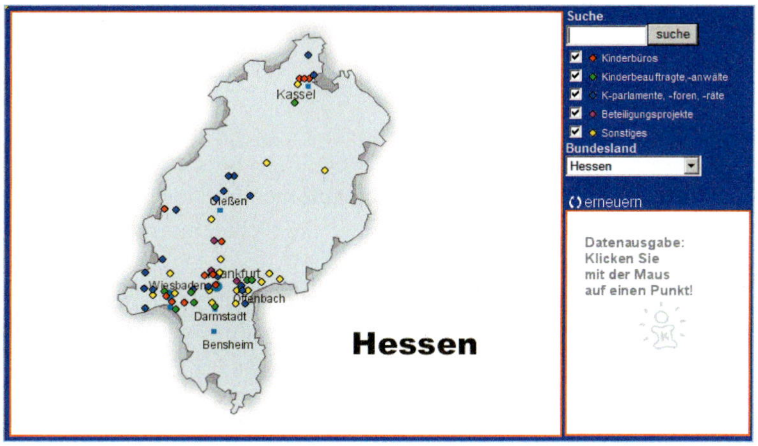

M6 Kinderpolitische Landkarte Hessen *(www.kinderpolitik.de, Abruf: 01.12.2010)*

1. Stelle fest, welche Jugendlichen Mitglied im Jugendparlament werden können. (M3)
2. Überlege, warum sich die Mitglieder des Jugendparlaments auf verschiedene Arbeitskreise verteilen. (M2 und M4)
3. Über welche Themen wird auf den Jugendparlamentssitzungen diskutiert? (M2 und M5)
4. Mehr Informationen zu Kinder- und Jugendparlamenten findet ihr im Internet (Webcode). Informiert euch und berichtet in der Klasse.

Politik vor Ort

M 1 Schwimmbad

M 3 Winterdienst

M 2 Julias Montagmorgen

6.30 Uhr	Julia steht auf. Der Montagmorgen im November ist trüb und kalt. Julia schaltet alle Lichter an und geht unter die Dusche.
6.45 Uhr	Auf dem Frühstückstisch liegt ein Zettel von Mutti: „Abfall nicht vergessen." – Julia nimmt schnell noch den Stapel Altpapier und schiebt die blaue Tonne vor das Hoftor.
7.10 Uhr	Nach dem Frühstück ist es höchste Zeit. Eilig packt Julia noch zwei Schulbücher ein.
7.15 Uhr	Julia schiebt ihr Rad aus der Garage und macht sich auf den Weg in die Schule. Seit der neue Fahrradweg gebaut ist, braucht sie nur 10 Minuten für ihren Schulweg.
7.20 Uhr	Ihr Weg führt an der Stadtbücherei vorbei. Beim Feuerwehrhaus um die Ecke wäre sie beinahe mit Herrn Müller vom Bauhof zusammengestoßen, der gerade die großen Blumentöpfe winterfest macht.
7.25 Uhr	Julia stellt ihr Fahrrad ab. Ihre Freundinnen kommen mit dem Schulbus an.
7.30 Uhr	Julia und Iris besprechen, dass sie am Nachmittag ihre Kinderausweise, die sie für die Klassenfahrt brauchen, abholen werden.

M 4 Aufgaben einer Gemeinde

Verkehrswesen Straßen, Radwege
Bildung, Volkshochschule Schulen, Kindergärten
Öffentliche Sicherheit Feuerschutz, Gewerbeaufsicht, Baupolizei
Sozialhilfe Sozialfürsorge, Altersheime, Obdachlosenasyle
Kultur Bücherei, Theater, Orchester, Museen
Versorgung, Wohnungswesen Wasser, Strom, Gas, Wohnungsbau, Stadtplanung, Wirtschaftsförderung, Abfallentsorgung, Kanalisation, Grünanlagen, Friedhöfe
Gesundheits- und Jugendpflege Naherholung, Krankenhäuser, Spielplätze, Sportstätten
Weitere Aufgaben und Ämter Standesamtswesen, Lebensmittelkontrollen (u. a. des Fleischbestandes), Einwohnermeldewesen, statistische Arbeiten

M 5 Wegweiser im Rathaus

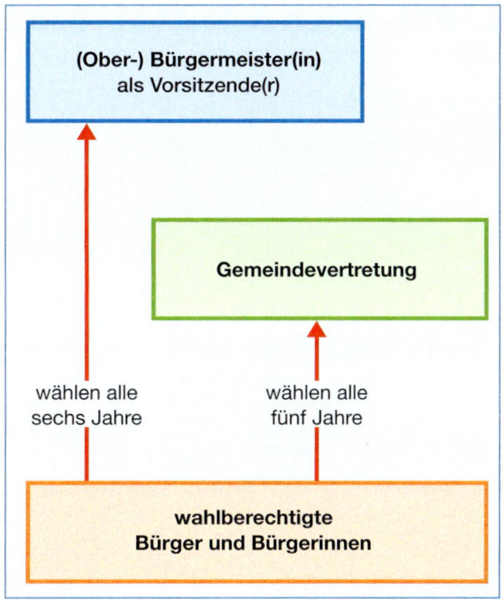

M 6 Wahl der Gemeindevertretung

M 7

Stichwörter für einen Gemeindesteckbrief

- Bürgermeister, Gemeinderäte
- Einwohnerzahl
- Verkehrsverbindungen
- Einrichtungen am Ort (z. B. Kindergarten, Jugendtreff, Feuerwehr)
- Schulwesen
- Freizeitangebote, Vereine
- Kirchen
- Betriebe, Unternehmen
- Einkaufsmöglichkeiten und Gesundheitsvorsorge

In Gemeinden leben

Die Bezeichnung **Gemeinde** wird für Dörfer oder Städte gebraucht. Das Wort selbst stammt von „gemein" ab und das bedeutet in diesem Zusammenhang „auf die Allgemeinheit bezogen". Wenn in deiner Stadt z. B. ein neues Schwimmbad gebaut oder ein neue Straße geplant wird, dann ist das eine Entscheidung der Gemeinde. Gemeinden sind die kleinsten politischen Einheiten des Staates. Hier werden Entscheidungen getroffen, die den Bürger/die Bürgerin unmittelbar betreffen. Dabei unterscheidet man zwischen den **Pflichtaufgaben** einer Gemeinde (z. B. Feuerwehr, Abwasserversorgung) und den **freiwilligen Aufgaben** einer Gemeinde, die dazu dienen, den Einwohnern einer Gemeinde durch verschiedene Einrichtungen das Leben angenehm zu gestalten (z. B. Schwimmbäder, Bolzplätze, Jugendzentren).

Die sechs Millionen Menschen in Hessen leben in 426 Gemeinden. Dazu zählen Großstädte wie Frankfurt mit fast 700 000 Einwohnern, aber auch kleine Gemeinden wie Hesseneck im Odenwaldkreis mit 700 Einwohnern. An der Spitze einer Gemeinde steht der **Bürgermeister** oder die **Bürgermeisterin**. Als Chef oder Chefin der Gemeindeverwaltung leiten sie im Rathaus die Ämter der Verwaltung. Und umgekehrt wenden sich die Bürger und Bürgerinnen mit ihren Wünschen an die örtlichen Einrichtungen, die Stadtverwaltung und den Bürgermeister. Dabei gilt es, nicht nur die unterschiedlichen Interessen der Gemeindemitglieder zu beachten, der Rat muss auch prüfen, ob es genügend Geld im Gemeindehaushalt gibt, mit dem diese Wünsche bezahlt werden können.

1 Nenne alle Aufgaben einer Gemeinde, die in der Beschreibung von Julias Montagmorgen enthalten sind. (M 2, M 4)

2 Geht einzeln oder zu zweit am Nachmittag in das Stadtverwaltungsgebäude/das Rathaus eures Ortes und stellt fest, welche Einrichtungen es gibt (M 5). Versucht herauszufinden, welche Aufgaben einzelne Ämter übernehmen (z. B. „Das Ordnungsamt hat die Aufgabe …", „Das Amt für Ausländerangelegenheiten …"). Berichtet in der Klasse.

3 Überlege, welche Gründe zu der Unterteilung in Pflichtaufgaben und freiwillige Aufgaben geführt haben (Text). Welche der in M 4 genannten Aufgaben sind vermutlich Pflichtaufgaben der Gemeinde?

4 Beschreibe M 6.

5 Erstelle einen Steckbrief deiner Gemeinde (M 6, Internet).

Darf Okka nach Y-Stadt?

M1 Aufregung in Y-Stadt – seitdem der Möbelfabrikant Okka sein Interesse an einer Filiale in Y-Stadt angemeldet hat, wird in Y-Stadt darüber intensiv diskutiert.

M2 Uneinigkeit in Y-Stadt

Y-Stadt soll eine neue Attraktion bekommen. Das Möbelhaus Okka hat angekündigt, eine neue Filiale mit ungefähr 150 Mitarbeitern in Y-Stadt eröffnen zu wollen. Da die Möbel der Firma in Deutschland seit Jahren gerne gekauft werden, scheint dies für Y-Stadt ein Glücksfall zu sein. Dennoch gibt es auch einige Gegner dieser Ansiedlung.

Die Befürworter einer Okka-Filiale in Y-Stadt argumentieren, dass eine Ansiedlung von Okka die Attraktivität der gesamten Stadt erhöhen könne. Politiker von CDU und SPD verweisen darauf, dass Menschen aus dem Umland durch Okka nach Y-Stadt gelockt werden könnten. Diese würden dann auch in anderen Geschäften einkaufen, was für die gesamte Stadt höhere Einnahmen erbrächte. Das wird auch vom Finanzausschuss der Stadt positiv hervorgehoben.

Problematisch ist hierbei lediglich der Ort der genauen Ansiedlung einer Okka-Filiale. So sollen bisher bestehende Industriegebiete keine Nachteile haben. Auch der Oberbürgermeister der Stadt spricht sich für eine Ansiedlung aus, will jedoch auch den bisherigen Einzelhandel der Stadt nicht verärgern.

Deutlich kritischer sehen dies die Gegner einer Ansiedlung. Einzelne Geschäftsinhaber haben eine Initiative gegründet, die sich „Einzelhandels-Perspektiven" nennt. Ihr Ziel ist es, den Möbelkonzern nicht nach Y-Stadt zu lassen. Ihr wichtigstes Argument besteht darin, den bisherigen Einzelhandel in der Stadt schützen zu wollen. Sie begründen dies damit, dass eine Okka-Filiale in den Außenbezirken der Stadt dazu führe, dass kaum noch Leute in die Innenstadt fahren. Andere Möbelhäuser müssten dann schließen und Arbeitsplätze würden verloren gehen. Unterstützt werden sie hierbei vom Verband der Einzelhändler, der „Pro City".

Zusammengestellt und verändert aus Informationen von „Göttinger Tageblatt" und „Blick"

Wer entscheidet über die Ansiedlung von Okka?

Die meisten Fragen, die in einem Gemeinderat oder einem Stadtrat entschieden werden müssen, werden in kleinen Arbeitsgruppen diskutiert, die **Ausschüsse** heißen. Hier kommt nur ein kleiner Teil der Mitglieder des Gemeinderates zusammen, die Experten für den Arbeitsbereich ihres Ausschusses sind. So gibt es beispielsweise einen Kulturausschuss, einen Umweltausschuss, einen Finanzausschuss und einen Schulausschuss. Hier können die Mitglieder des Ausschusses auch andere Experten einladen, die aus ihrer Sicht über ein bestimmtes Thema berichten.

Am Ende der Diskussion im Ausschuss steht meist ein **Vorschlag**, den der Ausschuss an den Gemeinderat oder den Stadtrat weiterreicht. Dieser muss jedoch nicht beschlossen werden, sondern ist lediglich eine Empfehlung.

Der Bauausschuss

Alle wichtigen Bauprojekte, für die Y-Stadt eine Erlaubnis geben muss, werden, wie in anderen Gemeinden und Städten auch, im **Bauausschuss** diskutiert und beraten. Hier sitzen Experten der Parteien. Die Anzahl der Mitglieder eines Ausschusses richtet sich danach, wie viele Mitglieder einer Partei in den Gemeinderat gewählt worden sind.

Im Hinblick auf eine mögliche Entscheidung von Y-Stadt für oder gegen Okka diskutieren die Mitglieder des Bauausschusses alle wesentlichen Vor- und Nachteile. Sie laden Experten zu Vorträgen ein, die ihnen helfen sollen, eine gute Entscheidung zu treffen.

Zusätzlich sollen unabhängige Experten in einem **Gutachten** untersuchen, welche Folgen die Ansiedlung von Okka für Y-Stadt insgesamt und den Einzelhandel hat.

Eine Bürgerstunde findet statt

Die Entscheidung über die Okka-Ansiedlung in Y-Stadt zieht sich hin und viele Bürger möchten sich über die Vor- und Nachteile dieser Entscheidung informieren. Deshalb findet in Y-Stadt eine **Bürgerstunde** statt.

Bürgerstunden haben das Ziel, die Einwohner einer Stadt über politische Entscheidungen und die unterschiedlichen Positionen genauer zu informieren. So können sich die Bürger zu einer wichtigen Frage eine eigene Meinung bilden und direkt Nachfragen in der Bürgerstunde stellen.

Geladen sind in der Bürgerstunde ein Mitglied des Bauausschusses, ein Mitglied des Finanzausschusses, der Oberbürgermeister der Stadt, ein Inhaber eines Möbelgeschäftes aus der Innenstadt und die Vorsitzende der Initiative „Einzelhandels-Perspektiven".

Mitglied im Bauausschuss

Mitglied im Finanzausschuss

Oberbürgermeister

Inhaber eines Möbelgeschäfts

Vorsitzende der Initiative „Einzelhandels-Perspektiven"

1 Teilt euch in der Klasse passend zu den fünf Teilnehmern der Bürgerstunde in fünf Gruppen auf.
- **a** Formuliert mithilfe von M 2 Standpunkte zu der Person, die ihr in der Bürgerstunde vertretet. Begründet diese.
- **b** Führt eine Bürgerstunde zum Thema „Okka-Ansiedlung" in der Klasse durch. Bestimmt jeweils einen aus eurer Gruppe, der an dieser Diskussion teilnimmt.
- **c** Wertet die Diskussion gemeinsam aus. Fasst die wichtigsten Argumente in einer Pro-und-Kontra-Tabelle zusammen.

2
- **a** Stimmt in der Klasse darüber ab, ob Okka nach Y-Stadt kommen sollte. Diskutiert euer Abstimmungsergebnis.
- **b** Begründet, ob der Stadtrat eurer Meinung nach der Ansiedlung von Okka in Y-Stadt zustimmen wird. Welche Argumente sind euch bei eurer Entscheidung besonders wichtig?

3 Erläutert, warum die Arbeit in Ausschüssen für politische Entscheidungen in der Gemeinde eine sehr wichtige Rolle spielt.

KOMPETENZ-Trainer Politik entdecken

M 1 Politik?

M 3 Besuch im Bürgermeisteramt

M 2 Buchstabensalat

G	E	S	E	T	Z	E	M	P
E	F	D	K	D	A	P	E	L
M	W	X	I	G	U	F	H	R
E	S	L	N	E	O	L	R	L
I	K	A	T	E	T	I	H	A
N	K	S	E	N	E	C	E	N
D	F	H	R	S	T	H	I	E
E	A	S	E	U	P	T	T	S
R	A	C	S	E	O	A	N	T
A	U	S	S	C	H	U	S	S
T	F	S	E	G	K	F	Z	D
S	G	T	N	N	W	G	U	J
Z	R	D	O	G	S	A	S	P
W	O	G	P	W	N	B	I	Q
P	A	R	L	A	M	E	N	T
N	C	P	C	N	W	N	R	U

1. Gesetze
In Gesetzen halten die Menschen Vereinbarungen fest, die sie sich für das Zusammenleben gegeben haben. Diese Regeln sind dann für alle verbindlich.
2. …

In der Klasse 7b wird über die Ausstattung der Schule mit Computern diskutiert. Für Multimedia-Räume, Internetzugänge und die Rechner ist viel Geld erforderlich. Woher kommen z. B. die Gelder für schulische Anschaffungen? Wer bestimmt darüber? Wer verteilt sie? Im Laufe der Diskussion fällt das Stichwort Gemeinderat.

Ein Schüler schlägt vor, dass in der Klasse ein Brief an das Bürgermeisteramt geschrieben werden soll. Die Klasse will wissen, wie die Kommune Geldeinnahmen und -ausgaben überwacht.

„Wir laden einfach die Oberbürgermeisterin ein“, lautet eine andere Idee einer Schülerin.

„Noch besser“, meinen zwei Jungen, „wir machen einen Besuch bei der Oberbürgermeisterin.“

Ein solches Vorhaben muss gut geplant, abgesprochen und vorbereitet sein.

M4 Erlebniskarte

M5

Sachwissen und Analysekompetenz

1 Finde die sieben Begriffe im Buchstabensalat (M 2) und erläutere sie. Tipp: Die Begriffe sind senkrecht und waagerecht versteckt.

2 Erkläre, was die Abbildungen in M 1 mit Politik zu tun haben.

3 Berichte über Aufgaben und Arbeitsweise eines Kinder- und Jugendparlaments.

4 Gib M 5 eine treffende Bildunterschrift. Erläutere, wozu die Abbildung aufruft.

Methodenkompetenz

5 Bereitet einen Besuch im Bürgermeisteramt vor. (M 3)
Ein Interview durchführen

Urteils- und Handlungskompetenz

6 a Schaut euch M 4 an und zeichnet eure eigene Erlebniskarte. Verwendet die gleichen Farben wie in M 4 (vgl. Kartenlegende).
b Stellt eure gezeichneten Karten in der Klasse aus und erklärt sie euch gegenseitig.
c Überlegt, welche Probleme als Erstes abgestellt werden müssten. Diskutiert, was ihr tun könnt und wie es zu machen wäre. Wer könnte euch einen Rat geben, wer könnte helfen?

2 Zusammenleben in der Schule

Am Ende dieses Kapitels kannst du

- Möglichkeiten nennen, wie du deine Interessen als Schülerin oder Schüler in der Klasse und in der Schule vertrittst.
- beschreiben, wie die Schülervertretung an einer hessischen Schule organisiert ist.
- an einem Beispiel erklären, wie Konflikte in der Schule entstehen. Außerdem bist du in der Lage, solche Konflikte zu entschärfen.

Nach der Grundschulzeit seid ihr in eine neue Schule mit neuen Lehrerinnen und Lehrern sowie neuen Schülerinnen und Schülern gekommen. Dort lernt ihr nicht nur gemeinsam, sondern lebt auch mit vielen anderen Kindern zusammen.

In dieser Gruppe musstet ihr euch erst zurechtfinden. Neue Erwartungen sind an euch gestellt worden und ihr hattet Erwartungen gegenüber den neuen Mitschülerinnen und Mitschülern.

1 Sprecht über die Erfahrungen, die ihr selbst nach der Grundschule in der neuen Schule gemacht habt.

2 Formuliert fünf Tipps für Grundschüler, die an eure Schule wechseln.

3 Führt ein Brainstorming zum Thema Traumschule durch.

Zusammenleben in der Klasse

M 1 Das Regelplakat einer Schulklasse

Die meiste Zeit in der Schule verbringt ihr gemeinsam im Klassenraum. Wenn sich Menschen an einem Ort häufig zusammen aufhalten, sollten sie sich dort wohlfühlen. Auf dieser Seite erhaltet ihr Anregungen, wie ihr dies unterstützen könnt. So könnt ihr zum einen gemeinsame Klassenregeln festlegen und zum anderen Klassenämter für unterschiedliche Verantwortungsbereiche einteilen.

M 2 Regeln für unsere Klasse

A) Überlegt zunächst in Einzelarbeit acht Regeln, die euch wichtig sind.

B) Vergleicht eure Ergebnisse mit einem Partner und einigt euch auf sechs Übereinstimmungen.

C) Tauscht euer Egebnis mit einer anderen Zweiergruppe aus und haltet die für euch fünf wichtigsten Regeln fest.

D) Stellt eure Gruppenergebnisse der Klasse vor.

E) Erarbeitet im Klassengespräch eure Klassenordnung. Stellt dabei lieber wenige Regeln auf und haltet sie dafür ein.

Webcode:
PE641789-022

Anregungen für Klassenregeln findet ihr auch im Internet.

M 3 Mit Wortkarten Wichtiges hervorheben

Gute Bedingungen schaffen

Es ist sinnvoll, in eurem Klassenraum angenehme Bedingungen zu schaffen, die ein erfolgreiches Lernen unterstützen. Neben der Sitzordnung betrifft dies auch die Pflege des Klassenraums. Sammelt zunächst gemeinsam einige solcher Bedingungen.

Die Klassenämter

Sind die gewünschten Bedingungen benannt, müssen sich einzelne Schüler bereit erklären, Verantwortung dafür zu tragen. Sie übernehmen ein Klassenamt. Klassenämter sind mal mehr und mal weniger zeitaufwändig. Wie regelt man nun am besten die Besetzung von Klassenämtern?

M 5 **Kein schöner Anblick**

1. Die Anzahl der notwendigen Klassenämter wird benannt und ihr Umfang beschrieben. Die Tätigkeiten, die mit der Aufgabe verbunden sind, genau festzulegen, kann Sinn machen. Erst wenn die Tätigkeiten beschrieben sind, kann festgestellt werden, ob jemand seine Aufgaben gut oder schlecht erfüllt hat.

2. Das Verfahren zur Besetzung der Aufgaben wird festgelegt. Auch hier gibt es mehrere Möglichkeiten: Nur auf der Grundlage der Freiwilligkeit werden Aufgaben vergeben. Oder die Aufgaben werden in einer bestimmten zeitlichen Abfolge von Schülerinnen und Schülern übernommen. Zum Beispiel nehmen alle Schülerinnen und Schüler einer Klasse eine Aufgabe im Wechsel von 14 Tagen wahr. Mit anderen Worten: Im Verlauf eines Schuljahres wird jeder einmal mit einer bestimmten Aufgabe betraut werden. Oder aber die Verteilung der Aufgaben wird durch die Klassenlehrerin oder den Klassenlehrer bestimmt.

3. Wichtig ist, dass alle den gefundenen Regeln zustimmen. Nur so kann sichergestellt werden, dass das verabredete Verfahren dann auch von allen mitgetragen wird.

4. Nicht vergessen sollte man den Fall, dass sich doch nicht alle an die Vereinbarung halten. Wie wird dann verfahren? Auch hier sollten vorab Absprachen getroffen werden.

M 4 **Verfahren zur Vergabe von Klassenämtern**

Damit sich die Schülerinnen und Schüler in ihrer Klasse wohlfühlen, gibt es Verantwortliche für verschiedene Aufgaben: die Klassenämter.

1 Erklärt den Unterschied zwischen grundsätzlichen Regeln (Rechten) und Wünschen im Umgang miteinander.

2 Erarbeitet mithilfe von M 2 eine Klassenordnung.

3 Gestaltet ein **Lernplakat** mit euren Klassenregeln.

4 **a** Gebt den Inhalt von M 4 mit eigenen Worten wieder.
b Beurteilt die Aussage in Absatz 3.

In der Schule mitbestimmen

? gute Noten !

hilfsbereit laute Stimme mutig

wortgewandt groß und stark

vermittelnd zuverlässig

gut aussehend zurückhaltend

begeisterungsfähig lustig ehrlich

empfindlich durchsetzungsfähig

cool freundlich rechthaberisch

M 1 **Welche Voraussetzungen soll ein Klassensprecher haben?**

Die Klasse 7 a im Wahlkampffieber

Gleich elf Schülerinnen und Schüler haben sich als Kandidaten für das Amt des Klassensprechers aufstellen lassen: Nicole, Tobias, Olga, Martin, Ömer, Franz, Andi, Maria, Songül, Jessica und Maike. Einige Schüler wissen noch nicht, wen sie wählen sollen, und diskutieren:

Sabrina: „Ich wähle Songül. Die ist immer aufmerksam und fleißig. Sie hat mir schon vieles erklärt."

Ayshe: „Und sie hat letztes Jahr der Lehrerin mutig gesagt, dass diese den Dieter ungerecht behandelt hat."

Kevin: „Mag ja sein! Aber der Tobias ist viel stärker und kann sich besser durchsetzen!"

Claudia: „Der Franz hat gesagt, er wird es uns schon zeigen, wenn wir ihn nicht wählen."

Thomas: „Am besten wähle ich niemanden. Dann kann mir auch keiner etwas vorwerfen."

Chris: „Ich finde, es sollten nur die wählen, die letztes Jahr schon in unserer Klasse waren."

M 2 **Gesetzliche Grundlagen**

§ 121 Schülervertretung

(1) Bei der Verwirklichung der Bildungs- und Erziehungsziele der Schule im Sinne des Art. 56 Abs. 4 der Verfassung des Landes Hessen wirken die Schülerinnen und Schüler durch ihre Schülervertretung eigenverantwortlich mit.

(3) Die Schülervertreterinnen und Schülervertreter werden durch die Schülerinnen und Schüler gewählt und können nur durch sie abgewählt werden.

§ 122 Schülervertretung in der Schule

(2) In den Schulen der Mittel- und Oberstufe (Sekundarstufe I und II) wählt die Schülerschaft einer Klasse (…) eine Klassensprecherin oder einen Klassensprecher und eine Stellvertreterin oder einen Stellvertreter für die Dauer eines Schuljahres. Diese Schülervertreterinnen und Schülervertreter können an den Klassenkonferenzen mit Ausnahme der Zeugnis- und Versetzungskonferenzen mit beratender Stimme teilnehmen.

(3) Die Klassensprecherinnen und -sprecher bilden den Schülerrat der Schule, die Schulsprecherin als Vorsitzende oder der Schulsprecher als Vorsitzender und zwei Stellvertreterinnen oder Stellvertreter den Vorstand des Schülerrats. Der Vorstand wird entweder vom Schülerrat aus seiner Mitte oder von allen Schülerinnen und Schülern aus ihrer Mitte gewählt.

Schulgesetz Hessen in der Fassung vom 14. Juni 2005, zuletzt geändert durch Gesetz vom 14. Juli 2009

Der erste Wahlgang

Nachdem noch eine Weile in der Klasse beraten wurde, geben alle 28 Schülerinnen und Schüler ihre Stimmen ab. Thomas und Ayshe haben sich zum Auszählen der Stimmzettel gemeldet. Das Ergebnis wird an der Tafel festgehalten:

Nicole	2	Andi	2
Tobias	7	Maria	1
Olga	2	Songül	7
Martin	2	Jessica	1
Ömer	2	Maike	1
Franz	1		

Songül und Tobias haben in diesem Wahlgang gewonnen. Sie haben die meisten Stimmen im Vergleich zu den anderen. Eine solche Mehrheit wird **„relative Mehrheit"** genannt.

Stichwahl

„Jetzt gibts ein Stechen", ruft Kevin aufgeregt in die Klasse. Und nach einer kurzen Bedenkzeit geben die Schülerinnen und Schüler erneut ihre Stimmzettel ab. Sie mussten sich nun entscheiden zwischen Tobias und Songül.
Thomas und Ayshe geben das Ergebnis des zweiten Wahlgangs bekannt:

Tobias	15	Songül	13

Damit ist Tobias mit mehr als der Hälfte der Stimmen zum neuen Klassensprecher der 7a gewählt. Er hat die **„absolute Mehrheit"** (mehr als die Hälfte der Stimmen) erreicht. Songül ist seine Stellvertreterin.

Webcode: PE641789-025

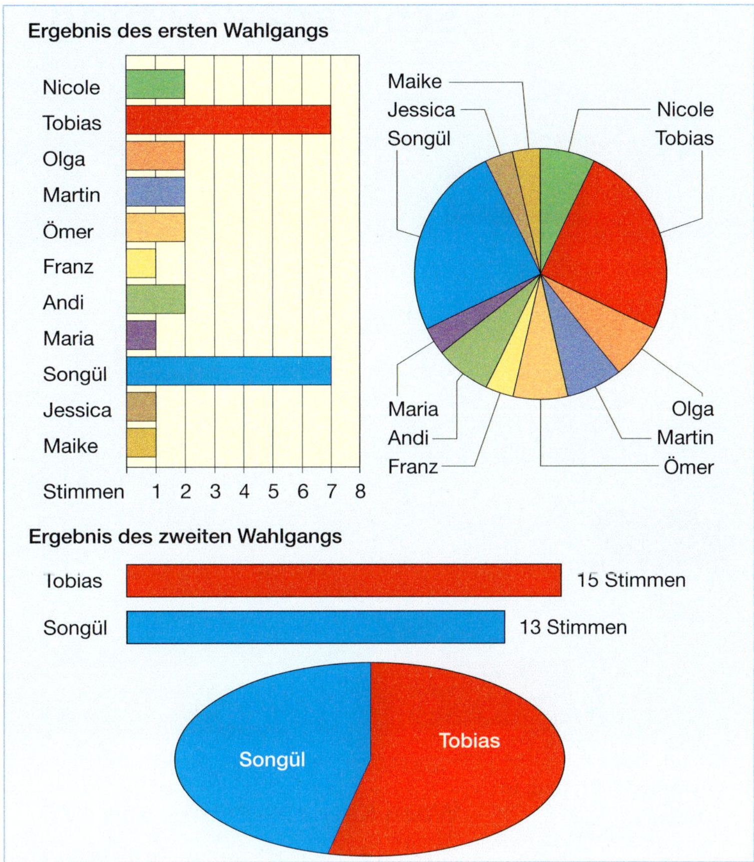

M3 Grafische Darstellungen von Abstimmungsergebnissen

1 a Bestimmt mithilfe einer Gruppenhitliste fünf Eigenschaften, die ein Klassensprecher haben sollte (M1).
  b Tragt eure Gruppenentscheidung der Klasse vor und begründet diese.
  c Stimmt abschließend über die wichtigsten drei Merkmale ab.

2 Die Klasse 7a ist im Wahlkampffieber: Gib an, welcher Meinung aus dem Text du dich anschließen würdest.

3 Überlege, was passieren würde, wenn jeder so denkt wie Thomas.

4 Beurteilt die Bestimmung in Paragraf 121 Absatz 3 in M2.

5 Erkläre die Begriffe „relative Mehrheit" und „absolute Mehrheit". Ordne die Schaubilder in M3 den Begriffen zu und begründe.

6 Legt fest, wie euer Klassensprecher und sein Stellvertreter gewählt werden sollen. Klärt folgende Fragen: „Hat man nur eine Stimme oder zwei?", „Wählen wir offen oder geheim?", „Müssen ein Mädchen und ein Junge gewählt werden?"

7 Nenne Wahlen, die außerhalb der Schule stattfinden.

Schülervertretung

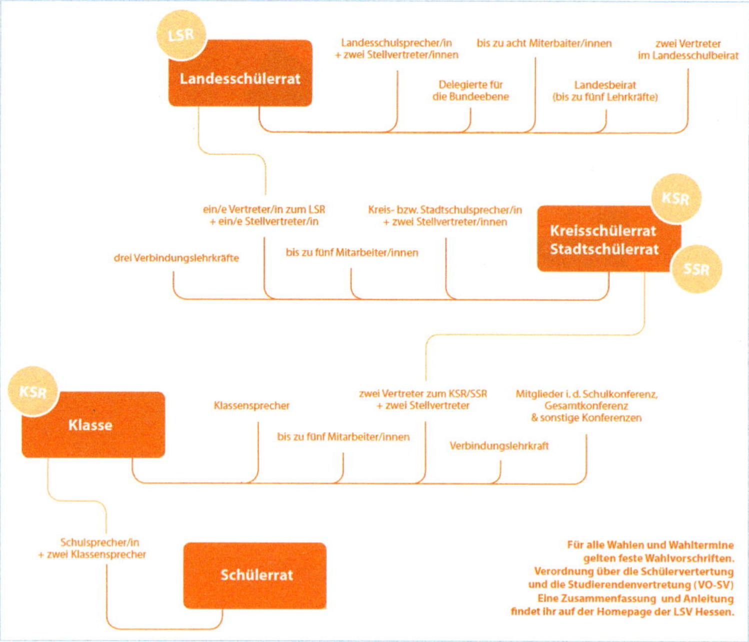

M 1 Schülervertretung in Hessen

Wozu Klassensprecher und SV?

„In den Ferien hat mir mein Cousin einmal sein Schulgelände gezeigt. Da gab es in einer Ecke des Schulhofs einen richtigen Pizzaofen. Er erzählte, dass die Schüler hier manchmal selber Pizza backen. Eine Malwand, Tischtennisplatten und ein Streetball-Korb sind da", berichtet Michael seinen Freunden Achmed und Max.
„So etwas müsste es bei uns auch geben, dann wäre es in den Pausen nicht so langweilig", entgegnet Achmed und wendet sich an Max: „Kannst du da nichts versuchen? Du bist doch unser Klassensprecher!" „Na gut", sagt Max, „ich werde das Thema bei der nächsten Sitzung im Schülerrat vorschlagen. Die SV kann mehr erreichen als ein Einzelner." „Die SMV? – hab ich nie nicht gehört. Was ist denn das?", will Franz wissen. Songül weiß Genaueres: „Das heißt SV. SV steht für Schülervertretung. Alle Klassensprecher und ihre Stellvertreter wirken daran mit.
Die SV kann das Schulleben mitgestalten. Sie kann

- Schülersprecher und Verbindungslehrer wählen,
- mit Lehrern und Eltern in der Gesamtkonferenz Schulthemen besprechen,
- Schulveranstaltungen anregen,
- zur Ordnung an der Schule beitragen,
- Interessen der Schüler vertreten, z. B. eine Umgestaltung des Pausenhofes."

M 2 Aus dem Schulgesetz

§ 122 Die Schülervertretung in der Schule

(3) Die Klassensprecherinnen und -sprecher bilden den Schülerrat der Schule, die Schulsprecherin als Vorsitzende oder der Schulsprecher als Vorsitzender und zwei Stellvertreterinnen oder Stellvertreter den Vorstand des Schülerrats. Der Vorstand wird entweder vom Schülerrat aus seiner Mitte oder von allen Schülerinnen und Schülern aus ihrer Mitte gewählt. Über das Wahlverfahren beschließt die Schülerschaft. (…)

(5) Der Schülerrat übt die Mitbestimmungsrechte in der Schule aus. (…) Die Schulsprecherin oder der Schulsprecher, die Stellvertreterinnen und Stellvertreter sowie drei weitere Angehörige des Schülerrats können an den Gesamtkonferenzen mit beratender Stimme teilnehmen. An den sonstigen Konferenzen der Lehrkräfte, mit Ausnahme der Zeugnis- und Versetzungskonferenzen und solcher Konferenzen, in denen ausschließlich Personalangelegenheiten der Lehrerinnen und Lehrer behandelt werden, können bis zu drei Beauftragte des Schülerrats teilnehmen.

Schulgesetz Hessen in der Fassung vom 14. Juni 2005, zuletzt geändert durch Gesetz vom 14. Juli 2009

M3 Schülervertretung bei Konferenzen

Beispiel: Klassenkonferenz:

Die Klassenkonferenz berät sich nicht nur über die so genannten „Kopfnoten“, sondern hat auch die Aufgabe, Aktivitäten in der Klasse zu planen und zu koordinieren. In der Klassenkonferenz werden außerdem Ordnungsmaßnahmen gegen einzelne Schüler beraten und verhängt. Gerade bei solchen Fällen ist die Schülervertretung gefragt, um die betroffenen Schüler über ihre Rechte zu informieren und ihnen „beizustehen“. Die Klassenkonferenz besteht aus allen Lehrerinnen und Lehrern, die in der betreffenden Klasse unterrichten. Mitglieder der Schülerschaft dürfen mit beratender Stimmte teilnehmen. Das kann die Klassensprecherin oder der Klassensprecher oder auch ein Mitglied der Schülervertretung sein. Die Schülervertreter dürfen aber nur mit beratender Stimme teilnehmen. Bei den Versetzungs-, Noten- und Zeugniskonferenzen dürfen keine Schüler und Schülerinnen anwesend sein.

So funktioniert meine SV, Hrsg. Landesschülervertretung Hessen, http://lsv-hessen.de/images/stories/file/LSV-Hessen_Plakate_023_druck.pdf (Abruf: 9.12.2010)

Webcode: PE641789-027

Aktion Ausbildungsstau

Frankfurt. Mit einem künstlichen Stau an der Hauptwache haben die Landesschülervertretung und die DGB-Jugend gestern für ein Grundrecht auf Ausbildung demonstriert. „Wir appellieren an den Petitionsausschuss des Bundestages, einer öffentlichen Anhörung zuzustimmen“, sagte Landesschulsprecher Tim Huß. Anlass der Aktion war eine vor zwei Jahren verfasste Petition an den Bundestag, die von 72 554 Personen unterstützt wurde. „Wir haben für die Passanten an der Hauptwache einen Stau verursacht, der auf den Ausbildungsstau aufmerksam machen soll“, erläuterte Huß die Aktion. „Dabei haben wir den Passanten über Megafon zugerufen: Sie sind jetzt nur ein paar Sekunden im Stau, Auszubildende sind es oft jahrelang, weil sie in irgendwelchen Warteschleifen stecken.“
Ziel der Petition sei es, allen Schulabgängern einen qualifizierten Ausbildungsplatz zu finanzieren.

http://www.fnp.de/fnp/region/lokales/demo-mit-stau-schueler-wollen-recht-aufausbildung_rmn01.c.7586875.de.html, vom 22.4.2010

M4 Eine Protestaktion des Landesschülerrates Hessen

1 Ladet eure Schülersprecher zum Gespräch ein. Sie sollen euch über ihre Aufgaben, Rechte, Pflichten und Vorhaben informieren. Bereitet euch darauf vor, indem ihr Fragen sammelt und notiert.
Interview

2 Beschreibt mithilfe von M 1, wie sich der Schülerrat zusammensetzt.

3 Überlegt, wie vorgegangen werden muss, wenn Schüler einer Klasse sich wünschen, dass in der Schule am Nachmittag warme Getränke angeboten werden sollen.

4 Erklärt mithilfe von M3 die Bedeutung der Schülervertretung bei Konferenzen. (Recherchiert im Internet auch, worum es bei den anderen Konferenzen aus M3 geht. Berichtet in der Klasse.)

5 Unterscheidet anhand von M3 und M4, wessen Interessen der Schülerrat beziehungsweise der Landesschülerrat vertreten.

Schuluniform – ja oder nein?

M 1 Schülerinnen und Schüler einer fünften Klasse in einheitlicher Schulkleidung

M 2 Englische Kinder in Schuluniform

M 3 Schuluniformen statt Markendruck

Coole Klamotten will fast jeder haben – aber was ist, wenn sie einfach zu teuer sind? Viele Schülerinnen und Schüler leiden darunter, dass sie nicht „in“ sind. Um diesen Markendruck an Schulen zu verhindern, hatten einige deutsche Schulen die Idee, Schuluniformen einzuführen.

In vielen Ländern kennen die Schüler das gar nicht anders. Ob in England, Japan oder Australien – für die meisten Schüler dort ist die Schuluniform an der Tagesordnung. In den letzten Jahren haben auch einige Schulen in Deutschland erste Versuche gestartet.

Einzelne Klassen beschlossen, eine Zeit lang Schuluniformen zu tragen. Wichtig war ihnen nur, dass die Schuluniformen nicht zu spießig sind: also nicht Krawatten für Jungs und Röcke für Mädchen, sondern einheitliche Hosen, T-Shirts oder Sweatshirts.

Autorin: Anne Roepke (www.kindernetz.de) 4.4.2008

Julia begann die Diskussion am 06.11.05 (19:18) mit folgendem Beitrag:

Hallo, ich habe dieses neue Thema angefangen, da es sehr gerne und lange diskutiert wird bei uns Schülern. Es gibt so viele Meinungen dafür und dagegen, was mich jetzt interessiert, ist, was ihr darüber denkt. Also wäre es wirklich toll, wenn ihr eure Meinungen dazu äußert ...
Liebe Grüße Julia

Vengeance antwortete am 07.11.05 (11:23):
Tja, ich als Halb-Engländerin habe da natürlich eine spezielle Meinung zu! ;-)
Es wird oft behauptet, dass Schuluniformen besser seien, weil dann nicht diese Markenklamotten-Mentalität entstehen würde. Im Moment ist es an deutschen Schulen ja so, dass man gleich der Buhmann ist, wenn man keine tollen Markenklamotten trägt. Es ist leider so, dass manche Eltern es sich nicht leisten können, teure Markenklamotten zu kaufen. So werden Kinder aus sozial schwachen Verhältnissen benachteiligt.
Dieses Argument hat aber einen großen Haken: Schauen wir uns die Schulen in England an. Trotz der Uniformen werden „ärmere" Kinder von den anderen fertiggemacht. (...) Auch Schuluniformen müssen gekauft werden. Es gibt hierfür spezielle Geschäfte und auch die bieten teuere und billigere Ausfertigungen an. (...)
Kisses Veri

von socks-in-sandals 10.05.06, 16:48 Uhr
Ich bin gegen Schuluniformen. Es kann ja richtig sein, wenn man sagt, dass Schuluniformen den Marken-Streit und das Mobbing einschränken,aber seien wir mal ehrlich: Diese Mobbing-Probleme kann man mit Schuluniformen nicht aus der Welt schaffen. Es findet sich immer ein Grund, eine Person herabzusetzen. Mit Schuluniformen würden sich die Fragen nur verlagern. Z. B.: „Wer hat die coolsten/teuersten Schuhe" (...)

von Fake 10.05.06, 16:16 Uhr
Ich bin eher dagegen. Die eigenen Klamotten zeigen in etwa den Charakter und sind ein Persönlichkeitsmerkmal, das man uns nicht nehmen sollte. Jeder hat seinen eigenen Stil und es wäre wohl nie jeder mit der vorgeschriebenen Schuluniform zufrieden. (...) Man sollte die Schüler, die ja schließlich davon betroffen sind, abstimmen lassen, aber höchstwahrscheinlich regeln die Politiker das sowieso alleine.

von Conny 19.05.06, 16:55 Uhr
Ich fänds cool. Alle wären gleich! Niemand würde mehr bevorzugt behandelt werden, nur weil seine Eltern dick die Kohle haben. Man bräuchte auch keine Angst mehr davor zu haben, dass einen die anderen blöd anmachen, nur weil man keine Markenpullis trägt. Dann zählen wirklich nur noch die inneren Werte!
KG Conny

von Grabbe 20.05.06, 12.22
Hey, wär doch geil. Hätte man bestimmt viel mehr Zusammenhalt in der Schule. Die Klamotten müssten natürlich auch bisschen nach was aussehen! ;-) Vielleicht könnte jede Klasse ne andere Farbe kriegen.

M4 Aus dem Forum der Internetseite www.kindernetz.de, *Abruf: 4.4.2008*

Pro	Kontra
- Gemeinschaftsgefühl	- Schuluniformen kosten zusätzlich Geld
- ...	- ...
- ...	- ...

M5 Pro-und-Kontra-Tabelle zum Thema Schuluniform

1 Vergleicht die Schulkleidung in M1 und M2. Welche Art der Schulkleidung haltet ihr für sinnvoller? Begründet.

2 In M3 und M4 findest du einige Meinungen zum Thema Schuluniform. Schreibe sie heraus und ordne sie in einer Pro-und-Kontra-Tabelle (M5). Findet weitere Meinungen.

3 „Fake" (M4) befürchtet, dass die Politiker über die Schuluniformen entscheiden werden. Wer sollte eurer Meinung nach alles an der Entscheidung beteiligt werden? Begründet.

4 Diskutiert das Thema in der Klasse. Nehmt eure Tabelle als Hilfe.

Gewalt in der Schule: Wenn Konflikte eskalieren

M 1 Rangelei in der Schule

„Pass bloß auf, sonst …“ Drohungen wie diese habt ihr in eurer Schulzeit sicher schon erlebt. Meistens kommt es dabei nicht gleich zur gewaltsamen Auseinandersetzung. Der Konflikt kann oft friedlich beigelegt werden. Bestimmt habt ihr aber schon Raufereien auf dem Schulhof beobachten können oder wart selbst daran beteiligt. Im Jahr 2009 führten solche Raufereien in Deutschland immerhin zu 42 593 Fällen, in denen eine Schülerin oder ein Schüler ärztlich versorgt werden musste. Kleinere Auseinandersetzungen sind hier nicht mitgezählt. Wie kann es zu solchen Situationen kommen?

Die Eskalation von Konflikten

Gewalt ist häufig die Folge eines ungelösten Konflikts, der immer weiter eskaliert, also an Schärfe zunimmt. Sobald ein Konflikt eskaliert, entwickelt er eine innere Dynamik, die ihn stetig weiter treibt. Er wird sich so lange verschärfen, bis die Spirale unterbrochen wird.

M 2 Beispiel: Ein Konflikt eskaliert

Sandras Beziehung zu Kalli ist schon länger gestört, sie traut sich aber nicht, Schluss zu machen. Als sie Lucas kennen und lieben lernt, nutzt sie die Gelegenheit und teilt Kalli ihre Entscheidung mit.

1 Kalli glaubt, dass Lucas, der in seiner Parallelklasse ist, ihm Sandra ausgespannt hat. Lucas hält Kalli aufgrund von Sandras Erzählungen für einen Angeber und Schwachkopf.

2 Lucas erfährt von Philipp, dass Kalli ihn vor anderen beleidigt hat. In der Pause passt er Kalli ab und nennt ihn einen Spinner. Bald beschimpfen beide sich gegenseitig so heftig, dass ein Lehrer die beiden trennen muss.

3 Kalli lässt Lucas über Freunde übermitteln, er solle sich ja nicht alleine auf der Straße blicken lassen. Lucas holt sich bei Dirk aus der 9. Klasse die Zusage, Kalli platt zu machen, falls der ihm auflauern sollte. Kalli, der von Lucas' Allianz gehört hat, gewinnt die Unterstützung von Yanis, der Karatesportler ist.

4 Jeder der beiden beginnt, in seiner Clique den anderen mies zu machen. Kalli erzählt seinen Freunden, Lucas habe bei Sandra schon seit einiger Zeit „rumgebaggert“. Dabei hätte ihm dessen Exfreundin erzählt, Lucas könne überhaupt nicht küssen. Als Kalli auf dem Schulhof beim Rauchen erwischt wird, heißt es in Lucas' Clique, Kalli sei ein Dealer und stehe kurz vor einer Einweisung in ein Heim. Auf dem Schulhof scharen beide ihre Freunde um sich. Immer wieder werden über Dritte Beleidigungen zwischen den Parteien gestreut.

5 In der Pause tritt Lucas einen Tennisball weg – und trifft Kalli am Kopf. Kalli stürzt sich auf Lucas und beginnt wild auf ihn einzuschlagen. Lucas wehrt sich und bald liegen beide blutend und ineinander verbissen auf dem Boden, bis sie von zwei Lehrern gewaltsam getrennt werden.

M 3 **Von der Internetseite www.aktion-tu-was.de** *(Stand: 16.9.2009)*. **Eine Initiative der Polizei zur Gewaltprävention**

1 Berichtet über gewaltsame Konflikte, die ihr beobachtet habt.

2 Beschreibt die Abbildung M 1. Beurteilt das Verhalten der Schülerinnen und Schüler.

3 M 2 beschreibt einen eskalierenden Konflikt. Ordne den einzelnen Konfliktstufen (1–5) die passende Abbildung von Seite 31 zu.

4 Erarbeitet in Gruppen Lösungsmöglichkeiten für die verschiedenen Stufen der Eskalation.

5 Erklärt, in welchem Zusammenhang M 3 mit gewaltsamen Konflikten steht.

METHODE

Konflikte erkennen – Konflikte lösen

Nicht alle Schüler haben die gleichen Wünsche und Bedürfnisse. – So können schnell Streitigkeiten und Probleme entstehen. Auch wenn zwei verschiedene Meinungen aufeinandertreffen, kann es zu Konflikten kommen. Meist geht es darum, dass eine Seite ihren Willen durchsetzen will oder Recht behalten möchte. Konflikte können aber auch aufgrund von Vorurteilen entstehen.
An vielen Schulen gibt es Hilfen beim Umgang mit Konflikten.

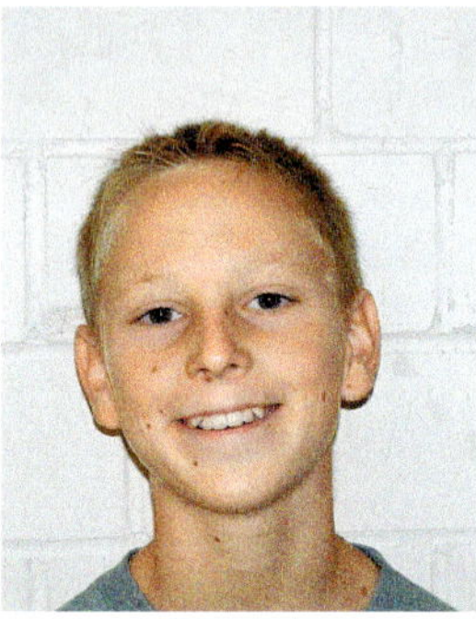

M 1 Das meint Anton (14):
„Wer ein großes Problem mit einer anderen Person aus der Schule hat, kann sich an unsere Streitschlichter wenden. Das sind besonders geschulte ältere Mitschüler, die zu bestimmten Zeiten im Streitschlichterzimmer anzutreffen sind. Im gemeinsamen Gespräch mit den Beteiligten versuchen sie bei der Problemlösung zu helfen."

M 2 Das sagt Anna (13):
„Wenn es bei uns in der Klasse kracht, halten wir eine Klassenkonferenz ab. Unter der Leitung der Lehrerin wird das Problem ausführlich besprochen. Dabei müssen festgelegte Gesprächsregeln eingehalten werden. Danach wird nach einer Lösung gesucht, die für alle Beteiligten akzeptabel ist."

Webcode: PE641789-032

M 3 Tipps zur Entschärfung von Konflikten

Dem anderen ganz genau zuhören …

Den anderen …

Man darf auch sagen, …

… und Beleidigungen vermeiden.

Den eigenen Standpunkt nachdrücklich vertreten, …

… in Ruhe ausreden lassen.

Nicht sofort beleidigt sein …

… und Unwahres behaupten.

… um Missverständnisse zu vermeiden.

Wirklich an einer Lösung interessiert sein und …

… aber nicht so, dass der andere sich zwangsläufig bedrängt fühlt.

Dem Gegenüber nichts unterstellen …

… dass man enttäuscht ist.

… einen fairen Kompromiss anstreben.

Anne-Frank-Schule

Florian

hat mit Erfolg an der

Streithelfer-Ausbildung

in der Anne-Frank-Schule teilgenommen.

In 40 Ausbildungsstunden hast Du gelernt, was ein Konflikt ist, wie Du Dich selber im Konflikt verhältst und wie Du Dich in einem Konflikt behaupten kannst.

Du hast die vier verschiedenen Phasen eines Streitschlichtungs-Gespräches kennen gelernt.

Dabei ging es darum, aktiv zuzuhören, das Gehörte zusammen zu fassen, die Gefühle der Streitenden wahr zu nehmen und Lösungsvorschläge zu finden, so dass die Streitenden sich fair einigen können.

M 4 Streitschlichter-Zeugnis

M5 Logos von Streitschlichter-AGs

M6 Krissi in Not

Als Krissi zehn Minuten später die Treppe runterkommt, steht dort Henny. Scheiße, denkt er. Er will schnell zurück. Aber Herr Winkler hat den Werkraum schon abgeschlossen.

„Das ist ja eine Überraschung!", ruft Henny und baut sich grinsend vor ihm auf.
Er kriegt Angst. Was soll ich tun?, fragt sich Krissi. Er kann keinen anderen Weg gehen, also versucht er freundlich an ihr vorbeizukommen. Er hält sein Flugzeug hinter den Rücken.
Jetzt tauchen auch Bossy und Peter aus dem Hintergrund auf. Sie grinsen genauso gemein wie Henny.
„Jetzt zeig doch mal, was du da Schönes hast." Henny reißt ihm das Flugzeug aus der Hand und zerbricht es vor seinen Augen in der Luft. „Pech gehabt, Kleiner", sagt sie.
„Sorry", sagt Bossy, packt ihn an der Schulter und schiebt ihn hinten in den Hof, wo kein Lehrer hinkommt. „Wir wollen uns mal einen Augenblick unterhalten, ja, Kleiner?"

Elisabeth Zöller: Und wenn ich zurückhaue?, S. 51 f., Thienemann Taschenbuch bei Omnibus, Stuttgart-Wien, 2000

Mobbing und Bullying

Man spricht von Mobbing, wenn ein Einzelner oder eine Gruppe immer wieder jemanden belästigt oder bedroht. Kommt es zu regelmäßigen gewalttätigen Übergriffen bezeichnet man dies als Bullying.

M7 Was man tun kann, wenn man Betroffenen helfen will.

1. So tun, als ob man nichts mitbekommen hätte.
2. Dem Mobber aus dem Weg gehen.
3. Sich einmischen und den Mobber angreifen.
4. Tun, was der Mobber verlangt.
5. Die Lehrer informieren.
6. Eltern/Erwachsene um Rat bitten.
7. Freunde informieren und versuchen, eine Gegenwehr aufzustellen.
8. Versuchen, mit dem Mobber vernünftig zu sprechen.

Was ihr noch tun könnt:

„Nummer gegen Kummer"
(0 800) 1 11 03 33
(gebührenfrei)
Mo–Fr 15.00–19.00 Uhr
Kinderschutzbund

Buchtipps
Elisabeth Honey: Die Wombats – Bitte nicht streicheln!, Weinheim 2000
Celia Rees: Klassenspiel, Hamburg, 2005
Andreas Steinhöfel: Paul Vier und die Schröders, Hamburg 2006
Elisabeth Zöller: Ich knall ihr eine! Emma wehrt sich, München 2005

1 Informiert euch über das Hilfsangebot an eurer Schule (siehe auch M 1, M 2 und M 4).

2 Formuliere sinnvolle Tipps zur Entschärfung von Konflikten und schreibe sie in dein Heft (M 3).

3 Beschreibt, welche Konflikte es in eurer Klasse gibt.

4 Wählt einige Konflikte aus und erarbeitet in Gruppen Lösungsvorschläge.

5 Stellt eure Ergebnisse der Klasse vor und diskutiert sie.

6 Spielt die im Text M 6 dargestellte Szene nach (Rollenspiel). Berichtet, wie ihr euch in den Rollen gefühlt habt.

7 Versetzt euch in die Lage von Krissi und den „Schlägerkids". Überlegt, wie es zu dieser Situation gekommen sein kann.

8 Besprecht, wie diese Szene weitergehen könnte.

9 Diskutiert die verschiedenen Möglichkeiten, Hilfe zu leisten (M 7), und findet weitere.

10 Entscheide, welche Möglichkeiten für dich infrage kommen.

11 Denkt euch in Gruppen Lösungsmöglichkeiten für das Textbeispiel aus und stellt sie der Klasse vor.

KOMPETENZ-Trainer

Zusammenleben in der Schule

Schulpflicht	Schulordnung	getroffene Absprachen	gewalttätiger Übergriff
Klassengemeinschaft	Verbindungslehrer/-in	demokratisch gewählte/-r Interessenvertreter/-in	Lehrer/-in des Vertrauens
Regeln	Kompromiss	Auseinandersetzung, Streit	Lerngruppe
Klassensprecher/-in	Konflikt	Übereinkunft	vorgefasste Meinung
Vorurteil	Bullying	Recht auf Bildung	Gebote und Verbote für das Zusammenleben

M 1 Begriffspaare

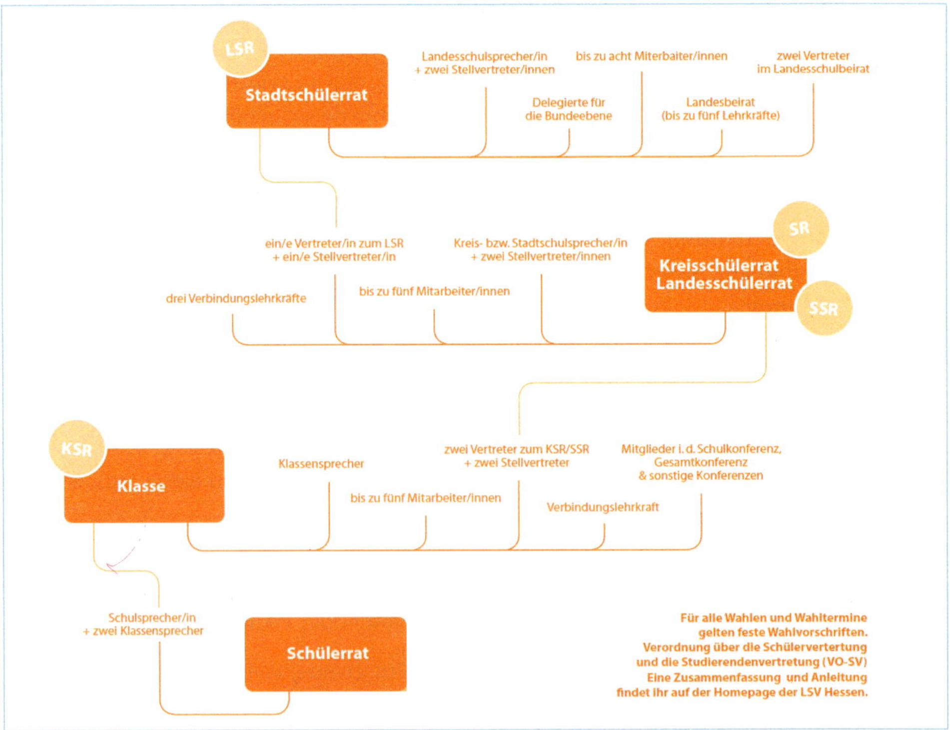

M 2 Verkehrte Schule

M3 Wohin mit dem Geld? Diskussion in der 7c

M4 Ist das demokratisch?

Das Schulfest des Goethe-Gymnasiums war ein großer Erfolg. Alle Besucher waren begeistert von den Angeboten, die die Schülerinnen und Schüler ihnen bereiteten. Auch die 7c hatte sich an dem Fest beteiligt. Sie hat die Cafeteria organisiert. In der nächsten SV-Stunde der 7c berichtet Anke, die Klassensprecherin, dass die Cafeteria einen Reingewinn von 700 Euro erbrachte. Schnell ist sich die Klasse einig, das Geld für die Klassenfahrt nach Norderney zu verwenden. Da steht Herr Schulze, der Klassenlehrer, auf und erklärt: „Das kommt überhaupt nicht infrage! Das Geld wird benötigt zur Anschaffung von Trikots für die Fußballmannschaft unserer Schule!“ Es ist plötzlich ganz still in der Klasse geworden, aber dann beginnt der Protest: „Dafür haben wir den ganzen Tag geschuftet?“, fragt Lars. „Wenn ich das gewusst hätte, wäre ich lieber gleich zu Hause geblieben“, meint Bernd und Anne nörgelt: „Der kann einem jeden Spaß verderben!“ Aber Herr Schulze bleibt dabei: „Die Entscheidung steht fest und jetzt ist Schluss der Diskussion!“ Da fragt Marion: „Ist das denn demokratisch?“ In der Pause beschließt die Klasse, die Entscheidung nicht so einfach hinzunehmen.

durchsetzungsfähig stark verständnisvoll
gerecht einfühlsam geduldig
verantwortungsvoll zuhören können fair
nicht verletzend neutral verschweigen
bei allen beliebt respektvoll
gut aussehend witzig gute Noten

M5 So sollte ein Streitschlichter sein ...?!

Sachwissen

1 Ordne die Memorykärtchen richtig einander zu (M1).

2 Das Schaubild M2 ist durcheinandergeraten. Übertrage es verbessert in dein Heft. Überprüfe mit M1 auf S. 26.

Urteilskompetenz

3 Sucht je vier Eigenschaften aus M5 heraus und formuliert Aussagen:
- a Ein Streitschlichter sollte … sein, weil …
- b Ein Streitschlichter sollte/muss nicht … sein, weil …

Urteils- und Handlungskompetenz

4 Fallbeispiel: Was passiert mit dem Geld der 7c? (M3, M4)
- a Nennt Möglichkeiten, wie eine konfliktfreie Lösung möglich gewesen wäre.
- b Formuliert Vorschläge, was die Schülerinnen und Schüler nun tun können. An wen können sie sich wenden?
- c Stellt euch vor, ihr werdet um Hilfe gebeten. Welche Lösung schlagt ihr vor?

5 Erklärt folgende Aussage: Ein Streitschlichter soll schlichten statt richten.

3 In Familien leben

Am Ende dieses Kapitels kannst du

- beschreiben, wie sich Familie als Form des Zusammenlebens gewandelt hat.
- deine Rechte und deine Pflichten in der Familie nennen.
- an einem Beispiel zeigen, wie es zu Konflikten in Familien kommen kann. Außerdem kennst du eine Methode, mit der du die eigentlichen Ursachen solcher Konflikte besser erforschen kannst.
- beschreiben, wie sich Erziehung von Kindern verändert hat. Du kannst erklären, welche Mittel der Erziehung verboten sind und warum.
- an Beispielen zeigen, wie der Staat Familien unterstützt. Außerdem kannst du erklären, warum der Staat Familien mit solchen Maßnahmen fördert.

M 1 **Plakat des Ministeriums für Familie, Senioren, Frauen und Jugend**

M 2 **Cluster**

1 Beschreibt die Fotos dieser Doppelseite zum Thema Familie. Nennt Unterschiede und Gemeinsamkeiten.

2 Wertet die Werbeanzeige M 1 aus. Was sagt sie bezüglich des Themas „Zusammenleben in einer Familie" aus?

3 Familie hat viele Bedeutungen. Ordnet in einem Cluster (M 2).

Familie hat viele Gesichter

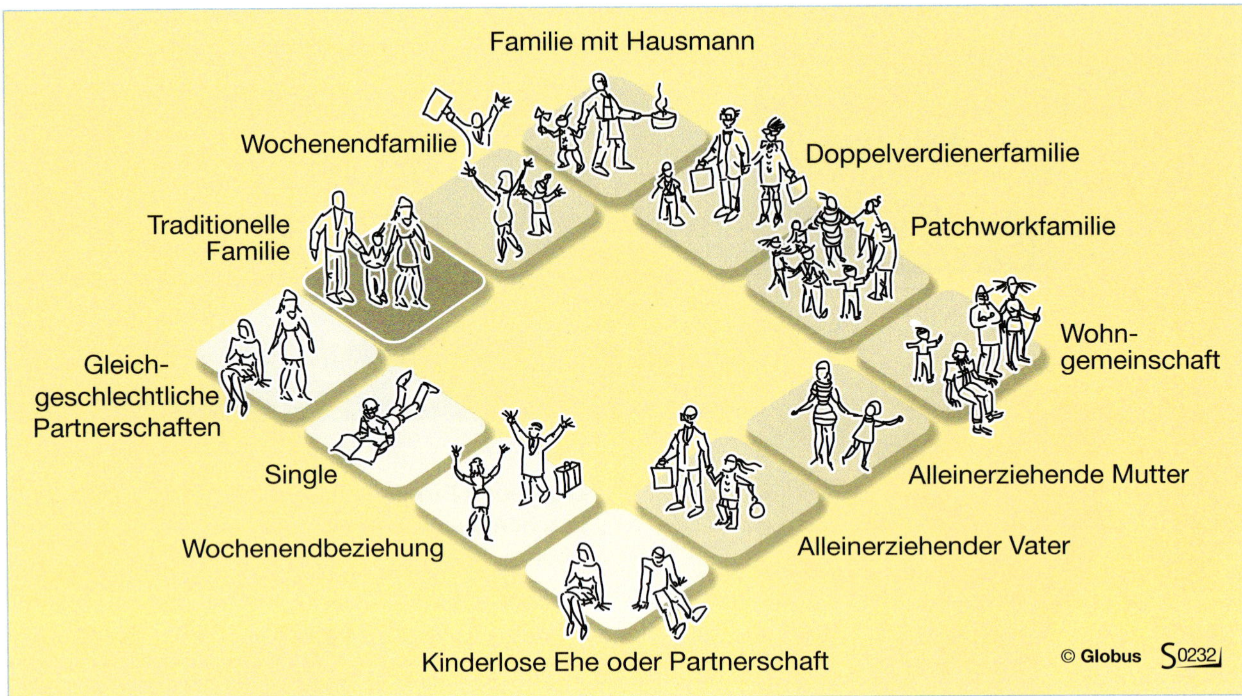

M 1 **Vielfältige Lebensformen**

Jetzt sind wir eine Familie.
Unsere Mama hat geheiratet
Johanne und Michael Kielmann
Es freuen sich
Melanie und Miriam Müller

Wir haben geheiratet
Stefanie Geneva
Markus Hesse
Hollunderweg 3
44869 Bochum

Florian
2770g, 50 cm
Ich freue mich über die Geburt meines Sohnes.
Gabriela Kellerbeck
Mein besonderer Dank gilt dem Ärzteteam
und den Schwestern des Krankenhauses Ost
für die hervorragende ärztliche Betreuung.

Wir freuen uns über die Geburt
unserer Tochter
Nora
3320 g / 54 cm
Natalie Meier und Rudi Bumann
Heinsbergstraße 11, 50674 Köln

M 2 **Zeitungsanzeigen**

Webcode: PE641789-038

M 3 **Kinder sprechen über ihre Familie**

RONJA: Ich wohne bei meiner Mama und Frank, das ist ihr Lebenspartner. Mein Papa hat seit zwei Jahren eine neue Familie. Meinen Geburtstag feiern wir aber alle miteinander. Dann kommen auch die beiden Kinder der Freundin meines Papas aus ihrer vorherigen Ehe und natürlich das süße Baby von meinem Papa und ihr.

KEREM: Da hast du es gut. Unsere Großeltern sehen wir immer nur im Urlaub. Nur Mama, Papa und meine zwei Geschwister leben hier in Deutschland. Als meine Großeltern vor drei Jahren Rentner wurden, zogen sie wieder in die Türkei.

LILIANE: Ihr habt wenigstens viele Menschen um euch. Seit meine Mama und mein Papa getrennt leben, sehe ich meinen Papa nur zweimal im Monat. Und gemeinsame Familienfeste sind bei uns nicht drin, wenn mein Papa mich abholt, gibt es oft Streit zwischen den beiden. Gerne hätte ich noch eine Schwester oder einen Bruder.

SANDRA: Mein Bruder ärgert mich nur. Ist das dann besser? Jedenfalls fühle ich mich manchmal trotzdem allein, obwohl ich Mama, Papa und einen Bruder habe.

IRMA: Du hast es noch besser als ich. Mein Vater ist Lkw-Fahrer und die ganze Woche in Europa unterwegs. Ich sehe ihn meist nur am Wochenende. Unter der Woche sind meine Mutter und ich alleine.

Familie im Wandel

Früher bestand eine Familie meist aus Vater, Mutter und Kindern, oft lebten auch Großeltern, Tante oder Onkel mit im Haushalt und bildeten eine **Großfamilie**. Heute ist es nicht mehr möglich, von der typischen Familie zu sprechen. Neben alleinerziehenden Müttern und Vätern gibt es auch Wohngemeinschaften mit mehreren Familien. Viele Paare leben zusammen, ohne verheiratet zu sein. Zugleich hat die Zahl der Scheidungen erheblich zugenommen. Nach einer Scheidung leben die Eltern häufig mit einem neuen Partner zusammen. In diesen **Patchworkfamilien** (englisch: patchwork = Flickenteppich) sind dann vielleicht Kinder aus früheren Beziehungen der Eltern und Kinder aus der neuen Beziehung.

M4 Eheschließungen – immer später?

Mit der Eheschließung warten junge Menschen immer länger. Seit Mitte der 1970er-Jahre ist in Deutschland das durchschnittliche Heiratsalter ständig gestiegen. Im Jahr 2008 waren ledige Männer bei der Hochzeit im Durchschnitt 33 Jahre alt. Frauen, die zum ersten Mal heirateten, waren im Schnitt 30 Jahre alt. (Stand: 2010)

M5 Lebensformen in der Zukunft

Der Wissenschaftler Ulrich Beck schreibt über Formen des Zusammenlebens:

Es ist nicht mehr klar, ob man heiratet, wann man heiratet, ob man zusammenlebt und nicht heiratet, heiratet und nicht zusammenlebt, ob man ein Kind innerhalb oder außerhalb einer Familie bekommt oder aufzieht.

Ulrich Beck: Riskante Freiheiten. Frankfurt a. M., 1994, S. 14

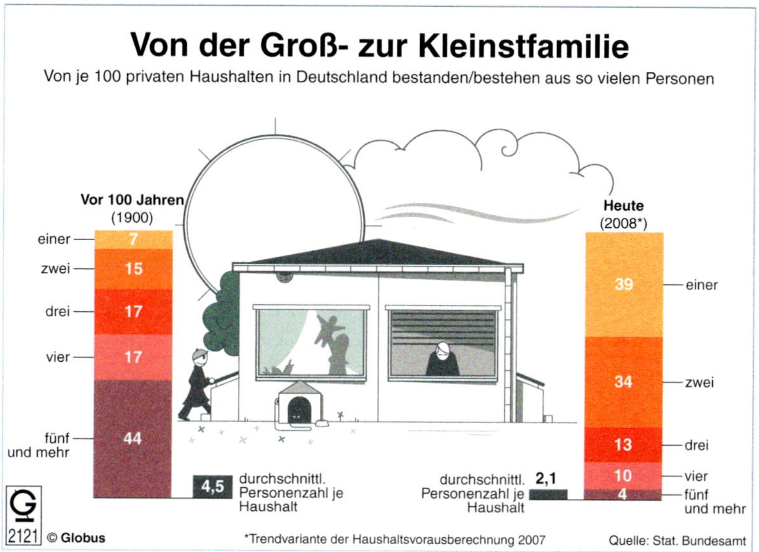

M6

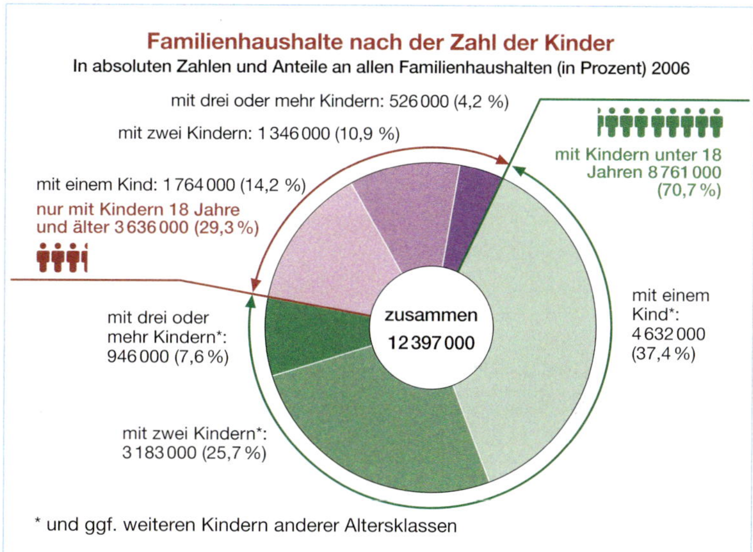

M7 Familien nach Kindern, Statistisches Bundesamt, Stand: 2008

1 Es gibt verschiedene Formen von Familien.
   a Welche Familienformen werden in M 3 beschrieben?
   b Untersuche die Anzeigen in M 2 und ordne sie in M 1 ein.

2 Schreibe einen Bericht über „Familie im Wandel" (M 4 bis M 6).

3 Stelle mit dem Schaubild M 7 eine Rangliste auf, aus der hervorgeht, wie Kinder in Deutschland leben (Zahl der Geschwister, …).

4 Stelle dir vor, ihr seht euch in 20 Jahren auf einem Klassentreffen wieder. Da gibt es sicherlich viel zu erzählen. Hast du Kinder? Was ist deine Lebensform (M 2)? Welchen Beruf übst du aus? …

Rechte und Pflichten in der Familie

Meinungsbild: Erwartungen der Eltern

1. Notiert auf Zetteln Erwartungen und „Bestimmungen" an Kinder von Elternseite (jeweils ein neuer Zettel).
2. Sammelt anschließend die Zettel ein.
3. Jeder/jede fertigt aus farbigem Papier drei Karten zur Abstimmung an und beschriftet diese Karten folgendermaßen:
   - eine **grüne Karte** „Darüber lass ich mit mir reden, denn ..."
   - eine **rote Karte** „Damit bin ich nicht einverstanden, denn ..."
   - eine **gelbe Karte** „Ich sehe ein, dass das sein muss, denn ..."
4. Nun kann abgestimmt werden. Dazu lesen zwei Schüler/-innen die Erwartungen und Bestimmungen vor. Notiert die Ergebnisse an der Tafel, z. B. so: grün IIII gelb IIII rot IIII Diskutiert über das Ergebnis jeder Abstimmung und begründet dabei eure Meinung.

M 1 Mitbestimmung üben

§ 1626 Abs. 2 des Bürgerlichen Gesetzbuches (BGB)
Bei der Pflege und Erziehung berücksichtigen die Eltern die wachsende Fähigkeit und das wachsende Bedürfnis des Kindes zu selbstständigem verantwortungsbewusstem Handeln. Sie besprechen mit dem Kind, soweit es nach dessen Entwicklungsstand angezeigt ist, Fragen der elterlichen Sorge und streben Einvernehmen an.

Wo Menschen zusammenleben, kann es manchmal ganz schön schwierig werden. Du kennst sicher solche Situationen: Wer bestimmt, wie lange du fernsehen darfst und welche Filme du dir anschauen kannst? Wer sagt, wie und wann dein Zimmer aufgeräumt sein soll? Und wie hoch ist eigentlich dein Taschengeld?

In einer Familie leben Menschen mit teilweise unterschiedlichen Bedürfnissen, Interessen und Meinungen zusammen. Damit man möglichst friedlich zusammenleben kann, ist es wichtig, dass alle Familienmitglieder **Verantwortung** übernehmen. Dazu gehört, dass jede Person ihre **Rechte** und **Pflichten** hat. Auch die Kinder übernehmen Arbeiten für die Familie, z. B. abwaschen oder den Tisch decken. Wenn Kinder mit den übertragenen Aufgaben nicht einverstanden sind, sollten sie mit ihren Eltern darüber sprechen. Mit zunehmendem Alter werden Kinder verstärkt in Entscheidungen der Familie einbezogen. Die Familie setzt sich zusammen, um zum Beispiel über die neue Gestaltung des Kinderzimmers oder den nächsten Urlaub zu sprechen. **Mitbestimmung** bedeutet, dass Kinder ihre Meinung gegenüber den anderen Familienmitgliedern vertreten können.

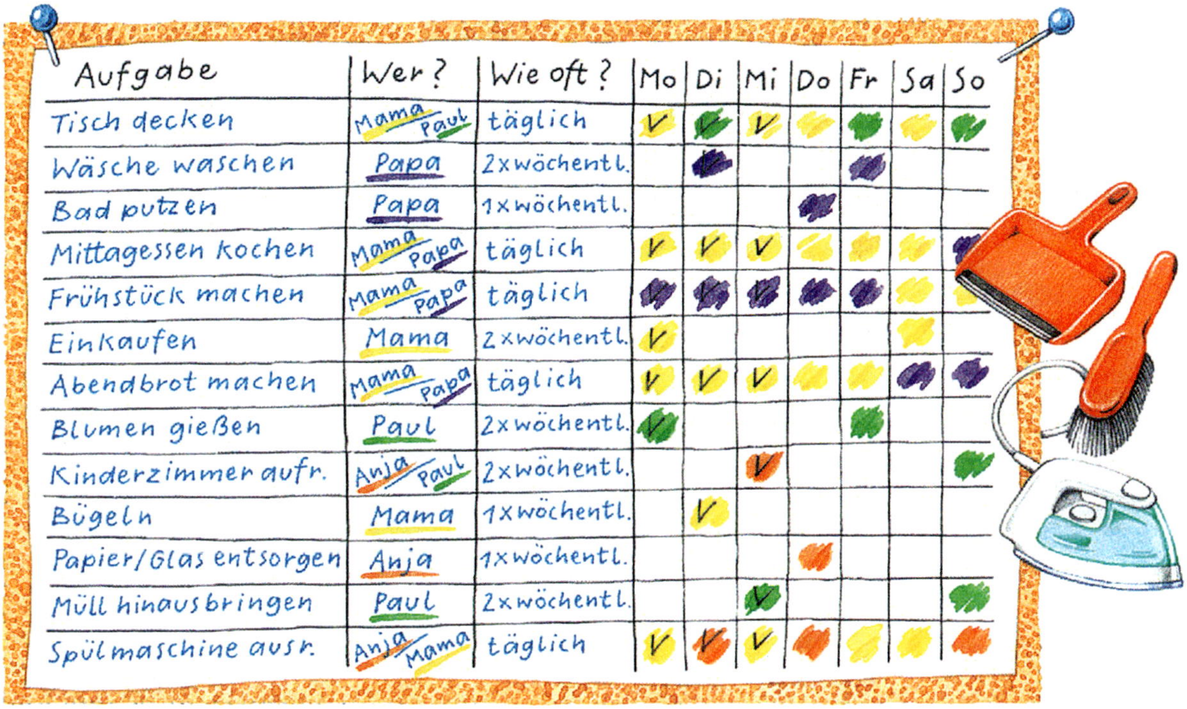

Aufgabe	Wer?	Wie oft?	Mo	Di	Mi	Do	Fr	Sa	So
Tisch decken	Mama / Paul	täglich	V	V	V				
Wäsche waschen	Papa	2x wöchentl.		V					
Bad putzen	Papa	1x wöchentl.							
Mittagessen kochen	Mama / Papa	täglich	V	V	V				
Frühstück machen	Mama / Papa	täglich	V	V	V				
Einkaufen	Mama	2x wöchentl.	V						
Abendbrot machen	Mama / Papa	täglich	V	V	V				
Blumen gießen	Paul	2x wöchentl.	V						
Kinderzimmer aufr.	Anja / Paul	2x wöchentl.			V				
Bügeln	Mama	1x wöchentl.		V					
Papier/Glas entsorgen	Anja	1x wöchentl.							
Müll hinausbringen	Paul	2x wöchentl.			V				
Spülmaschine ausr.	Anja / Mama	täglich	V	V	V				

M2 Aufgabenplan einer Familie

M3 **„Ist dort amnesty international? Man mutet mir hier allen Ernstes die Entleerung des Mülleimers zu!"**
Karikatur: Horst Haitzinger

Erwachsene		Kinder	
Rechte	Pflichten	Rechte	Pflichten

M4 Rechte und Pflichten

Bürgerliches Gesetzbuch (BGB) § 1619
Das Kind ist, solange es dem elterlichen Hausstand angehört und von den Eltern erzogen oder unterhalten wird, verpflichtet, in einer seinen Kräften und seiner Lebensstellung entsprechenden Weise den Eltern in ihrem Hauswesen und Geschäfte Dienste zu leisten.

1 Führt das Meinungsbild M 1 durch.

2 Stelle wichtige Rechte und Pflichten für Erwachsene und Kinder in zwei Tabellen zusammen (Autorentext, Gesetzestexte, M 4).

3 Suche die Pflichten der Kinder aus M 2 heraus und vergleiche mit deinen Ergebnissen von Aufgabe 2.

4 Werte die Karikatur M 3 aus. (Karikatur auswerten)

5 „Solange du deine Füße unter meinem Tisch hast, tust du, was ich sage!"
   a Nennt eine Situation, in der dieser Spruch gefallen sein könnte.
   b Gibt es eine rechtliche Grundlage dafür? Diskutiert.

Verhandeln statt streiten?

In jeder Familie wird auch gestritten. Wo Menschen so eng miteinander leben, kommt es fast zwangsläufig zu Meinungsverschiedenheiten und Konflikten, wenn unterschiedliche Interessen, Ansichten und Pläne aufeinanderprallen.

M 1 „Dabei hatte der Abend so vielversprechend begonnen“

„Übrigens, am Freitag ist ein Fest bei der Silvi, das dauert so bis zwölf, und da geh ich auch hin!“ Petra schaut kurz in die Abendtischrunde, streift mit einer raschen Handbewegung ein paar Haarsträhnen aus der Stirn und rückt, schon halb aufgestanden, ihren Stuhl zurück.

Die Mutter findet als Erste die Sprache wieder: „Halt mal! So geht das ja nicht! Was soll denn das heißen?“ Der Vater starrt schweigend auf seinen Teller. Daniel, der kleine Bruder, blickt verlegen grinsend abwechselnd auf Mutter und Schwester. Er weiß, was jetzt kommt, er kennt den Verlauf im Voraus, er hat das oft genug miterlebt.

„Was soll das heißen, dauert bis um zwölf, und da geh ich hin! Ob du da hingehst und wie lange, das haben immer noch wir zu entscheiden!“ In scharfem Ton, mit deutlich erhobener Stimme hat die Mutter die Sätze hervorgestoßen. Daniel schaut auf Petra. Sie ist an der Reihe. Gleich wird sie zurückschreien. Die 14-Jährige steht hinter dem Stuhl, hat die Hände um die Lehne geklammert, ihre Mundwinkel zucken. „Ich hab's ja gewusst, ich hätt's mir denken können, dass ihr mich nicht lasst! Bei euch darf man ja überhaupt nichts! Ihr könnt immer bloß verbieten!“

Mit zwei Schritten ist sie bei der Tür, reißt sie auf und knallt sie hinter sich zu. Ein paar stampfende Tritte auf dem Flur, dann fällt noch eine Tür ins Schloss, die von Petras Zimmer. „Also, das ist doch …!“ Die Mutter will aufspringen, um der Tochter nachzulaufen, der Vater fasst sie, ein wenig hilflos, am Arm. Daniel murmelt in seinen Teller: „Lass sie doch, die blöde Kuh! Die führt sich doch immer so auf!“ Mit einem wütenden Seufzer setzt sich die Mutter wieder.

Dabei hatte der Abend so vielversprechend begonnen. Die Mutter war rechtzeitig aus dem Geschäft gekommen. Daniel hatte mit dem Papa gekocht und Petra war ausnahmsweise pünktlich zum gemeinsamen Essen erschienen. Die Spagetti schmeckten großartig, und der Vater wollte gerade anfragen, wer anschließend eine Runde „Scrabble“ mitspielen würde. Und dann: mit einem Schlag alles kaputt! Die gemütliche Stimmung wie weggeblasen!

Werner Müller: Wenn die Fetzen fliegen. In: Schule aktuell, Nr. 4/1996, S. 2–3

M2 Drei Methoden mit Konflikten umzugehen

Der amerikanische Psychologe Thomas Gordon hat bereits 1970 seine Erfahrungen als Erziehungsberater in seinem Buch „Familienkonferenz“ zusammengefasst, das über Jahrzehnte ein Bestseller blieb und bis heute bleibende Bedeutung behalten hat. Darin beschreibt er drei grundsätzlich verschiedene Methoden der Konfliktlösung zwischen Eltern und Kindern.

Methode 1:

Kommt es zu einem Konflikt zwischen Eltern und Kind, entscheiden die Eltern, wie die Lösung auszusehen hat. Sie gehen davon aus, dass das Kind ihre Lösung schon hinnehmen wird. Widersetzt sich das Kind, setzen die Eltern ihre Macht und Autorität ein, um das Kind zum Gehorsam zu zwingen (Eltern siegen, Kind verliert).

Methode 2:

Kommt es zu einem Konflikt zwischen Eltern und Kind, machen die Eltern einen Versuch, das Kind zu überreden, die Lösung der Eltern anzunehmen. Widersetzt sich das Kind, geben die Eltern nach und erlauben dem Kind, nach seinem Willen zu verfahren (Kind siegt, Eltern verlieren).

Methode 3:

Kommt es zu einem Konflikt zwischen Eltern und Kind, fordern die Eltern das Kind auf, mit ihnen gemeinsam nach einer Lösung zu suchen, die für beide akzeptabel ist. Beide können Lösungen vorschlagen, die dann im Gespräch beurteilt werden. Schließlich entscheidet man, welches die beste Lösung ist. Dann wird überlegt, wie sie umgesetzt werden kann (keiner verliert).

Nach: Thomas Gordon: Familienkonferenz. 42. Auflage 2004, S. 162 ff.

M3 Konflikte in der Familie

1 Welches sind deiner Meinung nach die häufigsten Anlässe für einen Streit in der Familie? Schreibe einen Konflikt, den du für besonders wichtig hältst, auf einen Streifen (M 3 oder eigene Beispiele). Erstellt dann eine Gruppenhitliste wichtiger Konflikte. (Gruppenhitlisten erstellen)

2 Beschreibe den Konflikt M 1 mit eigenen Worten.

3 Stelle fest, nach welcher der drei in M 2 genannten Methoden der Konflikt gelöst wurde.

4 a Überlegt gemeinsam, wie eine Lösung nach Methode 2 hätte aussehen können. Spielt die entsprechende Szene nach.
b Besprecht auch, wie eine Lösung nach Methode 3 aussehen könnte.

5 Welche Vor- und Nachteile hat jede der drei Methoden? Welche der drei Methoden ist deiner Meinung nach die beste? Begründe und zeige die Vorteile auf.

METHODE

„Eisberg“: Konfliktursachen erkennen

Da steckt mehr dahinter

Ihr kennt die Sache mit dem Eisberg: Nur eine Spitze guckt aus dem Wasser, der größere Teil ist unsichtbar unter Wasser. Dieses Bild aus der Natur verwenden Sozialwissenschaftler und Psychologen, um Konflikte besser verstehen zu können. Sie gehen davon aus, dass jeder Konflikt einen sichtbaren Teil hat, aber auch viele Ursachen und Hintergründe, die „unter der Oberfläche“ verborgen bleiben. Sicher gilt das auch für die Konflikte innerhalb der Familie.

M1 Immer wieder samstags …

In einer Familie gibt es Samstag oft dicke Luft. Die Mutter hat einen Beruf, darum holt sie am Wochenende alle Hausarbeiten nach, die in der Woche liegen bleiben mussten. Der Vater und die Kinder helfen ihr. Aber gern tun sie das nicht. Jeder stellt sich sein Wochenende anders vor:

Der Vater sitzt die ganze Woche im Büro. Für ihn gibt es nichts Schöneres als einen Tag im Wald. Der Junge findet Waldspaziergänge fast so schlimm wie Schrankaufräumen. Das Schönste für ihn ist ein gemütlicher Tag zu Hause, wenn alle nur rumsitzen.

Das Mädchen mag nicht in den Wald und sich dort Vaters Vorträge über Tiere und Pflanzen anhören. Es spielt am liebsten im Hof mit Freunden und auf der Rollschuhbahn.

Auch die Mutter könnte sich ein Wochenende anders vorstellen. Ein Stadtbummel mit der Freundin am Nachmittag und abends mit ihrem Mann ins Theater zu gehen, das wäre für sie das Schönste. Aber dazu hat sie nie Zeit. Sie will doch den Haushalt nicht verkommen lassen.

Die anderen meinen, das würde so schnell nicht geschehen. Aber sie helfen. Sonst würde Mutter sagen: „Alles muss ich allein tun.“ Und damit hätte sie auch recht.

Wie die Kinder aus der Schule kommen, reden die Eltern kein Wort mehr miteinander. Die Kinder haben auf dem Heimweg von der Schule eingekauft. Aber das Mädchen hat sich halbfaule Tomaten einpacken lassen, und der Junge hat die Fleischwurst für die Linsensuppe vergessen. Obendrein erzählt das Mädchen, dass der Bruder in der Schule mit einem anderen Jungen gerauft hat und sich unterkriegen ließ, der Schwächling!

Schon haben sie einen Familienstreit.

Glückliche Familie, aus: Ursula Wölfel: Du wärst der Pienek. Spielgeschichten etc., Beltz und Gelberg Verlag, 1996

M2 Eisberg

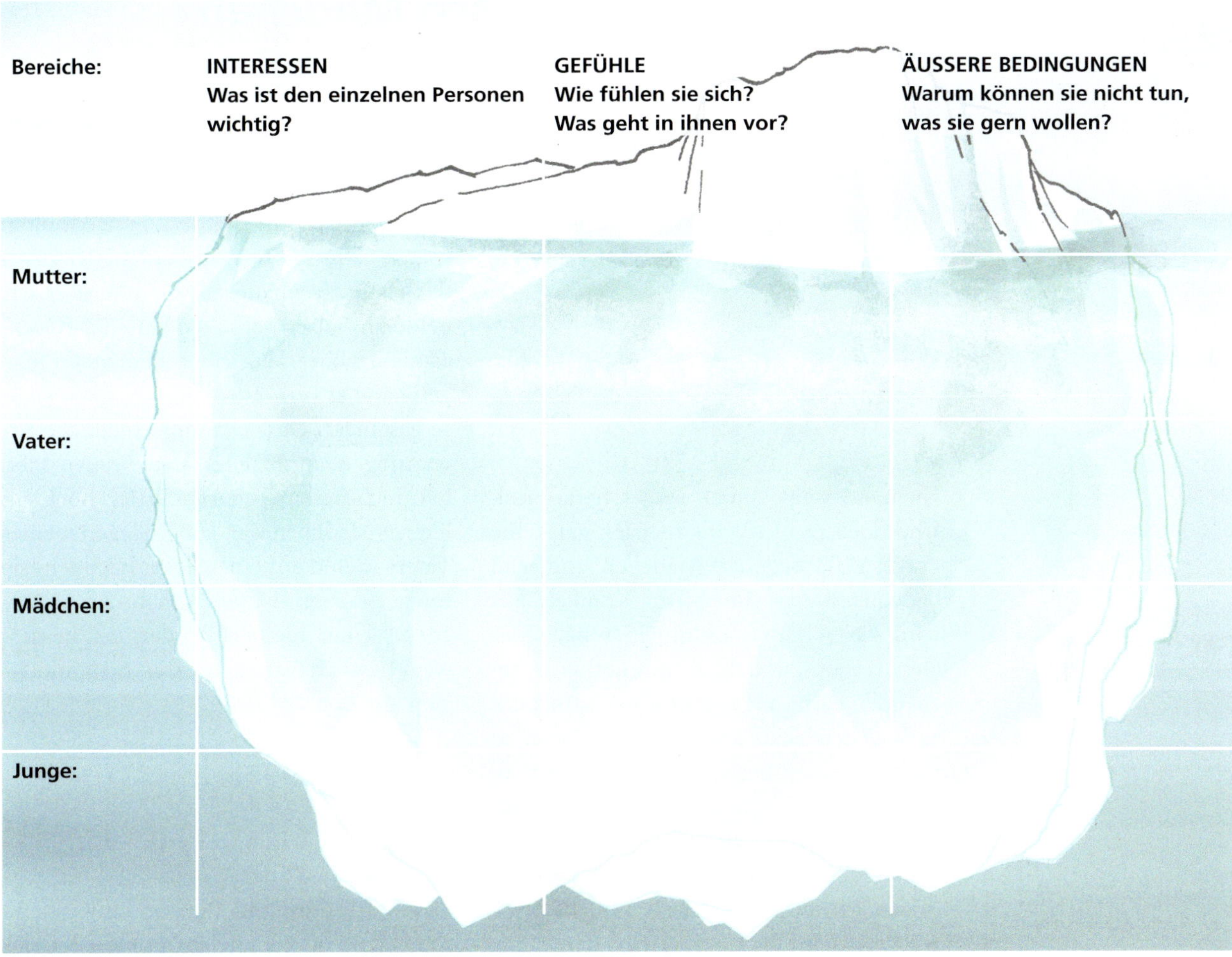

M 3 Konflikte-Eisberg

Ihr könnt mit dem „Eisberg“ noch weitere Punkte analysieren (= erforschen):

BEZIEHUNGSFRAGEN

a) Wie stehen die Personen zueinander? (Sympathie, Liebe, Abneigung)

EINSTELLUNGEN

b) Was glauben die Personen, was richtig ist?

INFO-STAND

c) Sind alle richtig informiert?

1 Arbeitet in Gruppen: Lest den Text M 1 und klärt in einer ersten Besprechung, was an diesem „typischen Samstag“ bei der Familie los ist.

2 Wie verhalten sich die Beteiligten? Wie ist die Situation am Ende der Geschichte?

3 Malt das Schaubild des „Konflikte-Eisberges“ auf ein größeres Blatt. Überlegt, was von den beschriebenen Konfliktsituationen bei den einzelnen Familienmitgliedern zunächst nicht sichtbar wird, also „unter der Oberfläche“ bleibt. Tragt eure Ideen dazu stichwortartig in das betreffende Kästchen ein.

4 Vergleicht eure Ergebnisse und überlegt, wie man die verborgenen Teile eines solchen Konflikts „sichtbar“ machen könnte.

5 Wählt für eure Lösungsvorschläge eine Darstellungsform (z. B. **Rollenspiel**). Stellt sie der Klasse vor und wertet sie aus.

Typisch Junge – typisch Mädchen?

Rosa = Mädchen, blau = Junge?

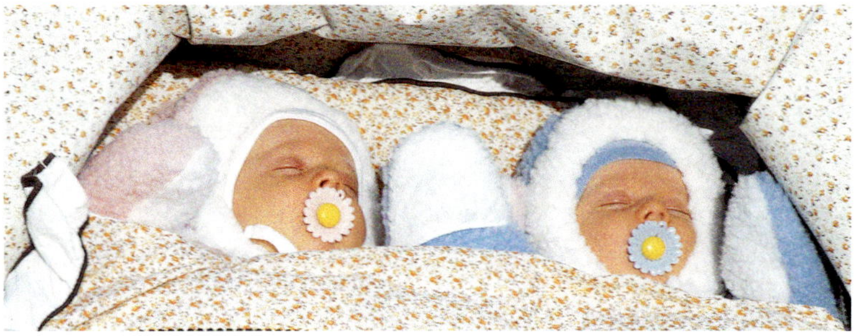

Niemand weiß genau, wo es herkommt. Und doch ist es für die meisten gar keine Frage: Rosa bedeutet Mädchen und blau bedeutet Junge. Bereits im Krankenhaus wird vielen Babys unmittelbar nach der Geburt ein Bändchen mit der entsprechenden Farbe angehängt. Und dann kann es losgehen: „Ein kräftiger Junge, und so unternehmungslustig. Und wie laut er schon brüllen kann! Ganz der Papa!" Oder anders herum: „Eine richtige kleine Schönheit! Und diese zierliche Nase! Der Mama wie aus dem Gesicht geschnitten." Alles klar? Mit der Farbe wird der kleine Unterschied dokumentiert, die Geschlechterrolle wird festgelegt …

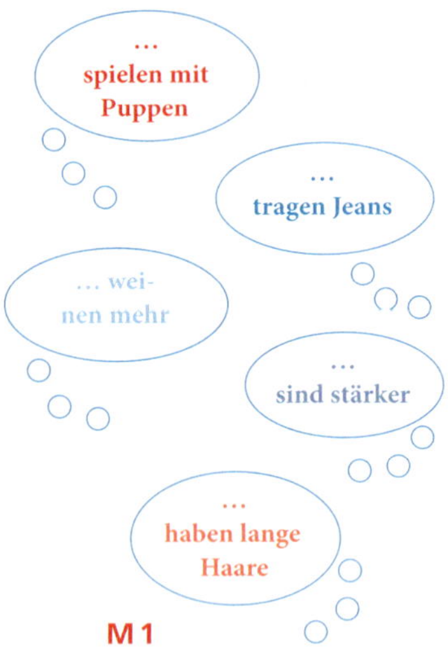

M 1 Charaktereigenschaften und Verhaltensweisen

M 2 Bilder im Kopf

Dass bei meinen Unterlagen für die Universität eine wichtige Unterschrift fehlte, merkte ich erst am Schalter für die Anmeldung. Der Beamte ließ nicht mit sich diskutieren und forderte mich auf, in einem halben Jahr wiederzukommen. Ich war mit den Nerven am Ende und fing zu weinen an. Er schaute bestürzt. Fünf Minuten später hatte ich den Studentenausweis in der Hand. Ich hatte das Gefühl, dass wir beide uns falsch verhalten hatten. Ich weiß es nicht sicher, aber einen heulenden Jungen hätte er vermutlich einfach nach Hause geschickt. Dass es unterschiedliche Erwartungen an Männer und Frauen gibt, hat mich bereits genervt, als ich noch ein kleines Mädchen war. Die Kollegen meines Vaters sagten auf einer Feier, nachdem sie mich gesehen hatten: „Hübsches Mädchen." Über meinen Bruder, der keineswegs hässlich war, sagten sie: „Sieht intelligent aus."

Nach: T. Bäuerlein in: fluter 1/2007, S. 25 f.

M 3 „Richtige Jungen – richtige Mädchen"

Obwohl Jungen mit Puppen spielen und Mädchen Fußball spielen könnten, tun das die meisten nur selten oder gar nicht. Diejenigen, die sich untypisch verhalten, erregen das Interesse ihrer Umgebung. Dabei gibt es auffallende Unterschiede: Ein Mädchen darf – oder soll – sich eher „jungenhaft" verhalten als umgekehrt. Viele Mädchen benutzen heute geschickt Werkzeuge, sind sportlich und wagemutig. Eher anerkennend bemerken Eltern und Bekannte, an ihr sei „ja ein richtiger Junge verloren gegangen". Spielt ein Junge dagegen bis ins Schulalter gerne mit Puppen, so gilt er als auffällig. Zahlreiche Beispiele zeigen, dass sich die Fähigkeiten und Eigenschaften von Mädchen zunehmend um die der Jungen erweitern, umgekehrt geschieht dies bei Jungen nicht.

Nach: H. Hoppe: Frauenleben. Bielefeld, 1998, S. 18 ff.

1. Versucht die Eigenschaften und Verhaltensweisen in M 1 Jungen oder Mädchen zuzuordnen. Diskutiert, ob eine eindeutige Zuordnung in jedem Fall möglich ist.
2. Denke über Folgendes nach: Dürfen Jungen und Mädchen anziehen, was sie wollen? Was passiert, wenn ein Kind sich nicht nach den üblichen Regeln richtet?
3. Beschreibe, wie Kinder zu Mädchen und Jungen erzogen werden (Text, M 2 und M 3). Nenne eigene Beispiele.

Werkstatt: Mädchen oder Junge?

1 Vorbereitung
Bereitet ein so genanntes „stummes Schreibgespräch“ vor. Jungen und Mädchen werden bei diesem Thema getrennt und benötigen jeweils zwei Tischgruppen (siehe M 1). Die Stühle werden an die Seite gestellt. Außerdem benötigt ihr Klebeband, Schere und Filzstifte sowie Plakate oder große Papierbögen (von Resttapeten, Zeitungspapierrollen). Die Plakate werden auf den Tischgruppen ausgelegt und die Satzanfänge von M 2 in großer Schrift jeweils auf die Plakate geschrieben.

2 Durchführung
Führt das **stumme Schreibgespräch** durch.

3 Rundgang und Gruppendiskussion
Befestigt eure Wandtapeten an den Wänden. Geht immer zu zweit wie in einem Museum von einem „Ausstellungsobjekt“ zum nächsten. Lest die Anmerkungen und diskutiert darüber (leise). Was überascht euch? Wo seid ihr anderer Meinung? Wo stimmt ihr zu?

4 Auswertung
- Warum ist es schön, ein Mädchen, ein Junge zu sein?
- Beschreibt die Vorteile und Nachteile, die mit dem „Mädchensein“ und „Jungensein“ verbunden werden.
- Nennt Beispiele, die typisches Verhalten von Jungen oder Mädchen als einschränkend oder als bereichernd darstellen.
- Welche Fähigkeiten und Eigenschaften werden Jungen, welche Mädchen zugeschrieben? Welche könnten und sollten für Jungen/Männer und Mädchen/Frauen gleichermaßen gelten?

M 1 Klassenraum bei einem stummen Schreibgespräch

Die Jungen schreiben auf jede der vier Wandtapeten einen der Satzanfänge:

Ich bin gerne ein Junge, weil ...

Manchmal bin ich nicht gerne ein Junge, weil ...

Wenn ich ein Mädchen wäre, dürfte ich ...

Wenn ich ein Mädchen wäre, müsste ich ...

Die Mädchen schreiben entsprechend auf ihre Wandtapeten:

Ich bin gerne ein Mädchen, weil...

Manchmal bin ich nicht gerne ein Mädchen, weil ...

Wenn ich ein Junge wäre, dürfte ich ...

Wenn ich ein Junge wäre, müsste ich ...

M 2 Satzanfänge

Webcode:
PE641789-047

Werkstatt: Was ist eine gute Erziehung?

Erziehung ist kein Kinderspiel

Eltern haben das Recht und die Pflicht, für ihre Kinder zu sorgen. So steht es im Bürgerlichen Gesetzbuch. Dieses elterliche Sorgerecht bezieht sich auf die Person und auf das Vermögen des Kindes. Die Eltern sollen das Kind in seiner Entwicklung zu einer eigenständigen Persönlichkeit unterstützen.

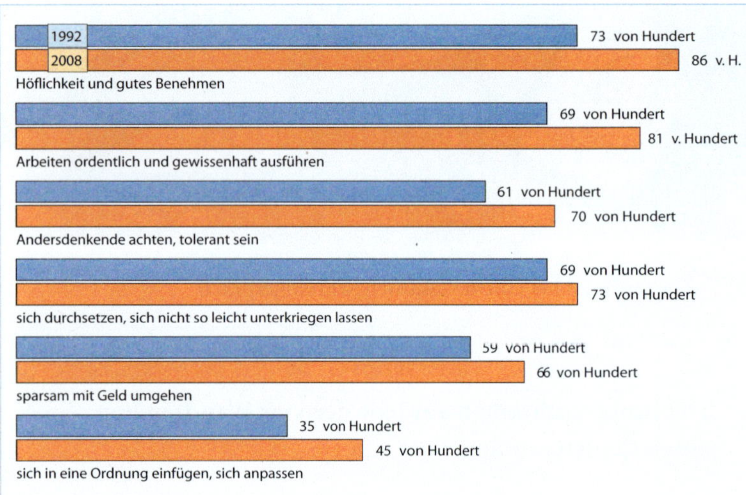

M1 Erziehungsziele im Wandel *Quelle: Allensbach 2008*

M2 Zeitzeugenberichte

Erziehung der (Ur-)Großeltern

„Wir wurden als Kinder zu absolutem Gehorsam erzogen. Was die Eltern wollten, das haben wir auch getan." (geboren 1908)

„Meine Mutter hat sich auch nicht nerven lassen. Da gab es eben eine Ohrfeige, wenn es nicht so gelaufen ist." (geboren 1940)

nach J. Ecarius, in: Aus Politik und Zeitgeschichte 23/2002

Die heutige Jugend ist vor allem ein Ergebnis der elterlichen Erziehung. Familien sind der Ort, an dem Kinder wesentliche Prägungen für ihr gesamtes Leben erfahren. Die meisten Kinder und Jugendlichen sind mit der heutigen elterlichen Erziehung sehr zufrieden und würden ihre eigenen Kinder später einmal genauso erziehen wollen, wie die eigenen Eltern dies getan hätten. Der Erziehungswissenschaftler Klaus Hurrelmann schätzt aber, dass es etwa 15 Prozent vollkommen überforderte Elternhäuser gibt. Um diesen Eltern die für eine gelingende Erziehung unerlässliche Mischung aus liebevoller Zuwendung und notwendiger Distanz, aus Klarheit und Zuverlässigkeit beizubringen, fordert er Trainingskurse.

M3 www.zeit.de/2006/39/Shell_Studie
Abruf: 4.4.2008

M4 Erziehungsrecht im Wandel

§ 1631 Abs. 2 Bürgerliches Gesetzbuch
Fassung von 1896: Kraft Erziehungsrechts darf der Vater angemessene Zuchtmittel gegen das Kind anwenden.
Fassung seit 2001: Kinder haben ein Recht auf gewaltfreie Erziehung. Körperliche Bestrafungen, seelische Verletzungen und andere entwürdigende Maßnahmen sind unzulässig.

1 Welche Erziehungsziele waren früher wichtig (M 1, M 2, M 4)?

2 Beschreibt, wie sich die Erziehungsziele in den letzten Jahren gewandelt haben (M 1, M 4).

3 Welche Aussagen zur elterlichen Erziehung kommen in M 5 mehrfach vor? Welche Widersprüche erkennt ihr? Überlegt auch, warum heute viele Eltern Rat in Erziehungsfragen suchen.

4 a Was gehört deiner Meinung nach zu einer guten Erziehung (M 1, M 3, M 4, M 5)? Notiere zehn Erziehungsziele.
b Bildet Gruppen, in denen Jungen und Mädchen vorkommen. Vergleicht eure zehn Erziehungsziele. Gibt es (zu?) große Unterschiede oder würdet ihr am „selben Strang" ziehen? Einigt euch in der Gruppe auf fünf Erziehungsziele, denen alle zustimmen. Vergleicht die Ergebnisse der Gruppen.

M 5 Plakat, Erziehungsratgeber und Titelseiten von Zeitschriften

Ein Klaps hat noch keinem geschadet, oder?

M 1
Auszüge aus den Plakattexten zu M 2

a) In der Kindererziehung ist kein Platz für Demütigungen und seelische Verletzung. Kinder haben ein Recht auf gewaltfreie Erziehung.
b) Gewalt ist ein Teufelskreis und hat in der Kindererziehung nichts verloren. Kinder haben ein Recht auf gewaltfreie Erziehung.

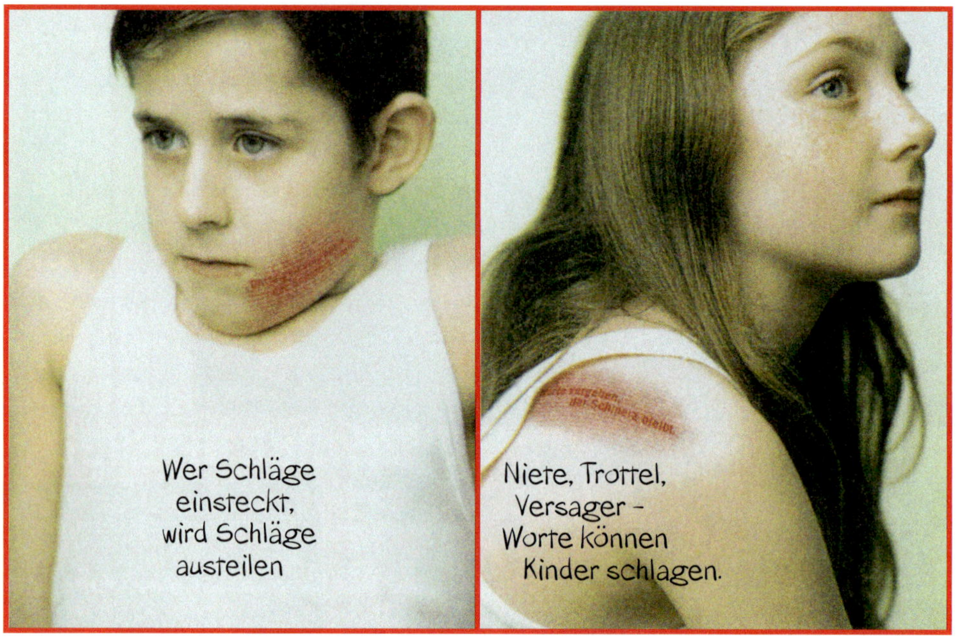

M 2 **Ausschnitte aus einer Plakatkampagne des Bundesministeriums für Familie, Senioren, Frauen und Jugend, 2001**

M 3 **Warum wenden Eltern Gewalt an?**
Gewalt ist oft ein Ausdruck von Hilflosigkeit und Unsicherheit. Besonders häufig kommt es zu Gewalttätigkeiten, wenn die Eltern sehr belastet sind: Streitigkeiten und Probleme zwischen den Eltern, berufliche Probleme, finanzielle Schwierigkeiten … Manche Eltern empfinden in Streitsituationen einen Machtverlust gegenüber ihren Kindern und wollen durch körperliche Gewalt ihre Autorität wiederherstellen. Viele Eltern halten Schläge zudem immer noch für ein wirksames Mittel, Kindern ein bestimmtes Verhalten abzuzwingen.

Hans-Jürgen van der Gieth, Winfried Kneip, Gewalt stoppen. Projekte zur Gewaltprävention, Berlin 2000, S. 34

M 4 **Im Supermarkt**

M5 Über Stock und Stein

ASTRID LINDGREN: „Eine alte Dame hat mir einmal berichtet. Sie war eine junge Mutter, als ihr kleiner Sohn etwas getan hatte, wofür er ihrer Meinung nach eine Tracht Prügel verdiente, die erste in seinem Leben. Sie schickte ihn in den Garten, um einen Stock zu suchen, den er ihr dann bringen sollte. Der kleine Junge ging und blieb lange fort. Schließlich kam er weinend zurück und sagte: ‚Ich habe keinen Stock finden können, aber hier hast du einen Stein, den kannst du ja nach mir werfen.' Da aber fing auch die Mutter an zu weinen, denn plötzlich sah sie alles mit den Augen des Kindes. Das Kind musste gedacht haben: ‚Meine Mutter will mir wirklich weh tun, und das kann sie ja auch mit einem Stein.' Sie nahm ihren kleinen Sohn in die Arme. Dann legte sie den Stein auf ein Bord in der Küche, und dort blieb er liegen als ständige Mahnung an das Versprechen, das sie sich in dieser Stunde selber gegeben hatte: ‚Niemals Gewalt!'"

zitiert nach: BMFSFJ: Gewaltfreie Erziehung – Bilanz nach Einführung des Rechts auf gewaltfreie Erziehung. Berlin 2003, S. 23

M6 „Wie oft habe ich dir schon gesagt, du sollst deine Schwester nicht schlagen?"
Karikatur: Gerhard Mester

Webcode: PE641789-051

Das Recht auf gewaltfreie Erziehung in der Realität

Seit dem Jahr 2000 gibt es im BGB das Recht auf gewaltfreie Erziehung. wdr.de sprach mit Martina Huxoll, Fachberaterin für Gewalt gegen Kinder und Jugendliche beim Deutschen Kinderschutzbund NRW in Wuppertal.

wdr.de: Seit dem Jahr 2000 gibt es das Recht auf gewaltfreie Erziehung. Wie sieht das in der Realität aus?

Martina Huxoll: Leider ist es so, dass es für noch immer viel zu viele Kinder alltägliche Gewalt in der Erziehung gibt. Positiv ist, dass Mütter und Väter bei Befragungen eine gewaltfreie Erziehung befürworten. Anspruch und Wirklichkeit klaffen derzeit noch sehr auseinander. Eltern brauchen Unterstützung zur Umsetzung des Rechts auf gewaltfreie Erziehung. Der Kinderschutzbund und andere Einrichtungen bieten in Elternkursen die Möglichkeit, neue Verhaltens- und Sichtweisen zu erproben. Gewalt in der Erziehung wird zunehmend weniger, wenn auch langsam über viele Jahre.

wdr.de: Was muss getan werden, um Gewalt gegen Kinder einzudämmen?

Martina Huxoll: Ich sehe noch viel Informationsbedarf. Zukünftig soll niemand mehr sagen, ein Klaps hätte noch keinem geschadet. Untersuchungen haben nachgewiesen, dass Kinder, die mit Schlägen und Gewalt aufwachsen, mit höherer Wahrscheinlichkeit in Konflikten auch selbst zuschlagen und auch als Erwachsene gewalttätiger sind.

M7 nach: www.wdr.de/themen/kultur/1/kinderschutzbund/interview.jhtml. *Abruf: 4.4.2008*

Hier findet ihr Hilfe:

☎ **„Nummer gegen Kummer"**
(0800) 1 11 03 33 (gebührenfrei)
Mo–Fr 15.00–19.00 Uhr Kinderschutzbund

1 Ordne die Texte aus M 1 den Plakatausschnitten in M 2 zu. Erkläre, was die Plakate aussagen sollen.

2 Gebt den Inhalt von M 5 kurz wieder.
   a Was will die Mutter mit dem Stock eigentlich bezwecken?
   b Was denkt der Junge über die Absichten der Mutter?
   c Erklärt, was Astrid Lindgren mit der Geschichte ausdrücken wollte.

3 Warum wenden Eltern Gewalt an? (Arbeitet in Kleingruppen.)
   a Macht Vorschläge, was die Personen in M 4 denken könnten.
   b Wie könnte die Situation weitergehen?
   c Findet gewaltfreie Lösungen für die Situation.
   d Kann man mithilfe von M 3 und M 4 rechtfertigen, dass manche Eltern Gewalt anwenden?

4 Beantwortet mithilfe von M 6 und M 7 die Titelfrage der Doppelseite.

5 Warum ist es in Deutschland verboten, Kinder zu schlagen? Schreibe eine Begründung und verwende dazu M 2, M 4 und M 7.

Kinderarmut in Deutschland?

M 1 Kinderarmut in reichen Ländern

Wie sieht Kinderarmut in Deutschland aus?
Kinderarmut in Deutschland – da geht es nicht um Bilder von 5-Jährigen, die Steine schleppen für einen Teller Suppe. Armut in reichen Ländern ist unauffälliger. Erst im Vergleich zur übrigen Gesellschaft wird sie deutlich. Laut einer von UNICEF vorgestellten Studie wachsen mehr als 1,5 Millionen Kinder und Jugendliche unter 18 Jahren in Familien auf, die mit weniger als der Hälfte des Durchschnittseinkommens auskommen müssen.

Mix aus Kleinigkeiten
Wenn die Eltern knapp bei Kasse sind, ist es schnell vorbei mit Flötenunterricht oder Sportverein. „Es ist ein Mix aus vielen Kleinigkeiten, der die Kinder im Vergleich benachteiligt", erklärt Beraterin Marina Samra vom Sozialen Zentrum Westhoff in Dortmund. Sie zählt auf: „Da bleibt die kulturelle Bildung auf der Strecke, weil Kino, Zoo und Theater unbezahlbar sind. Die Kleidung ist nicht die Gleiche und das Buch, das gerade ‚in' ist, gibt es noch nicht in der Bibliothek. Damit tun sich besonders Heranwachsende schwer."

Armut auf Zeit
Meistens handelt es sich bei Armut um eine Phase, oft wenn die Eltern sich trennen oder arbeitslos werden. Etwa 60 % der Kinder leiden ein Jahr, 4 % mehr als fünf Jahre darunter. Vom Staat gibt es je nach Lebenslage gesetzlich festgelegte Hilfen, jeder bekommt das Gleiche. (…)

Staatliche Hilfe
„Die Regelsätze sind sehr niedrig angesetzt, oft reicht eine einzige Ausgabe außer der Reihe und die Schraube beginnt sich zu drehen", sagt Sozialarbeiterin Samra. „Ich hatte einen Fall, wo ein Kind zum Sprachförderunterricht über Mittag in der Schule bleiben sollte. Die Mutter konnte die 40 Euro Essensgeld nicht aufbringen, weil sie auch eine neue Brille brauchte."

Wer ist betroffen?
Treffen kann es jeden, den arbeitslosen Arbeiter wie den gescheiterten Unternehmer genauso wie die Akademikerin, die kurz nach dem Studium ein Kind bekommt und dieses alleine erzieht. (…)
Doch die Formel „Kinder gleich Armut" ist laut UNICEF zu einfach. „Kinder sind in Deutschland kein Armutsrisiko. Alarmierend aber ist die überdurchschnittliche Armut von Kindern Alleinerziehender und aus Zuwandererfamilien", sagte Reinhard Schlagintweit, Vorsitzender des Kinderhilfswerks in Deutschland. Nach der Studie haben diese Kinder das weitaus größte Risiko zu verarmen – mit allen Folgen von weniger Chancen in der Bildung bis zur schlechteren Gesundheitsvorsorge, weil an freiwilligen Leistungen gespart wird.

Anneke Wardenbach, www.wdr.de, Abruf: 1.3.2005

Webcode: PE641789-052

1 Gibt es Kinderarmut in Deutschland? Werte den Text M 1 aus, um eine begründete Antwort auf diese Frage zu geben. Prüfe vor allem folgende Fragen:
   a Wie äußert sich Armut? Welche Folgen hat sie für Kinder und Eltern?
   b Wer ist besonders betroffen?
   c Was wird gegen Kinderarmut unternommen?

2 Recherchiere zu der Frage auch im Internet (siehe Webcode) und ergänze deine Antworten durch weitere Informationen.

3 Werte die Plakate (Werbung auswerten) in M 2 aus.

M2 Aktion „Ich sehe was, was du nicht siehst." des Jugendrotkreuzes

Politik für Familien

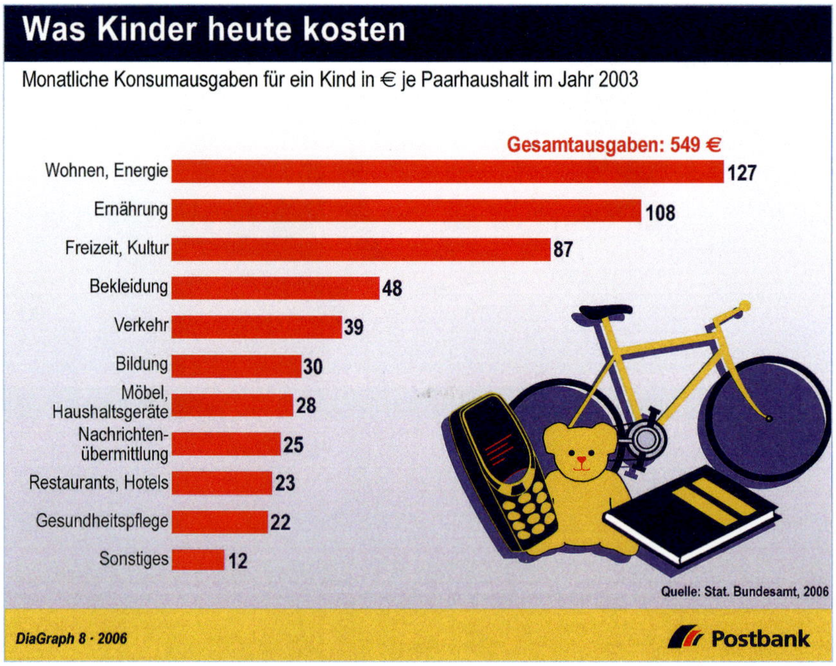

M 1 Was Kinder heute kosten

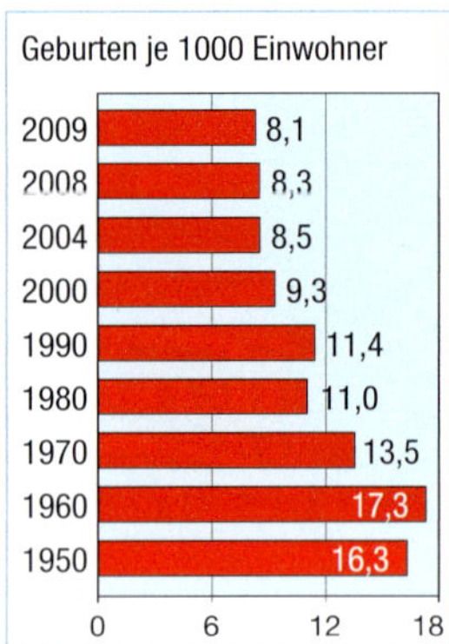

M 2 Geburtenrate

Was bedeutet Familienpolitik?

Kinder sind für jede Gesellschaft wichtig. Die heutigen Kinder finanzieren zum Beispiel mit ihren Steuern und Abgaben in einigen Jahren die Renten der gesamten älteren Generation. Zugleich kosten Kinder den Eltern viel Geld. Unter **Familienpolitik** versteht man daher alles, was eine Regierung tut, um den Familien zu helfen. Zur Familienpolitik gehören zum Beispiel Gesetze, die festlegen, dass Familien mit Kindern nicht so viel Steuern zahlen müssen wie andere Leute.

Durch ein neues Gesetz, das Kinderförderungsgesetz, soll bis 2013 für jedes dritte Kind unter drei Jahren ein Rechtsanspruch auf einen Platz in einer Kindertagesstätte oder bei einer Tagesmutter bestehen. Ein besseres Betreuungsangebot gibt Kindern mehr Chancen, es macht den Familienalltag leichter und lässt Zeit für den Beruf. Genau das ist es, was sich viele Eltern und Alleinerziehende heute wünschen.

M 3 Vorbild Frankreich? (✲ K3)

Das Besondere an der französischen Familienpolitik ist nicht die europäische Spitzenquote von 2,0 Kindern pro Frau. Bemerkenswert ist vor allem, dass 80 Prozent der Französinnen mit zwei Kindern ihrem Beruf nachgehen – in Deutschland sind es nur knapp 60 Prozent. Und es fällt auf, dass der Kinderwunsch mit zunehmender Bildung und gehobener Berufsposition nicht wie üblich sinkt, sondern steigt. Eine Französin kann heute sicher sein, dass weder Heirat noch Geburt sie aus der Bahn werfen. So hat fast jedes dritte Kind einen Platz in der Kinderkrippe, die Mehrzahl wird von einer der 500 000 professionellen Kinderfrauen betreut und vom dritten Lebensjahr an bis zum Abitur gibt es Ganztagsschulen.

P. Bredebach u. a.: Menschen–Märkte–Räume, Band 3. Berlin 2006, S. 78

M4 Karikatur

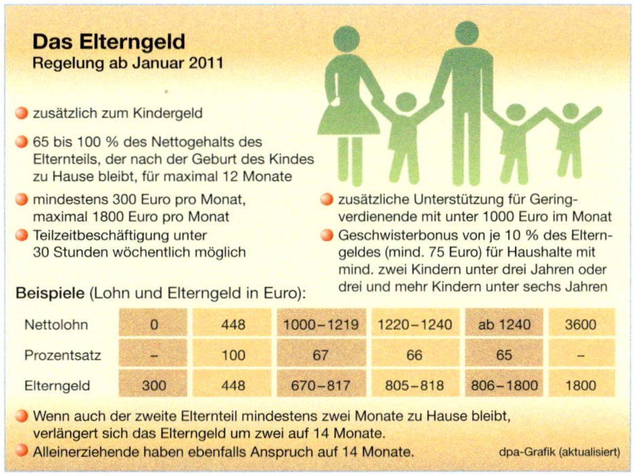

Das Elterngeld
Regelung ab Januar 2011

- zusätzlich zum Kindergeld
- 65 bis 100 % des Nettogehalts des Elternteils, der nach der Geburt des Kindes zu Hause bleibt, für maximal 12 Monate
- mindestens 300 Euro pro Monat, maximal 1800 Euro pro Monat
- Teilzeitbeschäftigung unter 30 Stunden wöchentlich möglich
- zusätzliche Unterstützung für Geringverdienende mit unter 1000 Euro im Monat
- Geschwisterbonus von je 10 % des Elterngeldes (mind. 75 Euro) für Haushalte mit mind. zwei Kindern unter drei Jahren oder drei und mehr Kindern unter sechs Jahren

Beispiele (Lohn und Elterngeld in Euro):

Nettolohn	0	448	1000–1219	1220–1240	ab 1240	3600
Prozentsatz	–	100	67	66	65	–
Elterngeld	300	448	670–817	805–818	806–1800	1800

- Wenn auch der zweite Elternteil mindestens zwei Monate zu Hause bleibt, verlängert sich das Elterngeld um zwei auf 14 Monate.
- Alleinerziehende haben ebenfalls Anspruch auf 14 Monate.

dpa-Grafik (aktualisiert)

M6 Das Elterngeld

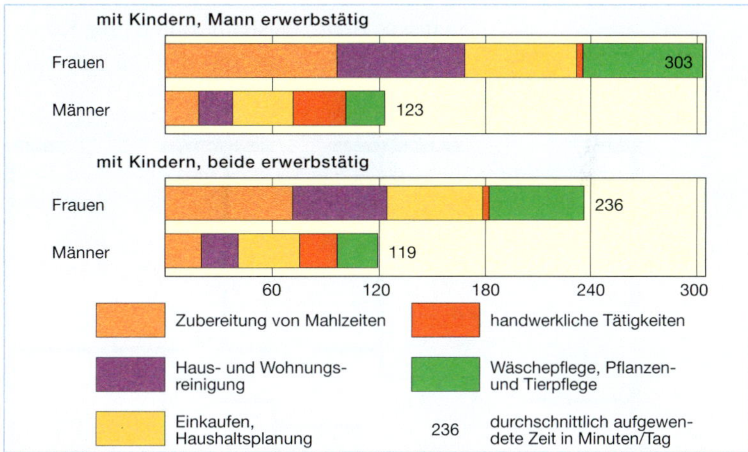

M7 Wer macht den Haushalt? *Quelle: Statistisches Bundesamt 2003*

M5 Kinder und Beruf

Die 36-jährige Grafikerin Lea Rau traute ihren Augen nicht, als sie ihre zurückgesandte Bewerbung durchblätterte. Mit dickem Rotstift waren die Namen ihrer drei Kinder im Lebenslauf unterstrichen. Berufs- und Auslandserfahrung, gute Englischkenntnisse – das alles konnte sie vorweisen. Vergeblich. „Es lag an den Kindern", ist sie sich sicher. Es gibt viele Firmen, die keine Bewerberin mit Kind nehmen. Wenn unter fünf Kandidaten eine Mutter ist, hat sie keine Chance. Bei Männern spielt das keine Rolle. Kaum ein Vater wird im Vorstellungsgespräch gefragt, wie er die Betreuung seiner Kinder regelt. Bei Müttern dagegen kann sich an dieser Frage entscheiden, ob sie den Job kriegen. Etwa 70 % der Frauen in Führungspositionen sind kinderlos. Denn wer nach oben will, muss ständig verfügbar sein. Karriere machen die meisten Frauen selbst dann nicht, wenn sie auf Kinder verzichten – schließlich gilt jede Frau als mögliche Mutter. Nur zehn Prozent der Führungskräfte in deutschen Großunternehmen sind weiblich.

F. Melzer in: Die Zeit 9/2003 (vereinfacht)

1 Was kostet durchschnittlich ein Kind von der Geburt bis zum 18. Lebensjahr? Berechnet mit M 1. (Schaubilder auswerten)

2 Nenne Aufgaben der Familienpolitik. (Text)

3 Erläutere: Auf welches Problem verweist die Karikatur M 4? Welche Folgen sind mit diesem Problem verbunden?

4 Wie können die Wünsche – Kinder und Beruf – besser vereinbart werden (Text, M 3, M 7)? Prüfe insbesondere:
   a Wie sollte die Arbeit im Haushalt und bei der Kindererziehung aufgeteilt werden? Wie wird sie tatsächlich aufgeteilt (M 7)?
   b Welche Unterstützung können staatliche Einrichtungen und Betriebe bieten (Text, M 3)?

5 Sammelt Begründungen und Vorschläge, mit denen ihr das Unternehmen aus Beispiel M 5 überzeugen könntet, eine Frau mit Kindern einzustellen.

Wohin mit Oma?

Familie Berghausen hat ein Problem

In dieser Wohnung (M1) wohnt die Familie Berghausen. Sie besteht aus den beiden Eltern und ihren Kindern Klaus (13) und Beate (11).
An einem Sonntag kündigen die Eltern an, etwas Wichtiges mit den Kindern besprechen zu müssen. Sie eröffnen den beiden, dass die Oma (77) nicht mehr länger allein in ihrer Wohnung leben kann und sie deshalb möchten, dass sie zu Familie Berghausen zieht. Deshalb sollen die Kinder ein Kinderzimmer für die Oma freimachen.

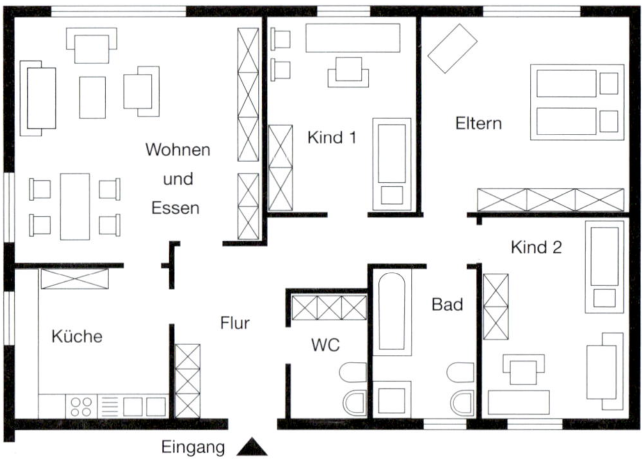

M 1 Wohnungsgrundriss

M 2 Spiegel-Titelbild

M 3 Die gesetzliche Pflegeversicherung

Mit höherem Alter steigt das Risiko der Pflegebedürftigkeit. In Deutschland gibt es über 2 Millionen Pflegebedürftige. Etwa 1,5 Millionen davon werden in der Familie gepflegt. Nicht alle Menschen können jedoch von Angehörigen betreut werden, 700 000 leben daher in Pflegeheimen. Das ist meist teurer, als es die bezogene Rente oder die Ersparnisse zulassen. Deshalb wurde 1995 für alle eine gesetzlich verbindliche Pflegeversicherung eingeführt. Sie soll die Finanzierung im Falle der Pflege sichern. Vor allem die hochbetagten über 80-Jährigen brauchen so manche Hilfe bei der Körperpflege, bei der Ernährung oder bei der Bewegung.
Dennoch hat eine große Zahl alter Menschen keinen sorglosen Lebensabend. Vor allem Frauen, die in der Jugend keine Chance hatten, einen Beruf zu erlernen, und als Ungelernte arbeiteten, erhalten nur geringe Renten. Viele Frauen, die die Kinder erzogen und den Haushalt versorgten, zahlten kaum etwas in die Rentenversicherung ein.

Autorentext

1 Spielt die in M 1 und M 2 vorgegebene Situation nach. (Rollenspiel)
Berücksichtigt zur Auswertung des Spiels folgende Fragen:
- Welche Lösungsmöglichkeiten wurden genannt?
- Aus welchen Gründen wude die Aufnahme der Oma abgelehnt?
- Aus welchen Gründen wird die Aufnahme der Oma befürwortet?

Klärt in diesem Zusammenhang den Begriff Solidarität.

2 Welche Maßnahmen ergreifen Politik und Gesetzgeber, um alte Menschen zu unterstützen (M 3 und M 4)?

3 Erkundet in Gruppen an eurem Wohnort die Möglichkeiten, wie ältere Menschen betreut und untergebracht werden (siehe Seite 57).

M4 Wohnung und Unterstützung für Senioren

Die meisten alten Menschen wünschen sich, solange es geht, selbstbestimmt in den eigenen vier Wänden zu wohnen. Deshalb sollte die Politik dafür sorgen, dass zukünftig mehr altersgerechte Wohnungen bereitgestellt werden. Diese liegen am günstigsten in zentraler Lage, um bequem Geschäfte, Freizeiteinrichtungen, Ärzte erreichen zu können. Auch die Wohnungsausstattung sollte auf die Bedürfnisse der alten Menschen Rücksicht nehmen. So dürfen Stufen nicht zu steil oder Fußböden nicht zu glatt sein. So genanntes betreutes Wohnen erleichtert vor allem alleinstehenden alten Menschen das Leben. Der Mietvertrag garantiert im Bedarfsfall bestimmte Hilfeleistungen, z. B. Essenszubereitung, Putz- und Reparaturdienste. Sehr wichtig ist es, neben der Erhaltung der Selbstständigkeit den älteren Menschen ein aktives Mitwirken am gesellschaftlichen Leben zu ermöglichen.

Das Ministerium für Familie, Senioren, Frauen und Jugend hat dazu ein Heft erstellt mit dem Titel „Helfen wir uns selbst – Eigeninitiative und soziale Mitverantwortung im Alter“.

Erkundungsbogen der Klasse 7 b

1. Wann wurde das Altenheim gebaut? (Melanie)
2. Wie groß ist das Heim? (Günter)
3. Wie viele Leute wohnen zurzeit in diesem Altenheim? (Melanie S.)
4. Wie viele Leute können hier insgesamt wohnen? (Matthias)
5. Was machen die alten Menschen hier? (Werner)
6. Wie gefällt es den Heimbewohnern hier? (Stefan)
7. Kommen die alten Menschen gerne/freiwillig ins Altenheim? (Daniel)
8. Welche Probleme haben alte Menschen? (Julia)
9. Kommen die Heimbewohner gut miteinander aus? (Verena)
10. Welche Problemfälle gibt es im Altenheim? (Patricia)
11. Dürfen die Heimbewohner heimfahren, wenn sie wollen? (Sebastian)
12. Was tun Sie, wenn es jemandem im Heim nicht gefällt? (Peter)
13. Was kostet ein Heimplatz? (Max)
14. Gefällt Ihnen die Arbeit hier im Altersheim? (Yvonne)
15. Welchen Schulabschluss braucht man, um Altenpfleger/-in werden zu können? (Ayshe)
16. Wie lange muss man am Tag als Altenpfleger/-in arbeiten? (Manuel)
17. Wie viel verdient man als Altenpfleger/-in? (Astrid)
18. Wie alt ist der älteste Heimbewohner/die älteste Heimbewohnerin? (Daniel G.)
19. Wie könnten wir oder andere junge Menschen den Heimbewohnern eine Freude machen? (Julia)

M5 Flur im Seniorenheim

M6 Freizeitgestaltung

Jung und Alt – Vorteile und Vorurteile

M 1 **„Kannst du nicht hören?"** *Karikatur*

M 2 Immer Ärger mit den Alten?

Sina berichtet im Unterricht:

(...) Fast jedes Mal, wenn ich nach der Schule kaputt in den Bus steige und mich nach einem Sitzplatz sehne, muss ich Platz machen für eine alte Frau oder einen alten Mann. Die haben doch genug Zeit, auch einen späteren Bus zu nehmen, wenn weniger Schüler mitfahren. Aber auf die Idee kommen sie nicht. Kaum rufen wir im Bus: „Eh, was haben wir in Mathe auf?" oder „Wann kommst du heute vorbei?" sind uns genervte Blicke der Alten sicher. Viele meckern gleich los, ob wir uns nicht benehmen können. (...) MP3-Player hören ist für die überhaupt das Letzte. „Das Gekreische ist ja nicht zum Aushalten", meinte neulich ein Opa. Ich dachte immer, die hören nicht mehr so gut, aber denkste! Die meckern immer gleich los und meinen, sie hätten sich früher besser benommen als wir Jugendlichen heutzutage. Für uns haben die anscheinend echt kein Verständnis.

T. Berger v. d. Heide (Hrsg.): Menschen-Zeiten-Räume 7. Berlin, 1997, S. 68

Webcode:
PE641789-058

M 3 Meine Omi ist nicht alt

Lisa (14 Jahre) erzählt:

(...) Ich kenne meine Oma schon lange. Logisch! Sie ist 67 Jahre alt, glaube ich. Wie alt sie ist, ist mir aber egal, sie macht alles mit und meckert nicht so wie meine Mutter. Sie hört mir zu, wenn ich down bin, Liebeskummer oder eine 5 in Englisch habe. Neulich hat sie mich ins Kino eingeladen. Da Oma mehr Zeit hat als meine Mutter, gehen wir auch oft in der Stadt bummeln. Da springt dann schon mal eine Jeans für mich raus. Oma ist viel gereist und hat tolle Dinge erlebt. Sie kann Interessantes aus anderen Ländern und von früher erzählen. Manchmal, glaub ich, lerne ich bei ihr mehr als in der Schule.

T. Berger v. d. Heide (Hrsg.): Menschen-Zeiten-Räume 7. Berlin, 1997, S. 68

M 4 *Foto: Herbert Gutsch*

Deutschland wird älter

Deutschland hat rund 80 Millionen Einwohner. Die Menschen über sechzig Jahre machen mehr als 25 % unserer Bevölkerung aus. Nach Berechnungen wird der Anteil dieser Gruppe im Jahr 2050 bei 40 % liegen. Im Ergebnis nimmt das **Durchschnittsalter der Bevölkerung** in Deutschland zu. Doch welche Ursachen hat diese Entwicklung? Wurden Menschen vor hundert Jahren im Durchschnitt gerade einmal 46 Jahre alt, so werden sie heute fast 80 Jahre. Gründe für die steigende Lebenserwartung sind Fortschritte in der Medizin und die bessere Versorgung mit Nahrungsmitteln. Für heutige Kinder haben Bevölkerungsforscher errechnet, dass etwa jedes zweite Kind einmal 100 Jahre alt werden wird. In Deutschland werden immer weniger Kinder geboren. 1860 bekam eine Frau in Deutschland noch durchschnittlich fünf Kinder. Doch seit Einführung der „Pille“ vor 30 Jahren ist die Entscheidung gegen Kinder leichter. Seitdem ist eine deutlich sinkende Geburtenrate zu verzeichnen. Heute sind es gerade noch 1,38 Kinder pro Frau. Damit aber die Einwohnerzahl nicht zurückgehen würde, müssten es mindestens 2,1 Kinder pro Frau sein.

Das Bild vom Alter stimmt nicht mehr

Das Ausscheiden aus dem Berufsleben setzen viele Jüngere mit dem Ausscheiden aus der Bevölkerung gleich. Wer „nichts mehr leistet“, wird ausgegrenzt. Senioren betrachten sich im Gegensatz dazu nicht als hilfsbedürftig, passiv, starrsinnig oder gar als unnütz. Die meisten sind gesund, fühlen sich fit und sind durchaus leistungsfähig. Viele sind reiselustig, sportlich aktiv und bildungshungrig. Manche finden in einem Ehrenamt eine sinnvolle Aufgabe.

Und was ist mit der Jugend?

Umgekehrt gibt es viele ältere Menschen, die ein negatives Bild von der heutigen Jugend haben. „Früher war sowieso alles viel besser und die Jugend hatte noch gebührenden Respekt vor uns älteren Menschen.“

M 5 Vorurteile zwischen Jung und Alt.
Plakat von Anke Semsky, Johann-Gutenberg-Schule, Stuttgart

1 Überlege anhand des Berichtes von Sina (M 2) und der Karikatur (M 1), warum Konflikte zwischen jungen und alten Menschen entstehen können.

2 Überlege Möglichkeiten, wie man die Konflikte abbauen und das Verständnis füreinander verbessern könnte.

3 Lest den Text M 3. Berichtet über eure Erfahrungen mit alten Menschen. Notiert euch Erlebnisse, die ihr mit alten Menschen hattet.

4 Ordne die Vorurteile aus M 5 danach, ob ein alter Mensch sie über einen jungen denkt oder umgekehrt.

5 Was könnt ihr einem Menschen sagen, der die Behauptung „Jugendliche sind faul!“ aufstellt? Und was antwortet ihr auf die Feststellung „Alte Menschen sind besserwisserisch!“?

KOMPETENZ-Trainer

In Familien leben

Ulf		Ulfs Mutter		Ulfs Vater	
6.00 Uhr	Aufstehen, für alle das Frühstück machen	6.30 Uhr	Aufstehen, frühstücken	6.30 Uhr	Aufstehen, frühstücken, Aufbruch zur Arbeit als Drucker
7.30 Uhr	Schulbeginn	7.00 Uhr	Spülen, aufräumen	7.30 Uhr	Arbeitsbeginn
13.00 Uhr	Schulschluss	8.00 Uhr	Beginn einer Halbtagstätigkeit als Verkäuferin	10.00 Uhr	Kurze Pause
13.30 Uhr	Mittagessen	13.00 Uhr	Mittagessen aufwärmen, essen	12.00 Uhr	Mittagspause
14.30 Uhr	Hausaufgaben 1. Teil	14.00 Uhr	Abräumen, spülen	12.45 Uhr	Fortsetzung der Arbeit
15.00 Uhr	Jugendclub	15.00 Uhr	Einkaufen gehen	16.00 Uhr	Arbeitsschluss
16.30 Uhr	Fußballtraining	16.00 Uhr	Kaffeepause, Besorgungen in der Stadt machen	16.30 Uhr	Badezimmer putzen, Wäsche waschen
18.00 Uhr	Abendessen zu Hause, helfen beim Abtrocknen	18.00 Uhr	Abendessen zu Hause	17.30 Uhr	Abendessen vorbereiten, essen
18.30 Uhr	Zimmer aufräumen, Hausaufgaben 2. Teil	18.30 Uhr	Abtrocknen, Reparatur im Haus, Arbeit im Hobbykeller	18.30 Uhr	Abräumen, spülen, Mittagessen vorkochen
19.15 Uhr	Fernsehen	20.00 Uhr	Stammtisch/Skat	20.30 Uhr	Fernsehen
21.00 Uhr	Zu Bett gehen, noch etwas lesen	22.30 Uhr	Fernsehen	22.30 Uhr	Einschlafen
21.30 Uhr	Einschlafen	23.00 Uhr	Einschlafen		

M 1 Ein ganz normaler Dienstag? Tagesabläufe in Ulfs Familie

„Und welcher Elternteil soll es unterzeichnen? Mein leiblicher Vater, mein Stiefvater, der dritte Mann meiner Mutter, meine wirkliche Mutter oder die vierte Frau meines leiblichen Vaters, die bei uns wohnt?“

M 2 Karikatur

M 3 Familie im 19. Jahrhundert

M4 Karikatur

M5 Richtig oder falsch?

a	In Deutschland wachsen immer weniger Kinder auf.
b	Die Zahl unehelicher Geburten nimmt zu.
c	Gehorsam, Ordnungsliebe und Fleiß gelten heute als die wichtigsten Erziehungsziele.
d	Die Hausarbeit sollte in einer Familie im Wesentlichen von der Frau erledigt werden.
e	Immer mehr Familien gehen auseinander. Im Durchschnitt wird fast jede zweite Ehe geschieden.
f	In Deutschland übernimmt der Staat die zusätzlichen Kosten, die den Eltern von der Geburt des Kindes bis zu seinem 18. Lebensjahr entstehen.
g	Eine Ohrfeige hat noch keinem Kind geschadet.
h	Immer mehr Paare heiraten immer früher.
i	Haben beide Ehepartner einen Beruf, so arbeitet die Frau immer noch doppelt so viel Zeit im Haushalt wie der Mann.
j	Die Familienpolitik in Deutschland soll dazu beitragen, dass nicht mehr so viele Kinder geboren werden.
k	Kein Kind ist verpflichtet, im Haushalt mitzuhelfen.
l	Eine Familie besteht aus Vater, Mutter und mindestens einem Kind.

M6 Demokratie in der Familie

Was meinst du? Worüber alle Familienmitglieder mitentscheiden sollten:
1. Wie das Familieneinkommen verwendet wird.
2. Wohin die nächste Urlaubsreise geht.
3. Ob in der Wohnung geraucht werden darf.
4. Wie viel Taschengeld Kinder und Jugendliche erhalten.
5. Wie die Hausarbeit aufgeteilt wird.
6. Wie laut die Musik in den einzelnen Zimmern sein darf.

M7 „Sturmfreie Bude"

Katjas Eltern wollen ein Wochenende in Paris verbringen. Das war ein Geschenk des Vaters für seine Frau zum zehnten Hochzeitstag. Nach einer langen Zeit mit viel Arbeit und wenig Freizeit freuen sich beide auf ein entspanntes und gemeinsames Wochenende. Kurz vor der Abreise erfahren die Eltern, dass Katja die „sturmfreie Bude" dafür nutzen will, eine Party mit ihren Freundinnen und Freunden zu feiern …

Sachwissen und Analysekompetenz

1 Richtig oder falsch (M5)? Begründe deine Entscheidung.

2 Untersuche M1. Hier stimmt doch etwas nicht, oder?

Analysekompetenz

3 a Beschreibe, was die Karikatur M2 zum Ausdruck bringen will.
Karikaturen auswerten

b In den letzten 100 Jahren gab es in Deutschland im Bereich der Familie große Veränderungen. Beschreibe diesen Wandel ausgehend von M2, M3 und M4.

Urteilskompetenz

4 Bearbeite M6. Begründe deine jeweilige Entscheidung. Berücksichtige auch: Welche Rolle spielt das Alter der Kinder, was verändert sich mit zunehmendem Alter?

Urteils- und Handlungskompetenz

5 Nenne drei unterschiedliche Möglichkeiten, den in M7 geschilderten Konflikt zu lösen. Beschreibe jeweils auch, wie die Beteiligten die Art der Konfliktlösung empfinden.

4 Wirtschaft entdecken

M 1 Bravo Faktor Jugend 7 – Studie des Bauer-Verlages. Diese Studie ist vom Bauer-Verlag als „Service“ für Unternehmen erstellt worden, die in Bravo werben möchten. Aber auch für selbstbewusste Kinder lohnt sich ein Blick in diese Studie. Ihr findet sie und über 15 weitere Studien vom Bauer-Verlag zur Zielgruppe Kinder und Jugendliche unter: www.bauermedia.com/zielgruppen.0.html

Wir Menschen brauchen so einiges, um leben zu können. Zum Beispiel Luft und Sonnenlicht oder Lebensmittel und Kleidung. Aber am liebsten möchten wir noch viel mehr haben: ein neues Handy, einen neuen MP3-Player, neue Schuhe und und und …

Immer mehr Kinder und Jugendliche in Deutschland verfügen heute über eine enorme und ständig steigende Geldmenge. Sie sind deshalb eine interessante und heiß umworbene Zielgruppe der Unternehmen. Und immer häufiger fragen Eltern den informierten Nachwuchs bei Kaufentscheidungen um Rat. Kinder und Jugendliche bestimmen heute selbstbewusst, was im Einkaufskorb landet, sie sind deshalb eine schwierige, aber auch interessante Zielgruppe für Unternehmen.
In diesem Kapitel steht ihr als Verbraucher (Konsumenten) im Mittelpunkt. Ihr werdet z. B. erfahren und erforschen, wie Konsumenten beeinflusst werden können.

Am Ende dieses Kapitels kannst du

- den Unterschied zwischen Wünschen und Bedürfnissen erklären und eigene Beispiele nennen.
- erklären, warum der Mensch wirtschaftet. Außerdem kannst du mithilfe des „ökonomischen Prinzips“ zeigen, wie dieses Wirtschaften funktioniert.
- die Entwicklung des Geldes vom Tauschhandel bis zum Buchgeld beschreiben.
- an Beispielen erklären, wie Werbung funktioniert. Außerdem kennst du Methoden, wie du als Kunde kritischer mit Werbung umgehen kannst.
- an einem Beispiel erklären, welchen Einfluss Kunden auf Firmen haben. Außerdem kannst du beurteilen, ob Kunden beim Einkaufen Verantwortung für Produktionsbedingungen bestimmter Artikel haben.
- an Beispielen deine Rechte als Kunde beschreiben.

M2 Warenangebot
Welche der hier abgebildeten Gegenstände würdest du kaufen?
Du hast nur 50 Euro zur Verfügung. Wie entscheidest du dich? Begründe.

M3 Stars und Werbung – ein untrennbares Paar? Um diesen und andere Tricks der Werbemacher geht es auch in diesem Kapitel.

Was man zum Leben braucht ...!?

Überleben auf einer Insel

Du sollst für ein ganzes Jahr auf einer einsamen Insel im Ozean überleben. Dazu darfst du nur 15 Gegenstände der folgenden Liste mitnehmen.

Sommerurlaub am Mittelmeer

Du fährst in den Sommerferien für drei Wochen in ein Hotel am Mittelmeer. Dazu darfst du nur 15 Gegenstände der folgenden Liste mitnehmen.

1. Adressbuch
2. Armbanduhr
3. Axt
4. Badehose/Badeanzug
5. Batterien
6. Block und Bleistift
7. Büchereiausweis
8. Deodorant
9. Digitalkamera
10. Dosenöffner
11. Erste-Hilfe-Set
12. Fernglas
13. Fußball
14. Gabel und Löffel
15. Gaskocher
16. Geldbeutel
17. Gesichtswasser
18. Gummibärchen
19. Handy
20. Hosen
21. Inlineskates
22. Insektenspray
23. Kartenspiel
24. Kompass
25. Konserven
26. Laptop
27. Luftmatratze
28. Luftpumpe
29. MP3-Player
30. Musikinstrument
31. Papiertaschentücher
32. Playstation
33. Pullover
34. Regenjacke
35. Reisepass
36. Roman
37. Sandalen
38. Schaufel
39. Schlafsack
40. Schlauchboot
41. Seife
42. Skateboard
43. Sonnencreme
44. Sonnenschirm
45. Stiefel
46. Streichhölzer
47. Taschenmesser
48. Topf
49. T-Shirt
50. Unterwäsche
51. Wasserflasche
52. Winterjacke
53. Zahnbürste
54. Zahnpasta
55. Zeitschriften
56. Zelt

1 Übertrage die Tabelle M 1 in dein Heft und fülle sie aus.

2 Vergleicht in Kleingruppen eure Ergebnisse von Aufgabe 1. Einigt euch anschließend auf jeweils zehn Gegenstände, die ihr auf die Insel bzw. in den Urlaub mitnehmen wollt. Notiert diese.

3 Untersucht in eurer Gruppe, worin sich die beiden Listen unterscheiden. Welche Gründe findet ihr?

4 **a** Führt ein Brainstorming zu „Was brauchen Menschen zum Leben?" durch. Notiert jeden Gedanken auf einer Karte.
b Welche Karteikarten gehören zusammen? Ordnet sinnvoll.

5 **a** Was fällt dir bei den Antworten der Jugendlichen in M 2 auf?
b Wie erklärst du dir das Experiment M 3?

15 Gegenstände für die einsame Insel	15 Gegenstände für den Sommerurlaub
1. ...	1. ...
2. ...	2. ...
3. ...	3. ...
4. ...	4. ...
5. ...	5. ...
6. ...	6. ...
7. ...	7. ...
...	...

M 1 Tabelle

„Was braucht ihr zum Leben? Was ist für euch das Wichtigste?"
Mitarbeiter von Brot für die Welt haben Jugendliche in verschiedenen Ländern befragt:

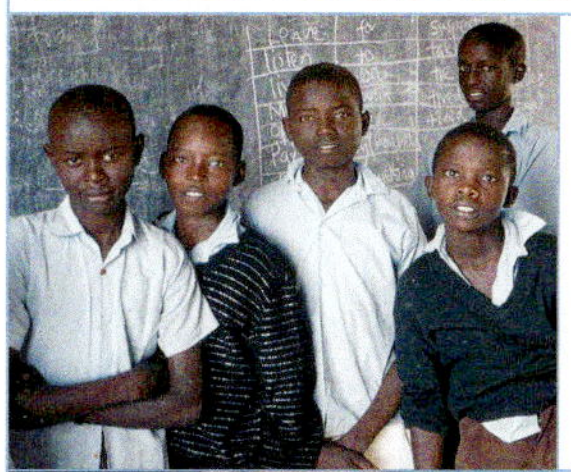

Tansania

„Wir brauchen Ausbildung, wir benötigen Wasser und eine gesunde Umwelt. Wir brauchen Liebe und Geld für unsere grundlegenden Bedürfnisse."

„Unser Problem hier ist das Wasser. Auch haben wir nicht die medizinische Versorgung, die wir benötigen."

Thailand

„Zum Leben braucht man nur Luft, Wasser und etwas zu Essen. Dies ist lebenswichtig. Schön wäre es, für ein gutes Leben auch ein Auto, ein Haus und ein gutes Ansehen zu haben."

„Unser Leben basiert auf Liebe. Für uns Kinder ist die Liebe der Mutter und des Vaters sehr wichtig. Sie zahlen und sorgen für uns."

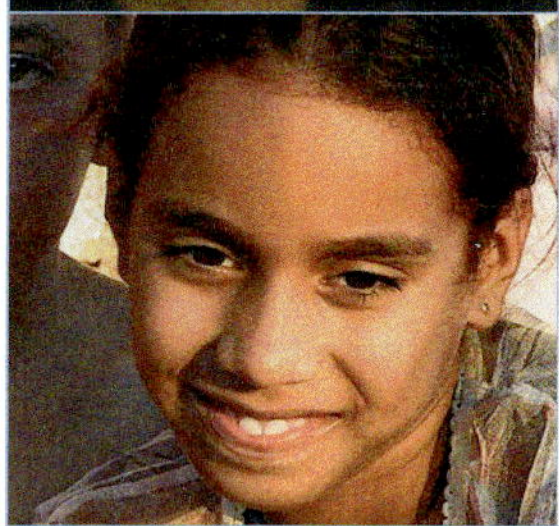

Kuba

„Oft möchte ich samstags ausgehen, aber ich habe nicht die richtigen Schuhe zum Anziehen. Ab und zu gibt es etwas zu kaufen, dann kauft mir meine Mutter irgendetwas, was mir aber oft nicht passt."

„Bei der Geburt meines kleinen Bruders vor 8 Jahren wurde meine Mutter schwer krank und ist seither ans Bett gefesselt. Ich vermisse ihre Liebe und Fürsorge."

Deutschland

„Wichtig ist für mich, dass ich viel von der Welt sehe und das Leben genießen kann. Ich möchte so leben können, wie ich das will, und nicht so, wie es mir vorgeschrieben wird."

„Das Wichtigste im Leben ist für mich, dass ich Menschen habe, auf die ich mich verlassen kann – wie meine Familie und meine beste Freundin."

M2 Aussagen von Jugendlichen *Brot für die Welt [Hrsg.]: CD-ROM „Basic needs". 2003 (gekürzt und vereinfacht)*

M3 Ein Experiment aus dem Jahr 1939

Zwei amerikanische Psychologen nahmen aus einem Waisenhaus eine zufällige Gruppe von Säuglingen und brachten sie in ein Heim für geistig behinderte Mädchen. Ältere Mädchen, die nicht zu stark geistig behindert waren, erhielten je ein Kind, um es zu betreuen. Zur Überraschung der Psychologen kümmerten sich diese Mädchen sehr intensiv um die Säuglinge: Sie übten mit ihnen, wie man isst und sich wäscht, sie zeigten ihnen das Laufen und spielten mit den Kindern. Nach zwei Jahren zeigten die Kinder, die bei den Mädchen waren, einen großen Anstieg bei der Intelligenz. Die Kinder, die im Waisenhaus geblieben waren, zeigten dagegen eine Abnahme der Intelligenz. Eine Nachuntersuchung 30 Jahre später ergab, dass die Kinder, die von den geistig behinderten Mädchen betreut worden waren, alle einen Beruf gelernt hatten und selbstständig geworden waren. Die Kinder, die im Waisenhaus groß wurden, waren alle in verschiedenen Anstalten (Kliniken, Heimen, Gefängnissen, ...) untergebracht oder inzwischen gestorben.

Hans Göttmann: Soziologie, Studienkolleg Darmstadt, S. 3

Wünsche und Bedürfnisse

M 1 Rangordnung der menschlichen Bedürfnisse nach A. H. Maslow
Nach dieser Theorie versucht der Mensch zuerst die Bedürfnisse der untersten Stufe zu befriedigen. Sobald eine Stufe erreicht ist, strebt er nach der nächsthöheren Stufe. Die erste Stufe stellen die physiologischen (körperlichen) Grundbedürfnisse dar.

Jeder Mensch – egal wo und wie er lebt – hat Bedürfnisse und Wünsche. So verschieden die Menschen sind, so unterschiedlich sind ihre Bedürfnisse.

Von einem Bedürfnis spricht man, wenn ein Mensch einen deutlichen Mangel empfindet und den starken Wunsch verspürt, diesen Mangel zu beseitigen. Hat man diesen Mangel dann behoben, also das Bedürfnis befriedigt, wird schnell der nächste Wunsch dringender und damit zu einem Bedürfnis. Auch wenn es jemandem gut geht, die Bedürfnisse gehen ihm nie aus, sie sind unbegrenzt. Je nach Situation sind nicht alle Bedürfnisse gleich dringend:

Grundbedürfnisse sind grundlegende Voraussetzungen, damit der Mensch überleben kann. Zu ihnen zählen z.B. Ernährung und Bekleidung. Man nennt sie auch Existenzbedürfnisse, weil sie zum Existieren, also Überleben, notwendig sind. Luxusbedürfnisse und Kulturbedürfnisse sind dagegen nicht lebensnotwendig, sie können aber die Lebensqualität verbessern und das Ansehen erhöhen. Kulturbedürfnisse sind z.B. lesen oder eine Ausbildung. Luxusbedürfnisse sind dagegen z.B. die Urlaubsreise oder eine Playstation.

Neben dieser Einteilung der Bedürfnisse nach Dringlichkeit kann man sie auch nach der Art in materielle (dingliche) und immaterielle Bedürfnisse unterscheiden. Während man materielle Bedürfnisse durch den Kauf von Waren und Dienstleistungen befriedigen kann, können immaterielle Bedürfnisse, wie Liebe oder Erfolg, kaum mit Geld erworben werden. Viele immaterielle Bedürfnisse stellen ein Grundbedürfnis dar, weil Menschen Liebe, Nähe und Geborgenheit zum Leben benötigen. Experimente (wie z.B. M 3 auf der vorherigen Seite) ergaben, dass Menschen sogar sterben können, wenn diese über längere Zeit nicht befriedigt werden.

Anerkennung
Essen
freie Entfaltung der Persönlichkeit
Freundschaft
Gemeinschaft
Geselligkeit
Kleidung
Macht
Schlaf
Schutz
Selbstständigkeit
sicherer Arbeitsplatz
Trinken
eigene Ideen verwirklichen
Wohnung

M 2 Wunschliste

M3 Luxus- und Kulturbedürfnisse der Menschen unterscheiden sich …

Während die Grundbedürfnisse bei Menschen aller Altersstufen, jeglicher Bildung, sämtlicher Nationalitäten weitgehend gleich sind, weisen Luxus- und Kulturbedürfnisse starke Unterschiede auf.

Diese Unterschiede richten sich …

- nach dem Alter und der Entwicklungsstufe: Ein Fünfjähriger hat kaum das Bedürfnis nach einer Tageszeitung, ihm ist ein Kinderbuch wichtiger.
- nach dem persönlichen Umfeld: Familie und Freunde beeinflussen unsere Wünsche und Bedürfnisse.
- nach Kultur und Religion: Sie beeinflussen z. B. Ernährung und Kleidung.
- nach den natürlichen Umweltbedingungen: So kann ein Verkäufer sich in der Sahara noch so bemühen, Regenmäntel zu verkaufen, er wird scheitern.
- nach dem technologischen Fortschritt: War das Mobiltelefon vor 20 Jahren noch eine sehr seltene und teure Attraktion, kommt es heute in Deutschland einem Massenbedürfnis entgegen.
- nach den wirtschaftlichen und politischen Verhältnissen in einer Gesellschaft: Wenn man die Wünsche von Menschen verschieden regierter Länder miteinander vergleicht, wird man große Unterschiede erkennen.

Nach: Bundesverband deutscher Banken (Hrsg.): Im Kreislauf der Wirtschaft. Köln 2005, S. 18/19

M4 Wunschlos glücklich!?

M5 Karikatur

1 **a** Das Modell M 1 ist ein Stufenmodell. Erkläre.
b Übertrage M 1 ins Heft und ordne die Begriffe aus M 2 zu.

2 Prüft die folgenden Aussagen. Verbessert, wenn nötig.
a Die Grundbedürfnisse sind bei jedem Menschen anders.
b Die Bedürfnisse des Menschen sind unendlich groß.
c Luxusbedürfnisse nennt man auch Grundbedürfnisse.
d Nach Maslow (M 1) sind alle Bedürfnisse gleich wichtig.

3 Werte die Karikaturen M 4 und M 5 aus.

4 Ordne die Wünsche der Personen von M 2 auf der vorherigen Buchseite nach Grundbedürfnis, Kultur- und Luxusbedürfnis.

5 Luxus- und Kulturbedürfnisse der Menschen unterscheiden sich. Notiere zu den in M 3 genannten Punkten Beispiele.

Warum muss der Mensch wirtschaften?

M 1 „Das Schlaraffenland“ (Gemälde von Pieter Brueghel)
Das Schlaraffenland ist eine Vorstellung von einem Land, in dem alles im Überfluss vorhanden ist, vor allem das Essen. In den Flüssen läuft Milch und Honig statt Wasser. Auf den Bäumen wachsen frischgebackene Brötchen. Alle Tiere hüpfen und fliegen bereits gebraten und mundfertig durch die Luft. Statt Steinen liegt Käse herum. …

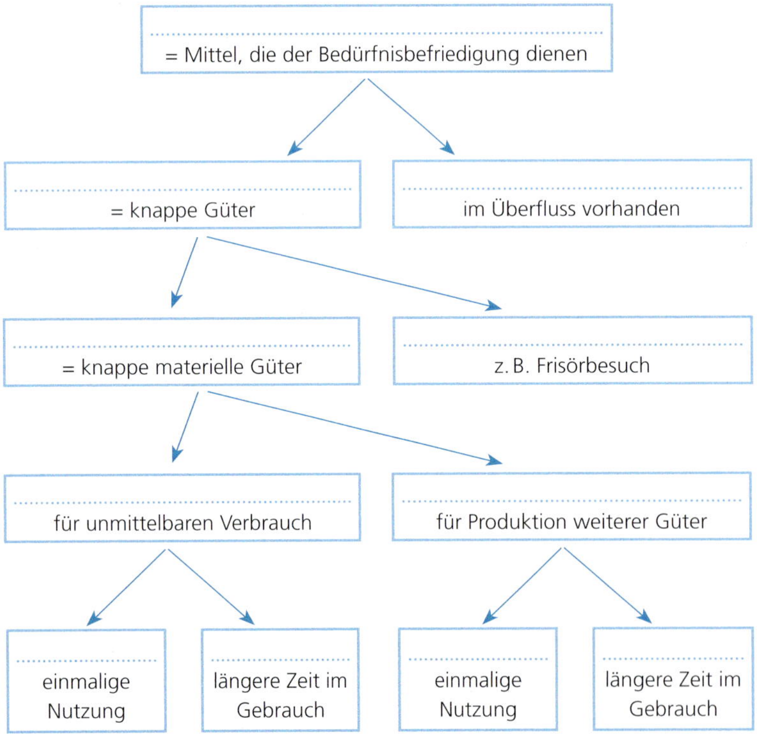

M 2 **Baumdiagramm zu den Güterarten**

Anders als im Schlaraffenland stehen uns die Güter, die wir zum Leben brauchen, meist nur begrenzt zur Verfügung. Alle Mittel, die der Befriedigung menschlicher Bedürfnisse dienen können, werden als **Güter** bezeichnet.

Leider gibt es nur wenige Güter, die im Überfluss vorhanden sind, also frei verfügbar sind. Zu diesen **freien Gütern** zählen Wind, Sonnenlicht oder Meerwasser. Weil sie scheinbar unbegrenzt vorhanden sind, kosten sie kein Geld.

Im Gegensatz zu den freien Gütern sind alle anderen Güter knapp und müssen erarbeitet werden. Diese knappen Güter werden deshalb auch als **wirtschaftliche Güter** bezeichnet. Weil ihre Herstellung Kosten verursacht, haben sie einen Preis. Wir unterscheiden bei den wirtschaftlichen Gütern zwischen Sachgütern und Dienstleistungen. **Dienstleistungen** sind eine besondere Art von Gütern, bei denen eine Leistung erbracht wird: Im Haarsalon schneidet uns eine Frisörin oder ein Frisör die Haare, im Geschäft oder einer Bank werden wir bedient und beraten, beim Arzt erhalten wir medizinische Behandlung, der Pflegedienst versorgt die altersschwache Großmutter, Reinigungskräfte putzen die Schule.

Sachgüter sind dagegen, wie der Name schon zeigt, körperliche (materielle) Sachen, also Gegenstände. Sie können in Güter zum unmittelbaren Verbrauch (**Konsumgüter**) und in Güter, die zur Produktion weiterer Güter dienen (**Produktionsgüter**), unterschieden werden.

Sowohl Konsumgüter als auch Produktionsgüter werden wiederum in Gebrauchsgüter und Verbrauchsgüter unterschieden. **Gebrauchsgüter** sind über einen längeren Zeitraum in Gebrauch, **Verbrauchsgüter** dienen dagegen einer einmaligen Nutzung, sie werden verbraucht.

Wirtschaften heißt entscheiden

Um ihre Bedürfnisse zu befriedigen, wirtschaften die Menschen. Wir können jedoch nicht alles, was wir haben wollen, selbst herstellen. Heute produzieren Betriebe die meisten Güter, die wir zum Leben benötigen. Wir sind darauf angewiesen, Sachgüter und Dienstleistungen von anderen zu erwerben, und müssen dafür in der Regel Geld bezahlen. Da bei den meisten die finanziellen Mittel nicht ausreichen, um alle Bedürfnisse zu befriedigen, müssen wir uns entscheiden: Welcher Wunsch ist momentan dringender, welches Bedürfnis ist gerade wichtiger?

Das Missverhältnis zwischen unbegrenzten Bedürfnissen, knappen Gütern und begrenzten Geldmitteln zwingt die Menschen zum Haushalten. Die **Bedürfnisse** stehen also in Konkurrenz zueinander. Handelt der Mensch wirtschaftlich vernünftig, dann richtet er sich nach dem Prinzip der Wirtschaftlichkeit, das auch **ökonomisches Prinzip** genannt wird. Dieses Prinzip wird sowohl von Verbrauchern als auch von Unternehmern angewandt. Es existiert in zwei Formen: **Minimal**- und **Maximalprinzip** (siehe M 3).

Unternehmen versuchen die Entscheidungen der Konsumenten beispielsweise durch Werbung zu beeinflussen, um ihre Produkte und Dienstleistungen besser zu verkaufen.

Die Umwelt – ein knappes Gut

Lange Zeit gingen die Menschen mit der Natur verschwenderisch um. Das freie Gut Luft wurde z. B. durch Abgase stark verschmutzt, sodass saubere Luft knapp wurde. Vielen Gewässern erging es nicht besser. Durch Gesetze und Regelungen werden die Verbraucher und Betriebe heute dazu angehalten, die Umwelt geringer zu belasten. Weiterhin müssen Unternehmen z. B. für Luftverschmutzung bezahlen und sparen deshalb Geld, wenn sie weniger Schadstoffe in die Umwelt ausstoßen.

Wirtschaftlichkeit

Minimalprinzip
Ein bestimmtes Ziel oder Ergebnis mit einem möglichst geringen Einsatz an Mitteln (Geld, Zeit, …) erreichen.

Maximalprinzip
Mit den gegebenen begrenzten Mitteln (Geld, Zeit, …) einen größtmöglichen Erfolg erzielen.

M 3 **Ökonomisches Prinzip**

M 4 **Saubere Luft – ein freies Gut?**

1 Würdest du gerne in einem Schlaraffenland leben? Begründe.

2 a Übertrage das Baumdiagramm M 2 in dein Heft und ergänze die Leerstellen mithilfe des Autorentextes.
  b Finde zwei Beispiele dazu, dass ein und dasselbe Gut sowohl ein Konsumgut als auch ein Produktionsgut sein kann.
  Beispiel: Eine Schere ist ein …, wenn sie vom Frisör verwendet wird. Verwende ich sie dagegen für meine privaten Zwecke, dann handelt es sich um ein … .
  c Ordne die folgenden Beispiele unter die passenden Begriffe der letzten Zeile des Baumdiagramms: *Schere, Papiertaschentücher, Stofftaschentücher, Schmieröl, Schweißroboter, Messer, Teebeutel, Mehl, Fernseher, Brot, Werkzeuge, Treibstoff, Nähmaschine.*

3 Freie Güter können auch knapp werden. Erkläre mithilfe von M 4.

4 Minimal- oder Maximalprinzip? (M 3)
  a Die Klasse 7 b will auf dem Schulfest Pizza verkaufen, um die Klassenkasse aufzubessern. Dabei achten die Schüler auf eine möglichst kostengünstige Wahl der Zutaten.
  b Die Klasse 7 a plant eine Klassenfahrt. Pro Schüler stehen 130 Euro zur Verfügung. Mit diesem Geld möchte sie eine schöne Unterkunft und möglichst viele Ausflüge durchführen.
  c Du möchtest mit 10 Euro ein möglichst ansprechendes Geschenk für einen Schulfreund kaufen.
  d Finde weitere Beispiele für das ökonomische Prinzip.

Was ist und kann Geld?

M 1 **Auf dem Wochenmarkt**

Der Tauschhandel

Seit die Menschen sesshaft wurden begannen sie die Produkte ihrer Arbeit zu tauschen. Die Nomaden tauschten Felle gegen Weizen, die Handwerker Werkzeug gegen Lebensmittel, die Holzfäller Baumstämme gegen Werkzeug. Durch den Schiffs- und Straßenbau erweiterten sich die Handelswege. Seit etwa 3500 v. Chr. gab es einen Fernhandel von Ägypten aus. Auch Kreta, phönizische und griechische Städte entwickelten einen Fernhandel. Die Handelswege reichen bis nach China und Indien. Gehandelt wurden Seide, Gewürze, Edelsteine, Bernstein, Weihrauch, Wein, Öl und Keramik, also haltbare Güter. Die Grenzen zwischen Handel, Raub und Tribut* waren oft fließend. Es war schwierig, beim Tausch einzuschätzen, was die Güter wirklich wert waren.

***Tribut**
erzwungene Abgabe von Gütern, Geld oder Dienstleistungen an den Eroberer

***Zentralbank**
vom Staat unabhängige Bank mit der Aufgabe Geld zu drucken, anderen Banken Geld zu leihen und sie zu kontrollieren

***Wechselkurs**
Austauschverhältnis verschiedener Währungen z. B:
1 Euro = 1,33 US-Dollar

Die Erfindung des Geldes

Durch Geld wurden die Waren leichter vergleichbar. Die ältesten Münzen aus dem Irak sind ungefähr 5000 Jahre alt. Vor allem die Fernhändler brauchten Geld. Wenn ein ägyptischer Schiffsbauer im Libanon Holz kaufen wollte, musste er mit Geld bezahlen. Woher aber wusste der Holzverkäufer, ob das ägyptische Geld soviel wert war wie sein Holz? Die Münzen waren aus Gold (später aus Silber oder einer Mischung aus beidem). Man wog die Münzen und ging davon aus, dass ein bestimmtes Goldgewicht dem Wert des Holzes entsprach. Der Wert des Geldes hing von seinem Metallgewicht ab.
Diese Abhängigkeit des **Geldwerts** vom **Metallgewicht** brachte viele Probleme. Man konnte die Münzen fälschen, indem man das Gold z. B. mit Kupfer mischte. Es gab bis ins 19. Jahrhundert keine einheitlichen Maße und jeder Staat machte seine eigenen Münzen. Das Wiegen und die Umrechnung in das Goldgewicht waren sehr schwierig. Die Kaufleute waren Spezialisten der Umrechnung und im Erkennen von Fälschungen.

Papiergeld

Ende des 17. Jahrhunderts gaben die Banken **Geldscheine** aus, die bis 1944 in Gold umtauschbar waren. Der **Wert des Geldscheins** aus Papier entsprach einer bestimmten **Menge Gold**, das bei den Banken lagerte.
Die Pflicht der Banken und der Staaten, Papiergeld gegen Gold einzutauschen, wurde 1972 aufgehoben. Seither muss jede Zentralbank* eines Landes darauf achten, dass der Wert der Geldscheine stabil bleibt. Der Wert eines Geldscheins, z. B.: eines 10-Euro-Scheins, entspricht heute dem Wert der Waren, die man mit ihm kaufen kann.

Insbesondere der Wechselkurs* zum Geld (Währungen) anderer Länder soll nicht allzu sehr schwanken. Wer zum Beispiel von den USA Öl kaufen oder dorthin eine Reise machen will, muss vorher US-Dollar erwerben. Geld wird gehandelt, wie alle anderen Waren, sein Preis wird täglich neu festgelegt.

M2 Die Aufgaben des Geldes

Mit Geld kann man alles kaufen, Lebensmittel, Autos, Reisen, Schulbücher und Dienstleistungen. Jeder muss Geld zum Tausch gegen eine Ware oder Dienstleistung annehmen. Dazu verpflichtet jeder Staat seine Bürgerinnen und Bürger. Die erste Aufgabe des Geldes ist es, allgemein gültiges Tauschmittel zu sein.

Geld kann man auch sparen, zum Beispiel, um später ein Möbelstück oder ein Auto zu kaufen, oder um es armen Menschen zu spenden. Die Banken bewahren das Geld auf einem Konto auf und zahlen dafür eine kleine Prämie (Zinsen), zum Beispiel 15 € jährlich für 1000 € aufbewahrtes Geld. Sie verpflichten sich, das Geld jederzeit zurück zu zahlen. Die zweite Aufgabe des Geldes ist es, Wertaufbewahrungsmittel zu sein.

Geld vermehrt sich

Geld kann man auch leihen – entweder von Bekannten oder von der Bank. Für das Leihen muss man Gebühren (Zinsen) bezahlen zum Beispiel 50 € jährlich für 1000 € geliehenes Geld. Wenn man der Bank Geld zum Aufbewahren überlässt, zum Beispiel 1000 € für ein Jahr, erhält man aber nur 15 € Zinsen.

Der Unterschied zwischen den Zinsen von aufbewahrtem und verliehenen Geld, in unserem Beispiel 35 € jährlich für 1000 €, gehört der Bank. So vermehrt sich das Geld der Bank, weil, wer Geld leiht, diese 35 € bezahlen muss.

M3 Florentiner Bankhaus. *Holzschnitt 1490*

M4 Pfennig des Kölner Erzbischofs, *2. Hälfte 12. Jahrhundert*

M5 Euroscheine und Euromünzen

1 Tauscht mit eurer Mitschülerin oder eurem Mitschüler einen Kugelschreiber gegen Gummibärchen. Wann willigt ihr in den Tausch ein?

2 Erklärt, warum Geld erfunden wurde.

3 Notiert in eurer Arbeitsmappe die Aufgaben des Geldes (M2).

4 Erklärt, was passiert, wenn eine der beiden Aufgaben des Geldes nicht mehr funktioniert.

5 Erläutert, woran ihr erkennen könnt, dass unser Geld weniger oder mehr wert geworden ist.

6 Beschreibt mit euren Worten, warum sich das Geld einer Bank vermehrt. Warum kann ein Geldleiher die Zinsen bezahlen?

Bedürfnisse wecken: Werbung

M1 Karikatur

Quadratisch, praktisch, gut!

Keiner macht mehr an!

Ich liebe es!

IKEA Ehrmann McDonald's

Ritter SPORT MediaMarkt

Ich bin doch nicht blöd!

Wohnst du noch oder lebst du schon?

M4 Markenlogos und Slogans

M2 Preisbewusstsein

M3 Prominente als Imageträger

Tricks der Werbemacher

Werbung muss **auffallen**! Aufmerksamkeit erreichen Werbemacher z. B. durch Farben, *Gestaltung* oder Musik ♪.

Werbung will **Bedürfnisse wecken**! „Das ist toll! Das muss ich haben!" – ist die gewünschte Reaktion. Dazu wird das Produkt in einer angenehmen, schönen und erstrebenswerten Traumwelt präsentiert. „Nette, junge, hübsche Menschen benutzen das Werbeprodukt in einer traumhaften Umgebung, sind gut drauf, haben Spaß und sind glücklich." Viele Anzeigen und Spots bedienen sich dieses Grundmusters und versprechen damit, dass mit dem Kauf diese Traumwelt ein Stückchen näher heranrückt. Werbung mit Prominenten arbeitet oft mit einer ähnlichen Formel: „XY ist toll und hat das auch!"

Werbung spricht somit auch **Gefühle** an! Oft schwingen Liebe, Sexualität, Genuss, Gesundheit, Naturerlebnisse, Geborgenheit oder Angst mit.

Werbung arbeitet mit **Bildern**. Für die gewünschte Aufmerksamkeit und Gefühle, aber auch zur schnellen Information spielen Bilder eine wichtige Rolle.

Werbung muss **unterhalten**! Die wichtigsten Mittel sind Spannung, Überraschung, Verfremdung und Humor. Die meisten Werbespots „erzählen" deshalb oft Kurzgeschichten mithilfe dieser Stilmittel.

Werbung arbeitet mit gezielter Sprache! Häufig sind Steigerungen wie „Bigger. Better. Burger King.", Übertreibungen wie „Super Saugkraft. Extra stark." sowie Hervorhebungen wie „Für Mütter, die das Beste geben".

Werbung spricht zunehmend auch das **Preisbewusstsein** der Verbraucher an! Diese Einstellung wird in der Regel nicht so offen ausgesprochen wie bei dem Slogan (Schlagwort) in M 2.

Werbung will **im Gedächtnis bleiben**! Mancher wäre froh, wenn er sich Vokabeln genauso gut und leicht wie Werbesprüche merken könnte. Werbung arbeitet eben mit effektiven Methoden: Durch häufige Wiederholungen und leicht einprägsame Slogans (Schlagwörter), Jingles (Werbelieder) und Logos (Firmen- und Markenzeichen) wird der Konsument immer wieder an das Produkt oder die Marke erinnert. Nur wenn das Produkt oder die Marke dauerhaft im Gedächtnis der Kunden bleibt, ist die Werbung wirklich erfolgreich gewesen.

M5

M6

M7

Fast 30 000 000 000 Euro werden jedes Jahr in Deutschland für Werbung ausgegeben und über 350 000 Beschäftigte arbeiten in der Werbewirtschaft.

Beim Fernsehen, Radiohören, Zeitschriftenlesen, Surfen im Internet und selbst beim Warten an der Bushaltestelle – Werbung ist unser ständiger Begleiter. Durchschnittlich prasseln 1200 Werbebotschaften Tag für Tag auf jeden nieder.

Die Unternehmen betreiben diesen hohen Werbeaufwand zur Verkaufsförderung. Werbung soll uns auf neue Produkte oder Dienstleistungen hinweisen, uns über diese informieren und Bedürfnisse für diese wecken. Zunehmend zielt Werbung auch darauf ab, eine Marke bekannter zu machen und ihr Image zu verbessern. Durch Werbung sollen bereits gewonnene Kunden erhalten und neue Kunden gewonnen werden.

Kritiker meinen, dass die Werbung den Einzelnen zu stark beeinflusst, denn um ihre Ziele zu erreichen, greifen die Werbemacher tief in die Trickkiste. Neueste Erkenntnisse der Psychologie werden eingesetzt, um die Zielgruppe zu erreichen und zum Kaufen zu bewegen.

M8

1 Ordne die Slogans aus M4 den passenden Logos zu. Nenne weitere Slogans. Warum fällt diese Aufgabe den meisten leicht?

2 Gestaltet eine Mindmap zum Thema „Tricks der Werbemacher".

3 Werte die Karikatur M1 aus (Karikatur auswerten).

4 Werte M5, M6, M7 und M8 aus (Werbung auswerten). Welche Informationen liefern die Anzeigen? Welcher „Tricks" bedienten sich die Werbemacher?

5 Sucht in Zeitschriften Anzeigen oder nehmt Werbespots auf und wertet diese ebenfalls kritisch aus (Werbung auswerten).

6 Wie viele Werbebotschaften begegnen euch pro Tag? Notiert Medium (Zeitschrift, Radio, Internet …) und Zeit.

Werkstatt: Werbung unter der Lupe

Mach dich fertig für den Baggersee!
Das Sommergefühl 2006: BAGGERSEE! Für Bübchen und für Girlys. Zwei langweilige, verregnete Düfte.
Total öde, mit Volksmusik und Baggerseegefühlen. Der Sommer ist verregnet, die Regenmäntel ...

M 1 Schülertext

M 2 Bilder und Text aus einer Werbebroschüre der Parfümerie Douglas

M 3 Ausschnitt einer Schülercollage zu versteckter Werbung in der Zeitschrift Sugar
Ergebnis der Schülergruppe: Im untersuchten Heft waren 42 von 115 Seiten Kauftipps und Verlosungen. „Echte" Werbeanzeigen zählten die Schüler bei den 42 Seiten nicht mit, es waren aber im untersuchten Heft sehr wenige als Werbung klar erkennbare Anzeigen. Dieses Ergebnis ist nicht verwunderlich, denn für versteckte Werbung in Form von Kauftipps bezahlen die Firmen eine Menge Geld: bis über 50 000 Euro für eine Zeitschriftenseite und damit meist mehr als für „echte" Werbeanzeigen.

Webcode: PE641789-074

M 4 Planung einer Werbekampagne

Versteckte Werbung

Direkte Werbung erreicht immer nur einen kleinen Teil der gewünschten Zielgruppe. Viele Leser blättern bei den meisten Anzeigen weiter, ohne sie näher zu beachten. Werbeblocks im Fernsehen werden gerne als Auszeit genutzt, um zum Kühlschrank oder zur Toilette zu gehen. Dies wissen auch die Werbemacher. Deshalb werden versteckte Werbeformen wie „Product Placement“ oder Gewinnspiele immer häufiger angewandt:

Gewinnspiele: In Zeitschriften, im Internet usw. lenken Gewinnspiele die Aufmerksamkeit auf die zu gewinnenden Produkte. Für Gewinnspiele in Jugendzeitschriften stellen die Unternehmen oft Gewinne kostenlos zur Verfügung, teilweise bezahlen sie zusätzlich sogar noch dafür.

Product Placement: Die bezahlte Verwendung von Markenartikeln in nicht als Werbung gedachten Filmen, Fernsehsendungen und Zeitungsartikeln.

Produktproben: Ob Cremes oder Demo-CDs – Produktproben erregen Aufmerksamkeit und sollen zum Kauf anregen.

Sponsoring: „Diese Sendung wird Ihnen präsentiert mit freundlicher Unterstützung von …“ Für diese kurze Nennung im Fernsehen bezahlt ein Sponsor viel Geld und hofft sein Image zu verbessern.

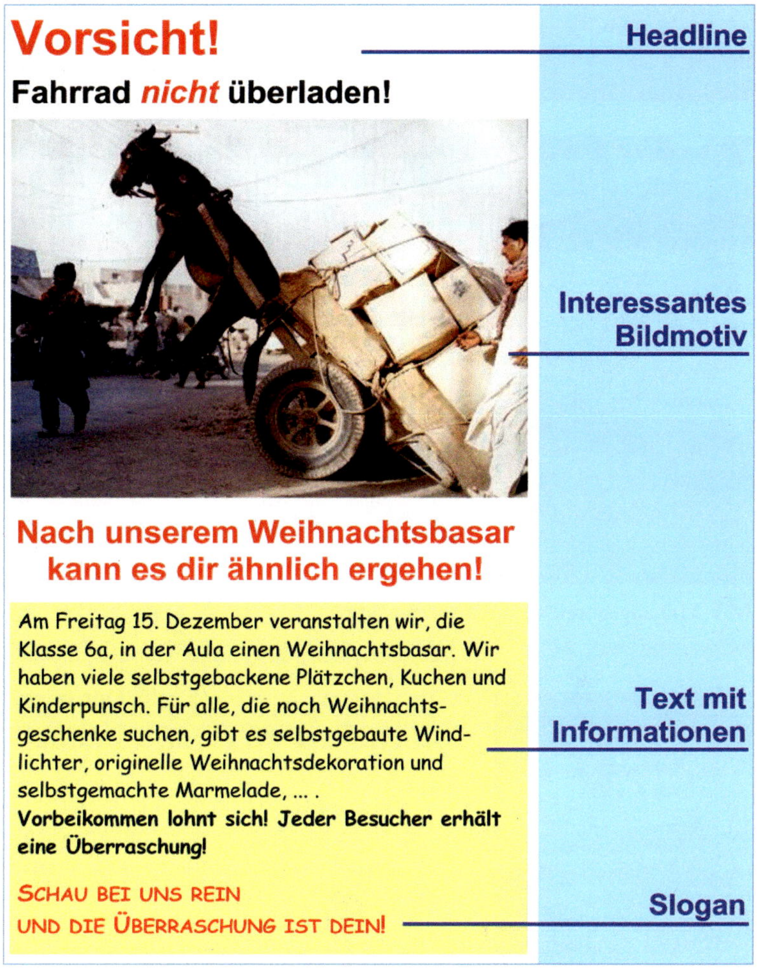

M 5 Gestaltungselemente eines Werbeplakates (Schülerarbeit)

1 Werbung verfremden!
- **a** Eine Schülerin schrieb den Text „Get ready for Jamaica!“ (M 2) um. Übernimm den Text (M 1) in dein Heft und setze ihn fort.
- **b** Zeichne entsprechende Bilder dazu.

2 (Versteckte) Werbung erkennen!
- **a** Produkttipps und Gewinnspiele in Zeitschriften sind Werbung. Erkläre mithilfe des Autorentextes und M 3.
- **b** Schlage im Lexikon die Begriffe Product Placement und Schleichwerbung nach. Werte den Screenshot des Computerspiels beim Begriff Schleichwerbung aus.
- **c** Untersucht verschiedene Jugendzeitschriften auf (versteckte) Werbung und dokumentiert eure Ergebnisse in einer Collage.

3 Werbeplakat gestalten!
- **a** Gestaltet in Kleingruppen ein Werbeplakat zu einem Thema eurer Wahl. Verwendet für die Planung auch M 4 und M 5.
- **b** Stellt euch die Werbeplakate gegenseitig vor und bewertet sie.

Erkundung: Einkaufsfalle Supermarkt?!

M1 Eingangsbereich eines Supermarktes

M5 Karikatur

M2 Kassenbereich

M3 Warenregal

Der perfekte Supermarkt

Orangen und Äpfel, vielfach gespiegelt, in warmem Licht – ein kleines Paradies gleich am Eingang. Geschaffen hat es Dieter Brinkmann, Ladendesigner einer Supermarkt-Kette. Damit will er seine Kunden bremsen. Schließlich hätten die noch ihren Straßenschritt in den Beinen.
Danach öffnen sich links die ersten Regale quer zur Laufrichtung. Hier stehen die teuren Artikel immer in jenen Reihen, denen die Kunden entgegenlaufen, die preiswerten liegen in ihrem Rücken.
Um zur Milch zu gelangen, die fast alle Kunden kaufen, muss man jedoch erst einmal durch den gesamten Supermarkt. Direkt neben der Milch lockt dann ein Becher Mousse au chocolat, „eine Impulsware", wie Brinkmann sagt. Das ganze Geschäft ist so sortiert: Neben den wenigen Artikeln, die man wirklich braucht, liegen gewinnbringende Waren, die wir sehen müssen, damit uns der Impuls zum Kaufen durchzuckt.
Auch die Produktanordnung im Regal folgt einem ausgeklügelten System: Teures findet sich bequem auf Augenhöhe, wer billige Produkte will, muss sich bücken.
„Musik ist sehr wichtig", sagt Brinkmann. „Es muss eine Melodie sein, mit der man flötend durch den Supermarkt läuft." Die Musik richtet sich danach, wann Rentner einkaufen und wann Schulkinder: Morgens erklingen Schlager, ab mittags wird die Musik moderner.
Dann sind da noch die Außenseiten der Regale. Dort hat Brinkmann seine „Stopper" aufgebaut. Auf ihnen stapeln sich Waren, die wie Schnäppchen erscheinen. Jede Woche werden diese Stopper umgeräumt. Wo heute ein Stapel Kartoffelchips steht, wartet morgen die Shampoo-Pyramide. Und alle paar Monate wird richtig umgeräumt, damit die Kunden den ganzen Markt durchsuchen.
Direkt vor der Kasse wartet noch die „Quengelware", die kleinen Kindern große Augen macht. „Teure Artikel, mit denen wir richtig Geld verdienen", sagt Brinkmann. Schnell hat der Nachwuchs den Eltern einen Schokoriegel abgetrotzt – leider kostet er hier fast so viel wie der Dreierpack hinten im Laden.
Nach 20 Minuten ist der Durchschnittskunde an der Kasse angelangt, der Einkaufswagen wie von Geisterhand gefüllt. Nicht umsonst werden Einkaufswagen immer größer, die durchschnittlich zehn Produkte, die er kauft, sehen darin mickrig aus. Ob er ahnt, dass etwa ein Drittel der gekauften Lebensmittel verderben werden?

M4 **Zeitungsbericht** *(Henning Sußebach in: Die Zeit, 12/1997, gekürzt und vereinfacht)*

1 Warum kaufen Sie in diesem Supermarkt ein? ....

2 Verwenden Sie zum Einkaufen eine Einkaufsliste? ❑ ja ❑ nein

3 a Haben Sie heute mehr eingekauft als geplant? ❑ ja ❑ nein

b Wenn ja, warum? ....

4 Welche Verkaufstricks im Supermarkt kennen Sie? ....

M 6 Fragebogen der Gruppe Kundenbefragung

M 7 Ausschnitt einer Wandzeitung der Gruppe Mogelpackungen

M 8 PowerPoint-Folie der Gruppe Beleuchtung

Erkundung: Einkaufsfallen im Supermarkt

Durch Erkundungen kann man an einem Ort außerhalb der Schule wichtige Erkenntnisse zu Unterrichtsthemen sammeln. Bei einer Erkundung im Supermarkt könnt ihr wie folgt vorgehen:

A Vorbereitung

1. Informationen sammeln
Um bei einer Supermarkterkundung möglichst viel zu entdecken, muss man sich im Vorfeld über die ausgeklügelten Einkaufsfallen informieren. Informiert euch z. B. mit www.wr-unterricht.de/falle/index.htm *(Stand: 4.4.08)*.

2. Schwerpunkte bilden und Arbeitsgruppen einteilen
Legt nun unterschiedliche Themenschwerpunkte (z. B. M 6–M 8) fest und verteilt diese auf mehrere Gruppen.

3. Vorerkundung in Arbeitsgruppen
Die einzelnen Arbeitsgruppen führen nun eine Vorerkundung durch. Dabei nehmen sie Kontakt mit dem Marktleiter auf und fragen ihn, ob er bereit ist, euch ein Interview zu geben, und ob er fotografieren erlaubt.

4. Planung der eigentlichen Erkundung und Dokumentation
Nun planen die Arbeitsgruppen ihre Erkundung und wie sie die Ergebnisse danach vorstellen wollen. Davon hängt nämlich ab, welche Hilfsmittel und Materialien (z. B. Fragebögen, Foto, …) notwendig sind.

B Durchführung

Eine Supermarkterkundung ist kein Einkaufsbummel. Ihr müsst aktiv sein, euch freundlich und ruhig verhalten, gezielt beobachten, die Erkenntnisse dokumentieren und die Arbeitsaufgaben erfüllen.

C Auswertung und Präsentation

Durch die Erkundung habt ihr viele Informationen gesammelt. Nun müsst ihr klären: Wie können die Informationen geordnet und veranschaulicht werden? Welche Informationen fehlen (Nacherkundung oder Recherche)?
Die Präsentation kann z. B. mit einer Wandzeitung oder einer PowerPoint-Präsentation erfolgen. Auch eine Broschüre mit Tipps für Verbraucher zum Schutz vor Einkaufsfallen ist möglich.

M 9 Hinweise zur Durchführung einer Erkundung

1 Lies den Text M 4 und werte damit die Bilder M 1 bis M 3 aus: Welche Tricks und Einkaufsfallen zeigen sie?

2 Werte die Karikatur M 5 aus (Karikaturen auswerten).

3 Führt mithilfe der Hinweise in M 9 eine Erkundung durch.

Informationsquellen für Konsumenten

M 1 Werbeanzeige

Deodorants: Kein Mief mehr!
Peinlicher Schweißgeruch muss nicht sein. Moderne Deos halten dagegen. Beim Kauf dieser Miefbremsen kann man nicht viel falsch machen:
Von 32 geprüften Produkten sind 28 „gut". Ein Preisvergleich lohnt sich.

Deos	**Aerosolsprays**			
	Rexona 24 h intensive Cotton dry	dm/Balea 24 h Deodorant mild	Lidl/Cien Deo Spray sensitive 24 h	Tabac Man
Langzeitwirkung laut Anbieter	■	■	■	❑
Inhalt in ml	150	150	200	150
Preisspanne in Euro ca.	1,55 bis 2,50			7,15 bis 8,95
Mittlerer Preis in Euro ca.	1,80	0,65	1,00	8,95
Preis für 10 Anwendungen in Euro ca.	**0,50**	**0,25**	**0,22**	**1,93**
test-QUALITÄTSURTEIL	**GUT (2,0)**	**GUT (2,2)**	**GUT (2,2)**	**GUT (2,3)**
DEOWIRKUNG 70 %	**gut** (2,0) *)	**gut** (2,2) *)	**gut** (2,2) *)	**gut** (2,3) *)
Nach 7 Stunden	++	+	++	++
Nach 24 Stunden	+	O	O	O
HAUTVERTRÄGLICHKEIT 10 %	**sehr gut** (1,0)	**sehr gut** (1,0)	**sehr gut** (1,0)	**sehr gut** (1,0)
ANWENDUNG 20 %	**gut** (1,7)	**gut** (1,7)	**gut** (2,3)	**sehr gut** (1,2)

M 2 Deodorants im Test (Auszüge aus test 5/2003)

1 Werte M 1 und M 2 aus und ziehe daraus eine Schlussfolgerung.

2 Beschreibe die Prüfarbeit der Stiftung Warentest mit M 2 bis M 5.

3 Welche Beratungsangebote für Verbraucher gibt es in deiner Nähe?

4 Erkundet die Internetangebote der Verbraucherzentrale Hessen für junge Konsumenten (M 7 und Webcode).

Stiftung Warentest

Die Industrie war über die Gründung der Stiftung Warentest vor über 50 Jahren alles andere als begeistert. Der Bundesverband der Deutschen Industrie (BDI) sah bei ihrer Gründung die Verbraucher durch Werbung bereits ausreichend informiert.
Die Stiftung Warentest führt regelmäßig unabhängige Produkt- und Dienstleistungsvergleiche durch und veröffentlicht diese. Sie gibt Zeitschriften und Bücher heraus. In diesen finden sich keine Werbeanzeigen, damit Unternehmen keinen Einfluss auf die Ergebnisse nehmen können. Finanziert wird die Stiftung Warentest durch Bundeszuschüsse, aber hauptsächlich finanziert sie sich selbst durch den Verkauf ihrer Zeitschriften.

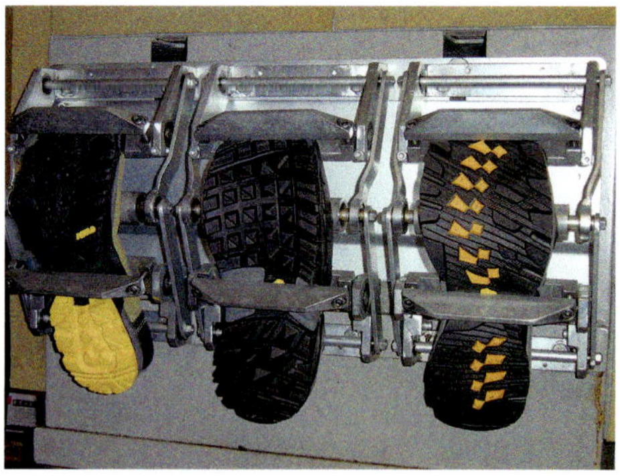

M 3 Schuhe im Belastungstest

M 4 Orangensaft wird von Versuchspersonen geschmacklich untersucht

Verbraucherzentrale Hessen

Jedes der 16 Bundesländer hat eine Verbraucherzentrale. In Hessen gibt es in acht Städten Beratungsstellen und zusätzlich etwa 50 Energiestützpunkte. Die Verbraucherzentrale hilft Konsumenten bei Problemen mit Firmen und bietet Beratung zu sehr vielen Verbraucherfragen (z. B. Beratung zu Ernährung, Energieverbrauch, Finanzen und Verbraucherrecht). Speziell für Kinder und Jugendliche gibt es auch eine eigene Internetseite: www.checked4you.de. Im Forum kann man auch eigene Beiträge verfassen.

Elektronikmärkte: keiner immer günstig!
Die aktuellsten MP3-Player, neue Software- oder Spiele-Pakete – wer mit knappem Taschengeld unterwegs ist, will das Objekt seiner Begierde so günstig wie möglich kaufen. Saturn, MediaMarkt & Co. werben mit „echten Tiefpreisen" oder „Geiz ist geil"-Sprüchen. Aber sind die Elektronikmärkte tatsächlich so unschlagbar günstig? Die Tester der Stiftung Warentest wollten es jetzt wissen und haben Saturn, MediaMarkt und Co. geprüft: Und zwar nicht nur die Preise, sondern auch die Beratung. Denn was nutzt ein günstiger Preis, wenn der neue DVD-Rekorder mit dem PC zu Hause nicht kompatibel ist? Thema Preis: Keiner der Elektronikmärkte hat durchweg niedrige Preise. Den „billigsten" Anbieter gibt es also nicht. Die Preise schwanken nicht nur zwischen den einzelnen Anbietern, sie schwanken auch zwischen den einzelnen Filialen eines Anbieters. Deshalb gilt: Wer wirklich günstig kaufen will, muss bei jedem Produkt vor dem Kauf Preise vergleichen. Und wie sieht es mit der Beratung in den Elektronikmärkten aus? In jedem dritten Gespräch konnten die Verkäufer keine Lösung oder nur eine mit deutlichen Mängeln bieten.

M5 *www.test.de (10.12.2006)*

Webcode: PE641789-079

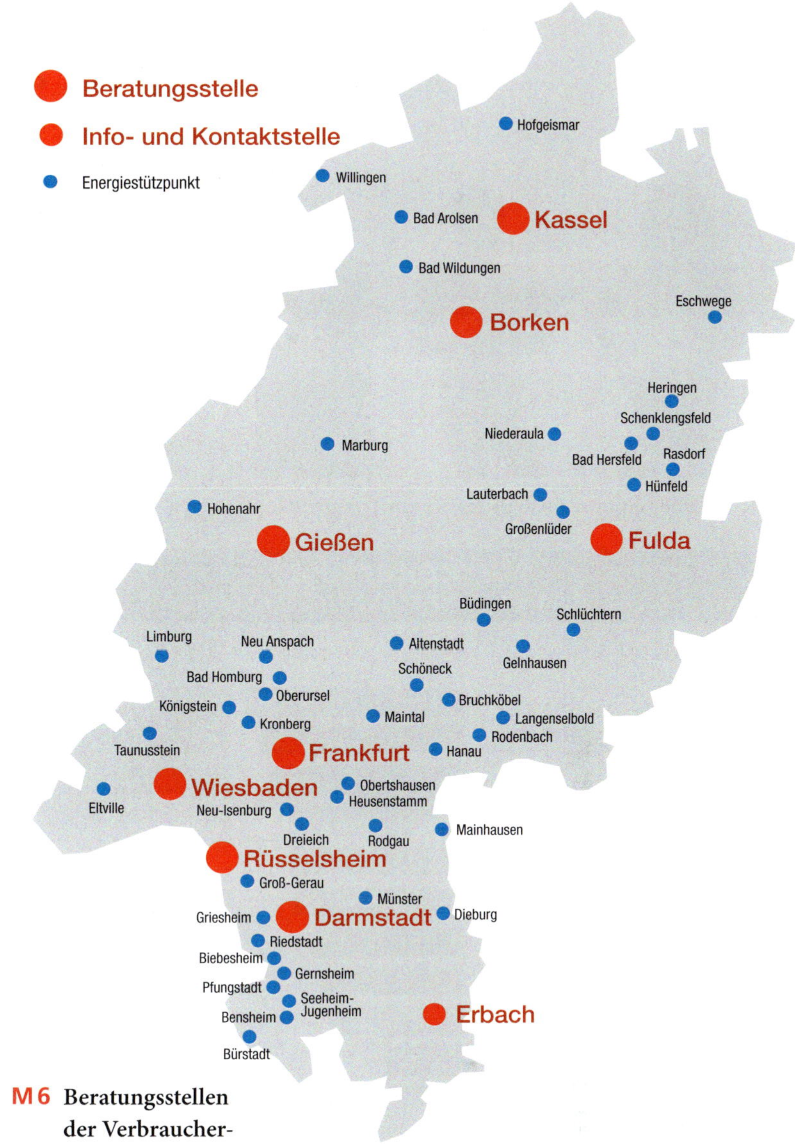

M6 Beratungsstellen der Verbraucherzentrale Hessen

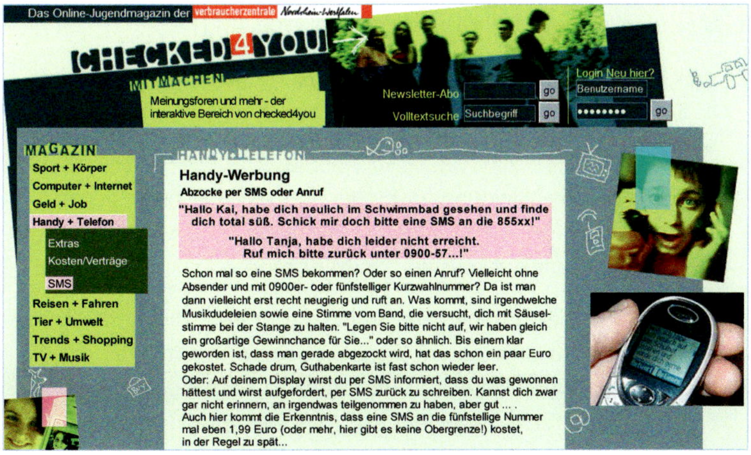

M7 Screenshot www.checked4you.de *(Stand: 4.4.08)*

Marke – das muss sein!?

M 1 **Bilder einer sechsten Klasse zum Thema: Kleider machen Leute**

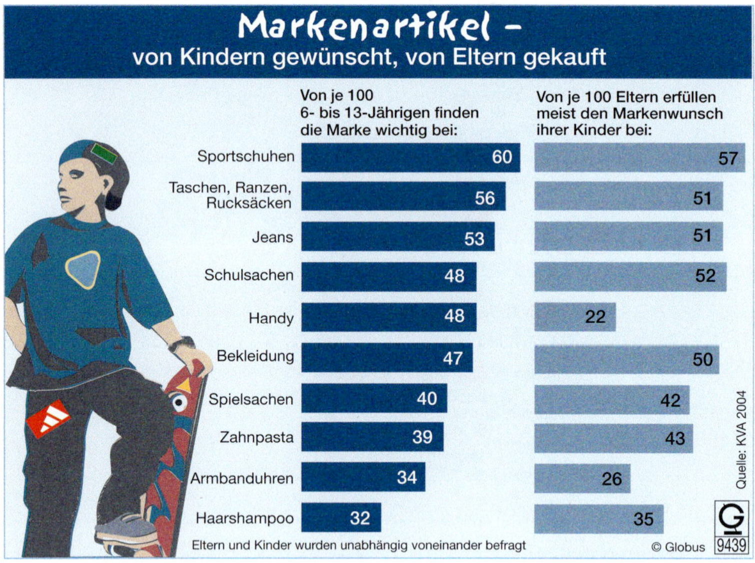

M 2 **Wunsch nach Markenartikeln**

1 Machen Kleider Leute? Diskutiert diese Frage. (M 1)

2 Welche Markenartikel sind euch wichtig?
  a Sammelt in der Klasse für euch wichtige Marken.
  b Wertet das Schaubild M 2 aus.

3 Warum ist Markenkleidung für Kinder und Jugendliche so bedeutend? Was sind deine Erfahrungen? Werte die Texte M 3, M 5 und M 7 aus und erstelle dazu eine Mindmap.

4 a Sprecht in Kleingruppen über eure Erfahrungen, die ihr durch das Tragen „nicht angesagter" Kleidung gemacht habt.
  b Sammelt Möglichkeiten, wie man darauf „cool" reagieren kann.
  c Stellt einige Szenen in einem Rollenspiel nach.

5 Was sagen die Karikaturen M 4 und M 6 aus?

M 3 **Bedeutung von Markenkleidung**

Alexander Homeyer, Geschäftsführer von Youngcom, einer auf Jugendwerbung spezialisierten Werbeagentur:

„Bei Jugendlichen kann man von einem regelrechten Markenkult sprechen. Wer cool ist und wer out ist, das wird auf dem Schulhof entschieden. Wir reden daher vom Laufsteg Schulhof. Dort spielt es eine wesentliche Rolle, wer welche Markenkleidung trägt. Das geht so weit, dass Kinder, die sich dem Markenzwang nicht beugen, auch schnell aus Cliquen ausgeschlossen werden. Und diese Cliquen sind für Kinder äußerst wichtig. Sie vermitteln erstmals das ersehnte Gemeinschaftsgefühl unter Freunden. Nicht zuletzt, weil es um das Erlebnis eines vollkommen neuen Gemeinschaftsgefühls geht, ist das Markenbewusstsein bei der ganz jungen Zielgruppe am stärksten ausgeprägt.

Interessanterweise hängen Kleidung und Musik sehr stark zusammen. Die Art der Kleidung, die in ist, wird im Grunde genommen von der Musikrichtung, die in ist, bestimmt. Das sieht man beispielsweise daran, dass Rapper sich vollkommen anders kleiden als die Fans der Superstar-Serie oder dass sich viele Jugendliche genauso anziehen wie die Mitglieder ihrer Lieblingsband."

KHS Journal 1/2004

M4 Markenzeichen

M6 Stoff und Stoffe in der Schule

Was ist wichtig?

„Puma, Nike, Adidas – welche ist egal", sagt Jessica. „Hauptsache Marke!" Erkan dagegen findet: „Puma muss sein."
Christoph (14) hat wochenlang Reklameblättchen ausgetragen, um am Ende seine Eltern fast zur Verzweiflung zu bringen: Der überwiegende Teil des Verdienstes ging für Nike-Turnschuhe drauf. 150 Euro, mal eben so. Die Dinger sind blau und klobig und sehen aus, als müsste man fürchterlich darin schwitzen. Aber sie sind cool.
Jugendliche in Deutschland haben so viel Geld wie nie und die meisten von ihnen finanzieren damit vor allem eines: den schönen Schein. „Wichtig ist alles, was sichtbar ist", sagt Karin Fries, Leiterin des Münchner Instituts für Jugendforschung (IJF). Millionen geben Jugendliche für ihr Handy aus. Weit über zehn Millionen Klingeltöne verkaufte Jamba vergangenes Jahr. Beliebt sind gängige Hits als Handy-Dideldum. „Im Prinzip folgt das Geschäft mit Klingeltönen demselben Muster wie das mit Turnschuhen", sagt Marktforscherin Fries. „Die Jugendlichen wollen Dinge, die ihre Umwelt wahrnimmt."
Auch wenn sich alle Kinder und Jugendliche nicht über einen Kamm scheren lassen, sicher ist: Sie geben Jahr für Jahr immer mehr aus. Jeder vierte Jugendliche geht heute einem Nebenjob nach, denn das gute Leben ist teuer und der Gruppendruck groß.

Michael Bauchmüller, Süddeutsche Zeitung 21./22.8.2004 (gekürzt und vereinfacht)

M5 Zeitungsartikel

M7 Markenterror

Dass Aldi in seinen Sonderangeboten kaum Hosen, T-Shirts und Schuhe für Kinder zwischen sechs und sechzehn führt, hat seinen Grund. Mit Aldi-Klamotten könnte man in der Schule oder in der Clique schlicht und einfach nicht antreten. Das wäre uncool. Cool ist etwas anderes – cool sind die Markenklamotten. Die Eltern wissen ein Lied davon zu singen. Die Einkleidung der Kinder wird zum Kampf: „Mit diesen Fetzen kann ich mich nicht sehen lassen!", so die Weigerung, einen No-Name-Pullover zu kaufen. Kein Wunder, wenn in den Elternhäusern das Wort vom Markenterror die Runde macht!
Da ist es dann keine Seltenheit, wenn die Zehnjährigen oder Zwölfjährigen mit Kleidung im Wert von 500 Euro und mehr am Leib herumlaufen. (…) Man genießt dann (…) die tatsächlich oder vermeintlich neidvollen Blicke der Mitschüler. Und wenn man sie nicht genießt, dann ist man wenigstens glücklich, nicht verspottet zu werden. Man kann nur hoffen, dass sich der Trend (…) zum Schein und zum Äußerlichen nicht noch verstärkt. Sind es ja die heutigen Eltern, die der Jugend vorleben, wie wichtig Outfit und Body sind. Wie soll die Jugend da anders sein?

Josef Kraus, Präsident des Deutschen Lehrerverbandes, www.lehrerverband.de (Abruf: 4.4.08)

Webcode:
PE641789-081

„Fairantwortung" beim Einkauf?

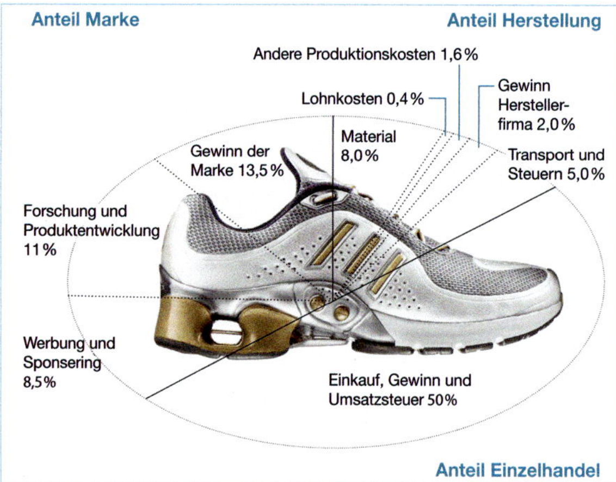

M 1 Kostenaufteilung für ein Paar Sportschuhe

Gloria Delgado, 29 Jahre, arbeitet als Näherin in einer mittelamerikanischen Bekleidungsfabrik. Mit ihren vier Kindern im Alter von fünf bis zehn Jahren und ihrem Lebensgefährten wohnt sie in einem 20 m² großen Zimmer. Sie steht jeden Tag um 5.15 Uhr auf. Um 7 Uhr beginnt die Fabrikarbeit. Je nach Auftragslage muss Gloria bis 19 Uhr Überstunden machen. Dann kann sie erst ab 20 Uhr das Abendessen für die Kinder bereiten. Danach wäscht sie noch die Kleidung des Tages und holt Wasser vom 400 Meter entfernten Brunnen. Um 22.30 Uhr geht sie schlafen. Sie arbeitet hart.
Gloria weiß, dass sie ihren Job verlieren wird, wenn sie nicht bereit ist, die geforderten Überstunden zu machen. Die Arbeitsbedingungen sind schlecht: Die Arbeiterinnen werden von Kameras überwacht, sogar in den Toiletten. „Das machen sie, damit wir während der Arbeit keine Zeit verlieren. Das ist eine Form des Drucks, damit wir die hohen Stückquoten erfüllen können."
Das Trinkwasser in der Fabrik ist verschmutzt, Gloria klagt deshalb über Magenschmerzen. Zusammen mit den Überstunden verdient sie maximal 180 € im Monat.

Fit for Fair – Kampagne für saubere Kleidung, www.oxfam.de (29. 3. 2006)

M 2 Glorias Alltag

Fertigung in Zulieferbetrieben

Die Sportartikelhersteller stellen heute nur noch rund fünf Prozent ihrer Produkte in ihren eigenen Fabriken her. Den Rest lassen sie von Zulieferern rund um den Globus produzieren. Für noch geringere Kosten vergeben die Zulieferer die Aufträge der Sportartikelhersteller häufig wiederum an andere Zulieferer. Unter den Zulieferern herrscht ein extremer Preiskampf. Ihre Produktionsstätten liegen vor allem in Lateinamerika, Asien und Osteuropa, in Ländern mit sehr niedrigen Löhnen. Sie sparen dennoch bei den Arbeitskosten und den Arbeitsbedingungen. Die Sportartikelhersteller verlangen außerdem von den Zulieferern schnelle Lieferung, um auf Trends kurzfristig reagieren zu können.
Maik Pflaum von der „Christlichen Initiative Romero" (CIR) erklärt: „Solange ein Konzern wie adidas die Zulieferfirmen gegeneinander ausspielt, kann kein Zulieferer die Arbeitsbedingungen verbessern und somit höhere Kosten verursachen."
Organisationen wie die „Kampagne für saubere Kleidung" drängen auf die Einhaltung von Menschenrechten, Mindestlöhnen und Gesundheitsschutz.

M 3 Näherin in Thailand

M4 Kampagne für saubere Kleidung

Mit Straßenaktionen, der Versendung von Postkarten und Pressearbeit kämpft die „Kampagne für Saubere Kleidung". Sauber im Sinne der Kampagne bedeutet unter „menschenwürdigen Bedingungen hergestellt". Ziel der Kampagne ist es, die Konsumenten über die Arbeitsbedingungen in der Textil- und Bekleidungsindustrie aufzuklären, damit diese über ihr Kaufverhalten Druck ausüben. Auf öffentlichen Druck reagieren die Auftraggeber der Sportartikelbranche oder große Kaufhausketten für Bekleidung, weil sie einen Imageverlust befürchten. Die Kampagne für saubere Kleidung hat schon viel erreicht. Viele große Konzerne haben sich Selbstverpflichtungen auferlegt und einige Handelsketten, zum Beispiel H&M, haben sich inzwischen bereit erklärt, Verbesserungen bei ihren Zulieferern auch durchzusetzen. Die Kontrolle bereitet aber meist noch große Probleme.

www.wdr-schulfernsehen/dyn/92875.phtml (1.11.2006)

M5 Protestaktion von Oxfam

M6 Geht es auch anders?!

Die Fußballproduktion ist eine aufwändige und anstrengende Handarbeit. Ein Näher benötigt rund zwei Stunden, um das Kunststück aus 32 Waben mit 650 Stichen anzufertigen. Einen festen Lohn erhalten die Beschäftigten selten, sie werden pro abgeliefertem Ball bezahlt. Hierbei richtet sich der Stückpreis nach der Ballqualität.

Die Arbeiter müssen mit dem Entgelt ihre Familien ernähren, die aus sechs bis sieben Personen bestehen. Der normale Arbeitslohn deckt meist nicht die Lebenshaltungskosten von vier bis fünf Euro pro Tag. Um dieser Situation entgegenzuwirken, werden nun von TransFair besiegelte Bälle in Deutschland angeboten.

Rubina ist Näherin in Sialkot (Pakistan): „In der Fabrik gibt es eine Apotheke mit Arzt. Bei größeren Unfällen wird der Patient sofort ins Hospital gebracht. Alle anfallenden Kosten werden von der Firma bezahlt. Auch können wir in einem eigens für uns eingerichteten Shop günstig Lebensmittel und andere Dinge kaufen. Wir haben jetzt auch ein Büro für die Treffen der Gewerkschaft und für andere Veranstaltungen. Die Fabrik bezahlt uns zweimal im Jahr einen Bonus und stellt Schulen für unsere Kinder kostenlos zur Verfügung. (…) Die jetzigen Arbeitsbedingungen sind kein Vergleich zu denen, die ich vorher erlebt habe."

www.transfair.org

M7 „Fairer" Fußball

M8 Protest

1 a Wertet das Schaubild M1 aus (Schaubilder auswerten).
  b Ein Schüler meint: „Wenn man den Arbeitern in der Herstellung höhere Löhne bezahlen würde, dann würden Sportschuhe unbezahlbar." Was meinst du?

2 Beschreibt Unterschiede zwischen Glorias und Rubinas Alltag. Vergleicht dazu M2 und M6.

3 Viele Firmen haben aufgrund des Protestes inzwischen Verbesserungen bei der Produktion vorgenommen. Erkläre mithilfe von M4, M5 und M8, warum.

Der Kunde ist König!?

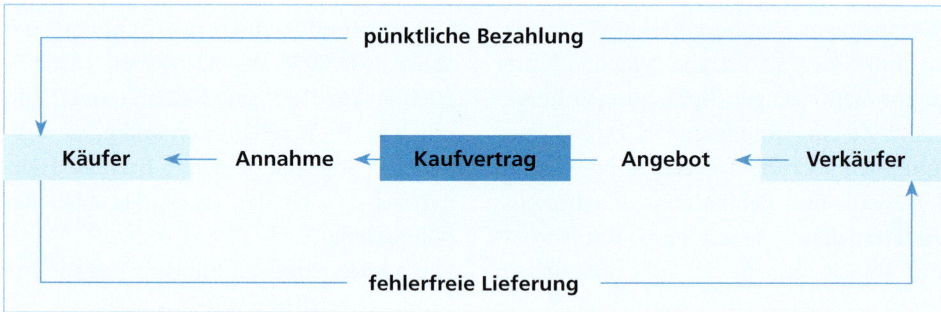

M 1 So entsteht ein Kaufvertrag

Du erkundigst dich im Geschäft, ob es Trikots vom FC Schalke 04 gibt und was sie kosten. Der Verkäufer sagt: „Ja, wir bieten diese für 44,90 € an." Du sagst: „OK. Ich nehme eins." Was ist passiert?
Du und der Verkäufer haben gerade mündlich einen Kaufvertrag geschlossen.

Der Kauf – ein Rechtsgeschäft

Kaufgeschäfte gehören zu unserem Alltag. Und doch ist jeder Kauf ein Rechtsgeschäft. Beteiligt sind zwei Personen: der Verkäufer und der Käufer. Sie schließen einen Kaufvertrag. Ein **Kaufvertrag** muss nicht schriftlich sein. Damit der Kaufvertrag zustande kommt, müssen der Verkäufer und der Käufer deutlich ihren Willen zum Verkauf bzw. zum Kauf abgeben. In der Rechtssprache werden diese Erklärungen **Angebot** und **Annahme** genannt.

Tanja kauft eine Digitalkamera

Tanja hat lange Zeit Geld für eine Digitalkamera gespart. Doch die Auswahl und die Preisunterschiede sind enorm. Wofür soll sie sich entscheiden? Tanja hat sich deshalb bei Stiftung Warentest (www.test.de) über Digitalkameras informiert. Mithilfe des Testberichtes entscheidet sie sich für das mit „gut" bewertete und preiswerte Modell DigiCool 300. Die gut ausgestattete Kamera kostet laut Testbericht durchschnittlich 198 Euro. Tanja geht zu einem Elektrohändler.

TANJA: „Ich möchte mir von meinem gesparten Geld die DigiCool 300 kaufen. Führen Sie diese?"
VERKÄUFER: „Da hast du Glück. Sie ist vorrätig und wir haben erst diese Woche den Preis auf 179 Euro reduziert."
Der Verkäufer holt die Kamera und erklärt ihr die Bedienung. Tanja macht Probebilder und betrachtet sie am Computer.
TANJA: „Ich bin begeistert! Genau das, was ich gewollt habe! Ich nehme sie."
VERKÄUFER: „Das freut mich. Also, die DigiCool 300 zu 179 Euro."
Tanja bezahlt und der Verkäufer füllt die Garantiekarte aus, heftet den Kassenbon dazu und überreicht ihr alles.
VERKÄUFER: „Bewahre bitte die Garantiekarte sorgfältig auf. Ich wünsche dir viel Spaß beim Fotografieren!"

MP3-Player immer wieder kaputt ...
Vor fünf Monaten hast du einen MP3-Player gekauft. Das Ding ist ständig kaputt! Einmal war der Ton weg, einmal das Display defekt, jetzt hat der Kopfhörer einen Wackelkontakt. Das Geschäft hat ihn stets kostenlos repariert, aber das dauerte immer eine Ewigkeit. Insgesamt war er schon zwei Monate in Reparatur. Musst du das hinnehmen?
Rechtlich gesehen darf der Verkäufer ein defektes Gerät innerhalb der vorgeschriebenen zwei Jahre nachbessern, d. h. reparieren. Aber der Verkäufer darf das nicht beliebig oft versuchen. Nach dem Gesetz kann er grundsätzlich zweimal nachbessern oder dir das gleiche Gerät anbieten – diesmal natürlich ohne Fehler.
Wichtig ist: Die Reparaturkosten muss der Verkäufer bezahlen, er übernimmt Lohn, Material, ...
Beim MP3-Player kannst du ein neues Gerät verlangen. Wenn der zweite MP3-Player auch defekt ist, musst du aber keinen dritten akzeptieren. Dann wäre Geld zurück die bessere Lösung.

Fehlerhafte Fahrradbremse ...
Du hast dir eine neue Fahrradbremse gekauft, die du nach den Anweisungen des Herstellers eingebaut hast. Doch eine Woche später hast du einen Unfall, weil die Bremse versagt hat. Sie ging kaputt.
Das hört sich ganz nach einem Fall für die Produkthaftung an. Wenn eindeutig feststeht, dass ein Produkt fehlerhaft gefertigt ist, muss der Hersteller für alle Folgeschäden aufkommen, die durch die Benutzung des Produkts entstanden sind.

M 2 **www.checked4you.de (gekürzt)**
Abruf: 4. 4. 2008

Werbung mit einer Ware, die nicht in angemessener Menge vorhanden ist, ist irreführend und deshalb verboten. Der Vorrat muss in der Regel für mindestens zwei Verkaufstage reichen.

M 3 **Lockvogelangebot**

Rechte des Käufers

„Bei uns ist der König Kunde!" – Diese Versprechen geben Unternehmen oft, wenn sie ihren Service oder ihre Produkte anpreisen. Aber auch als König kann man nicht alles wissen und den Überblick verlieren. Der Gesetzgeber hat deshalb Gesetze und Regelungen zum Schutz der Verbraucher erlassen. Dazu gehören z. B. Verbraucherrechte bei Verträgen (siehe M 2) und das Verbot unlauterer Verkaufspraktiken: Verboten sind z. B. ungefragte Werbung per Telefon oder irreführende Werbung mit Lockvogelangeboten.

Webcode:
PE641789-085

1 „Beim Kaufvertrag sind die Rechte des einen die Pflichten des anderen." Welche Rechte und Pflichten haben Verkäufer und Käufer laut M 1?

2 Suche in dem Beispiel Digitalkamerakauf nach Angebot und Annahme.

3 Tanja ging beim Kauf der Digitalkamera geschickt vor. Erkläre.

4 Welche Mängel an Produkten sind bei euch schon aufgetreten? Welche Rechte habt oder hättet ihr geltend machen können? (M 2)

5 Erkläre mithilfe von M 3, was Lockvogelangebote sind.

KOMPETENZ-Trainer

Wirtschaft entdecken

Güter	Kaufvertrag	Er wird zwischen Verkäufer und Käufer mündlich oder schriftlich geschlossen.	Sie werden in Unternehmen zur Herstellung weiterer Güter verwendet.
Produktionsgüter	Wirtschaftliche Güter	Ein gegebenes Ziel mit einem möglichst geringen Einsatz an Mitteln erreichen.	Sammelbegriff für alle Mittel, die der Befriedigung von Bedürfnissen dienen.
Konsumgüter	Freie Güter	Mit den gegebenen Mitteln einen größtmöglichen Erfolg erreichen.	Knappe Güter, die erarbeitet werden müssen und für die man etwas bezahlen muss.
Ökonomisches Prinzip	Minimalprinzip	Sie müssen bei jedem Menschen erfüllt werden, damit er überleben kann.	Sie sind für den Gebrauch bzw. Verbrauch von Privatpersonen bestimmt.
Maximalprinzip	Grundbedürfnisse	Es besteht eigentlich aus zwei Prinzipien der Wirtschaftlichkeit.	Im Überfluss vorhandene, kostenlose Güter, wie z. B. Meerwasser.

M 1 Begriffe-Memory

M 2 Bedürfnisse

M 3 Comic

M4 Werbeanzeigen

Fall 1: Der neue DVD-Player
„Das fängt ja gut an", schimpft Ina. Sie hat sich gemeinsam mit ihren Eltern einen neuen DVD-Player bei einem Internet-Händler gekauft. Doch obwohl sie das Gerät ordnungsgemäß angeschlossen hat, gibt es keinen Ton von sich. Sie ruft beim Händler an, doch dieser sagt ihr: „Kein Ton? Das kommt bei diesem Modell ständig vor. Du musst es uns zur Reparatur einsenden. Es dauert dann vier bis acht Wochen. Porto und Arbeitslohn musst du natürlich auch bezahlen." Ina ist sauer. Ihre Freundin kommt am Wochenende und sie wollten gemeinsam einen Film auf DVD ansehen.

Fall 2: Super-Sonderangebot
Ein Händler wirbt mit einer riesigen Anzeige in der Sonntagszeitung für einen MP3-Player für 4,99 €. Als Marvin am Montag eine Stunde nach Öffnung des Geschäftes ankommt, sagt die Verkäuferin: „Die beiden MP3-Player für 4,99 sind leider schon lange weg!"

M5 Dein Rat ist gefragt

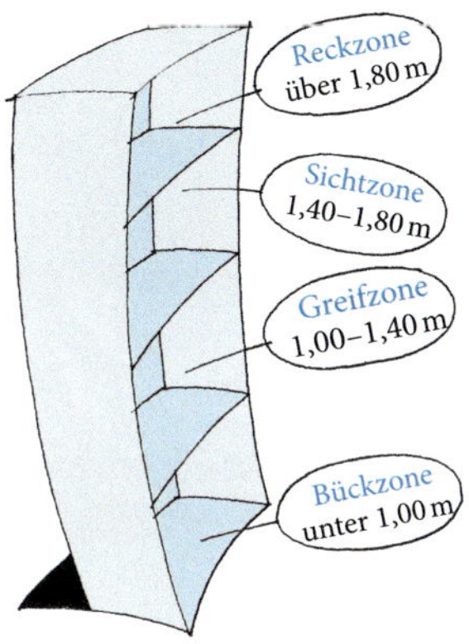

M6 Verkaufsstrategien

Sachwissen und Analysekompetenz

1 Immer zwei Kärtchen von M 1 gehören zusammen. Notiere die Lösungen in dein Heft.

2 Welche Bedürfnisse zeigen die Bilder M 2? Worin unterscheiden sich diese Bedürfnisse?

3 Was sagt der Comic M 3 aus?

Methodenkompetenz

4 Werte die Werbeanzeigen von M 4 aus (Werbung auswerten).

Urteils- und Handlungskompetenz

5 **a** Welche Ratschläge würdest du Ina (M 5) geben?
b Wie nennt man das Angebot im Fall 2 von M 5? An wen kann Marvin sich wenden, wenn er sich beschweren möchte?

6 **a** Erkläre die in M 6 dargestellten Verkaufsstrategien.
b Findet konkrete Beispiele für die dargestellten Strategien.

5 Umweltschutz geht alle an

Am Ende dieses Kapitels kannst du

- mithilfe eines Beispiels erklären, wie sich Kaufentscheidungen auf die Umwelt- und Lebensbedingungen von Menschen in anderen Ländern auswirken.
- Beispiele für nachwachsende und nicht erneuerbare Rohstoffe nennen. Außerdem kannst du an Beispielen unseren Bedarf an Rohstoffen aufzeigen und damit zusammenhängende Probleme sowie dazugehörige Lösungsmöglichkeiten benennen.
- Ursachen und Folgen des Klimawandels benennen und mithilfe des „Treibhauseffekts" erklären, wie es zur Erderwärmung kommt.
- erklären, wie die Weltgemeinschaft versucht, den Klimawandel zu stoppen. Außerdem kannst du Schwierigkeiten benennen, die dieses Vorhaben behindern und dir dazu ein Urteil bilden.
- an Beispielen beschreiben, wie du selbst etwas für den Umweltschutz tun kannst.

NEUER Umwelt-Schock!
Mittwoch, 17. Januar 2007 0,50 €
Bild
UNABHÄNGIG ÜBERPARTEILICH
BERLIN-BRANDENBURG
www.bild.de
● 40 % unserer Tiere sind vom AUSSTERBEN bedroht ● Nie mehr SCHNEE? ● Inseln werden WEGGESPÜLT

Text auf der Rückseite der Versandtasche:

Helfen Sie mit, die Umwelt zu schützen!
Der Gesetzgeber schreibt mit dem neuen Elektro- und Elektronikgerätegesetz (ElektroG) vor, dass Elektro- und Elektronikkleingeräte wie z. B. DVD-Laufwerke, Taschenrechner und Handys nicht im Hausmüll entsorgt werden dürfen. Diese können bei kommunalen Sammelstellen kostenlos abgegeben werden. Die Deutsche Post unterstützt den Umweltschutz mit einem breiten Service und vereinfacht Ihnen die gesetzlich vorgeschriebene Entsorgung mit ELECTRORETURN.

1 Führt in der Klasse eine Kartenabfrage durch. Eine Hälfte der Klasse notiert auf roten Karten, wodurch die Umwelt belastet wird (immer ein Stichwort). Die andere Hälfte der Klasse notiert auf grünen Karten, wie die Umwelt geschützt werden kann. Anschließend werden die Ergebnisse gesammelt und geordnet.

Leben auf der Erde

M 1 Gefährdete Tiere der Erde

Tiere und Pflanzen in Not

Unsere Erde ist die Heimat von über sechs Milliarden Menschen. Sie ist aber auch der Lebensraum für Millionen verschiedener Tier- und Pflanzenarten. Tiere und Pflanzen haben sich ihrer Umgebung angepasst und können zum Teil sogar in ganz heißen und trockenen oder auch in sehr kalten Gebieten überleben.

Viele Tiere sind Pflanzenfresser. Raubtiere dagegen ernähren sich von anderen Tieren. Diese Beutetiere sterben dadurch allerdings ebenso wenig aus wie die Pflanzen. Die Natur hält ein ökologisches Gleichgewicht, das aber sehr oft vom Menschen gestört wird.

Auch Pflanzen gibt es fast überall auf der Erde. In vielen Gegenden gibt es Laub- oder Nadelwälder. Wenn das Klima zu trocken ist, entstehen Grasländer. Im Gebirge wachsen ab einer bestimmten Höhe keine Bäume mehr. Um den Äquator, wo die Temperaturen immer zwischen 25 und 30 °C liegen, sind zum Teil Regenwälder entstanden, in denen sehr viele immergrüne Bäume wachsen. In trockenen Gebieten haben Bäume und Sträucher harte Blätter, um so den heißen Sommer zu überstehen. Viele Pflanzen und Tiere sind durch Eingriffe des Menschen in die Natur bedroht. Wälder werden gerodet, Sümpfe trockengelegt und Hecken abgeholzt. Der Lebensraum zahlreicher Tiere wird dadurch zerstört. So sterben allein in den Regenwäldern der Welt jedes Jahr über 17 000 Arten aus – jeden Tag mehr als 50. Stirbt eine Art aus, so kann das wegen der starken Abhängigkeiten untereinander auch das Ende für viele andere Arten sein.

M 2 Seit 2009 auf der Roten Liste in Hessen: die Sandbiene

M3 **1 Sumpfland in Florida (E4), 2 Tropischer Regenwald, 3 Wälder Nordamerikas (E3), 4 Antarktis (M9), 5 Wüste in Australien (Q7), 6 Korallenriff**

Rote Listen und Artenschutz

Bedrohte Tier- und Pflanzenarten werden in so genannten **Roten Listen** aufgenommen. Die von der Internationalen Naturschutz-Union alle zwei Jahre herausgegebene Liste notiert weltweit 17 038 bedrohte Arten. Das Bundesamt für Naturschutz veröffentlicht Rote Listen für Deutschland und es gibt auch Listen für die Bundesländer. Auf der Roten Liste für Hessen finden sich z. B. viele Wildbienenarten und Widderchen (Falterart). *(Stand: Januar 2011).*

Webcode: PE641789-091

1 Beschreibe die Landschaften in M3. Finde heraus, worin sich die Abbildungen unterscheiden.

2 Ordne folgende Tiere den Abb. 1 bis 6 in M3 zu: Elch – Alligator – Pinguin – Eidechse – Känguru – Seestern – Papagei – Eichhörnchen. Begründe deine Entscheidung.

3 Wähle aus M1 ein Tier aus, das dich interessiert. Informiere dich über das Tier und seinen Lebensraum in einem Lexikon oder im Internet und berichte in der Klasse.

4 Überlegt gemeinsam: Welchen Beitrag können Rote Listen für den Artenschutz leisten?

5 Was hat das Artensterben mit uns zu tun? Kann es uns nicht egal sein, ob Tiger in Sibirien (P2) oder Gorillas im Kongo (L6) aussterben? Diskutiert in der Klasse.

Fallstudie: Kann Telefonieren tödlich sein?

M1 **Gorilla**

M2 **Coltan – abgebaut in der Demokratischen Republik Kongo**

Webcode: PE641789-092

M3 Eilmeldung: Zahl der Gorillas drastisch gesunken

Im Kahuzi-Biéga-Nationalpark (siehe NP in M 8) in der Demokratischen Republik Kongo (L6) ist die Zahl der Östlichen Flachlandgorillas, die zu den seltensten Tieren der Welt gehören, von 258 auf 168 zurückgegangen. Außerdem lebten früher 350 Elefantenfamilien im Park, zuletzt waren es nur noch zwei. Der Rest ist geflohen oder wurde erschossen.

M4 Tagesschau: Schuften für den Elektronikspaß anderer

Eine Mine im Kongo: Mühselig schlagen Arbeiter Brocken für Brocken aus dem Gestein – auch Kinder sind unter ihnen. Sie suchen Coltan, ein Mischerz, aus dem das Metall Tantal gewonnen wird. Tantal ist ein wichtiger Rohstoff für die Elektronikbranche. In mehr als zwei Milliarden Handys weltweit ist es verbaut, außerdem in Spielekonsolen, Laptops und Autoelektronik. Das alles ist ein blühendes Geschäft – bei dem die Arbeiter in den Minen die Verlierer sind. Die Männer und Kinder schuften wie Sklaven, sagt der Kongolese Charles Chalondakwa: „Sie buddeln praktisch nackt, es gibt keine Schutzkleidung, keine Helme, keine Handschuhe und als einziges Werkzeug Hammer und Meißel. Oft stürzen Minen ein und begraben Arbeiter unter der Erde. (...) Die Zustände sind unvorstellbar."

Tagesschau 22.08.2010

M5 Aus einer Radiosendung: Bedrohung für Mensch und Tier

In der Demokratischen Republik Kongo treffen eine Umwelt- und eine menschliche Katastrophe aufeinander. Es herrscht seit gut eineinhalb Jahrzehnten ein Krieg, der schon Millionen Menschen das Leben kostete. Die Waffen für diesen Krieg werden zum Teil mit Geld aus dem Coltanhandel bezahlt. Gleichzeitig steigt weltweit die Nachfrage nach Coltan.
Nicht nur die Menschen leiden unter den schrecklichen Bedingungen, auch die Natur. Immer weiter dringen die Minengräber in den bislang unberührten Urwald vor und verdrängen die Tiere aus ihrem Lebensraum und zerstören ihn. Schlimmer noch, um die Fleischversorgung für die dort arbeitenden Menschen zu sichern, werden die Gorillas massenweise gewildert. Aber Massen von ihnen gibt es schon heute nicht mehr.

25.04.2009
Ein Kilo Coltan kostet derzeit etwa 100 US-Dollar. Der Preis wird aber vermutlich steigen, je weniger Coltan übrig ist. Die Reserven reichen noch ca. 150 Jahre, bis jetzt gibt es keine Alternative für die Elektronikindustrie.

07.06.2009
Allein in Deutschland werden dieses Jahr 26,3 Millionen Handys verkauft werden. Es gibt 113 Millionen Mobilfunkanschlüsse.

15.11.2010
Der Verkauf von Handys wird im Jahr 2011 in Deutschland voraussichtlich um 6 Prozent auf 28,4 Millionen Stück steigen.

M6 **Nachrichten im Internet**

M7 Aus einem Interview: Coltanabbau – Folgen und Verantwortung

Frau Schneider, Sie sind Umweltschützerin. Was halten Sie vom Coltanabbau in der Demokratischen Republik Kongo?

Es ist ein großes Unglück für die Natur und die Menschen. Wenn man verhindern möchte, dass beispielsweise die Gorillas aussterben, muss man ihn so schnell wie möglich stoppen. Solange aber eine Nachfrage besteht, wird im Kongo Coltan abgebaut werden.

Gibt es denn alternative Orte der Förderung?

Es gibt Minen in Australien, Asien und Brasilien. Unternehmen achten jedoch vor allem auf den Preis und kaufen bei den billigsten Anbietern – und die sind im Kongo. Die größte Mine Australiens hat 2008 wegen der afrikanischen Billigpreise zugemacht. Derzeit kommt mehr als die Hälfte des weltweit geförderten Coltans aus Afrika.

Welche Forderungen haben Sie?

Unternehmen dürften nur umweltfreundlich abgebautes Coltan verwenden. Machen sie das nicht freiwillig, sollte öffentlicher Druck ausgeübt werden. Das Ziel muss sein, weder Raubbau und Wilderei, noch Bürgerkriege und unmenschliche Arbeitsbedingungen zu unterstützen.

Was können die Verbraucher/-innen tun?

Man sollte sich bewusst sein, worum es geht. Wer will schon mitverantwortlich sein für einen grausamen Krieg? Wer will unbesorgt telefonieren, wenn dafür Tiere sterben müssen? Eine Möglichkeit ist, die Konzerne unter Druck setzen. Verbraucher haben oft mehr Einfluss, als sie denken. Außerdem können alte, kaputte Handys zurückgeben werden, damit das Coltan daraus recycelt und weniger neues benötigt wird. Die Recyclingrate liegt erst bei 25 bis 30 %.

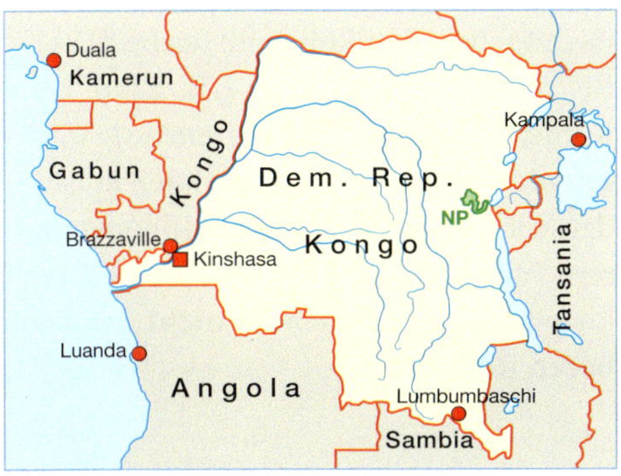

M8 Demokratische Republik Kongo

M9 Krieg im Kongo: Bewaffneter Kämpfer, Menschen auf der Flucht

1. Bei einer solchen Fülle an Informationen ist Gruppenarbeit angesagt. Teilt euch in drei Gruppen auf.
   - Die erste Gruppe macht sich zu Experten über die Bedrohung des Dschungels und der Menschen im Kongo (M3, M4, M7).
   - Die zweite Gruppe konzentriert sich auf die Arbeitsbedingungen beim Abbau von Coltan (M4).
   - Die dritte Gruppe besteht aus Spezialisten des internationalen Handymarkts (M4, M6, M7).
2. Diskutiert zwischen euren Gruppen die Aussage: „Jeder Mensch auf der Welt soll auf Handys verzichten. So kann Krieg verhindert und ein Stück Regenwald gerettet werden." Tauscht die Argumente aus, die die anderen nicht kennen können.
3. Wie steht es bei euch persönlich? Möchtet ihr ein Handy haben oder wollt ihr lieber darauf verzichten? Sammelt Argumente dafür und dagegen. Stellt fest, ob sich unter den Argumenten auch Ausreden verstecken.
4. Verbände wie z. B. Greenpeace und der WWF setzen sich für den Schutz der Umwelt ein. Informiere dich über die Aufgaben dieser Verbände und berichte in der Klasse.

Auch Rohstoffe gehen zu Ende

M 1 Karikatur „So leben wir alle Tage“

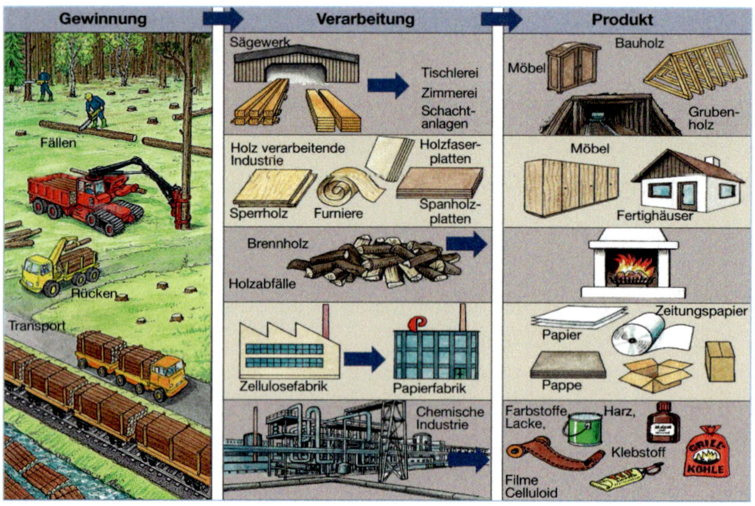

M 2 Gewinnung und Verarbeitung des Rohstoffes Holz

M 3 Holzvollernter

Rohstoffe aus aller Welt

Strom kommt aus der Steckdose, Benzin aus der Zapfsäule, die Jeans aus dem Kaufhaus und das Auto vom Autohändler …
All diese Güter, die uns jeden Tag so selbstverständlich zur Verfügung stehen, müssen erst von Handwerks- und Industriebetrieben hergestellt werden. Dabei werden verschiedene Materialien verarbeitet: Bretter, Bleche, Kabel, Kunststoffrohre, Zement, Stoffe, Leder und viele andere. Sie alle werden aus **Rohstoffen** gewonnen, die Deutschland selbst erzeugt oder aus der ganzen Welt einführt und zu hochwertigen und damit teuren Produkten weiterverarbeitet.

Was sind Rohstoffe?

Rohstoffe sind ursprüngliche, völlig unbearbeitete Stoffe, die die Natur liefert. Sie werden für die Herstellung von Produkten umgewandelt und verbraucht. Herstellung, Transport und schließlich Müllbeseitigung der Güter verschlingen zudem große Mengen an Energie.
Pflanzen und Tiere liefern wertvolle, **nachwachsende Rohstoffe**. Baumwolle ist ein wichtiger Rohstoff für die Textilindustrie. Tiere liefern neben Fleisch und Milch auch Felle und Wolle. Tierhäute werden gegerbt und zu Leder verarbeitet. Aus dem Öl der Rapspflanze wird Bio-Diesel erzeugt. Holz ist einer der vielseitigsten nachwachsenden Rohstoffe (siehe M 2).
Bei anderen Rohstoffen, z. B. Erdöl oder Kohle, sind die Vorräte begrenzt, sie wachsen nicht nach. Viele Lagerstätten entstanden vor mehreren Hundert Millionen Jahren. Fachleute sprechen deshalb auch von knappen oder endlichen, **nicht erneuerbaren Rohstoffen**.

M4 **Arbeiter auf einer Ölplattform**

Rohstoffe sind knapp

Oft gehen wir in Europa und in den Industrieländern sorglos mit Rohstoffen um, als hätten wir genug davon. Dies hat uns den Beinamen **Wegwerfgesellschaft** eingebracht. „Wir müssen umdenken", meint ein Umweltexperte. „Im Umgang mit Rohstoffen kann für uns nur gelten: vermeiden, verringern und verwerten."

M5 **Nachhaltige Entwicklung**

Die Nachhaltigkeit ist ein Prinzip, das in der Forstwirtschaft entwickelt wurde. Danach darf von Naturgütern wie Holz nur so viel geschlagen werden, wie nachwachsen kann. Sonst könnten zukünftige Generationen den Wald nicht mehr nutzen. Baumschulen ziehen Setzlinge auf, die auf den geschlagenen Flächen zur Wiederaufforstung gepflanzt werden. Es werden kleinere Flächen als früher abgeholzt, einzelne ältere Bäume bleiben zur Samenbildung stehen.

C. Breithack u. a.: Menschen – Märkte – Räume 1. Berlin, 2004, S. 20

Gedruckt auf säurefreiem Papier aus nachhaltiger Forstwirtschaft

M6 **Logo**

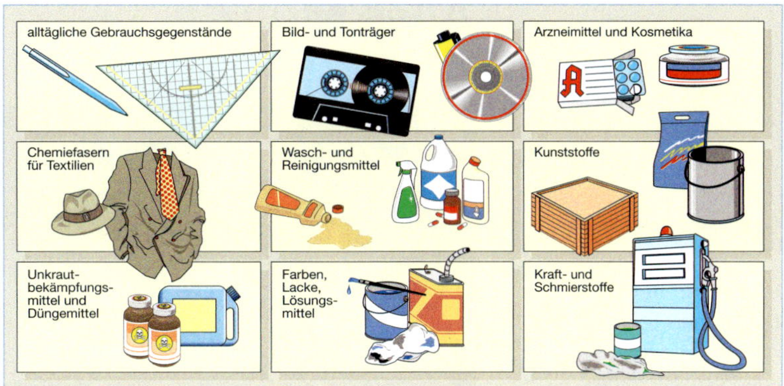

M7 **Die weiterverarbeitende Industrie stellt vielfältige Güter aus Erdölprodukten her**

M8 **„Ich jedenfalls verleih nie wieder was!"** *Zeichnung: Haitzinger*

1 Erkläre die Aussage der Karikatur (M 1). Welchen Zusammenhang siehst du mit der Überschrift dieser Doppelseite?

2 Beschreibe, wie der Rohstoff Holz genutzt wird (M 2).

3 Stelle fest, was eine nachhaltige Forstwirtschaft auszeichnet (M 5, M 8). Nenne weitere Beispiele für einen nachhaltigen Umgang mit Energie und Rohstoffen.

4 Suche M 6 in diesem Buch. Welche Funktion hat das Logo für die Leser (Käufer) und für den Verlag (Verkäufer)?

5 In rund vierzig Jahren werden die Erdölvorräte der Erde verbraucht sein. Wie könnte es ohne weitergehen? Schreibt ein Ideen-karussell (M 4, M 7).

Alles Müll?

Wohin mit dem alten Computer?
Ausrangierte Computer gehören nicht in den Hausmüll, sondern müssen recycelt werden, denn sie enthalten neben Rohstoffen (Metall, Kunststoffe [z. B. Kabel], Bildröhrenglas) auch Umweltgifte. Sie sollten deshalb über die Sperrmüllsammlung, auf dem Recyclinghof ab- oder beim Händler zurückgegeben werden.

M 1 Zur Wiederverwendung gesammelter Kunststoffmüll

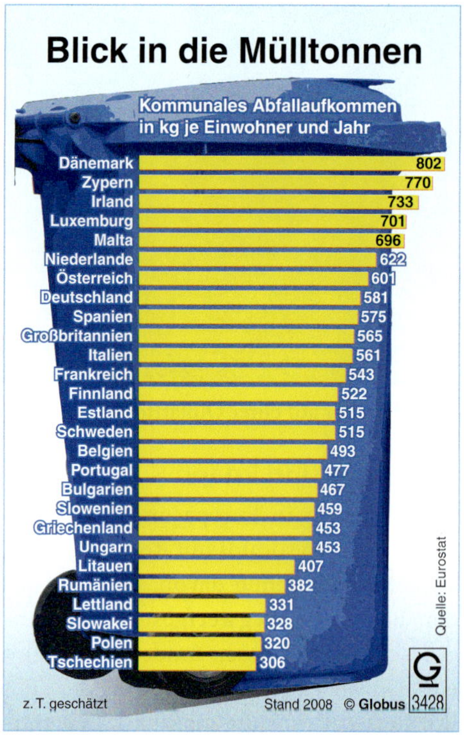

M 3 Müllaufkommen und Recycling im Vergleich

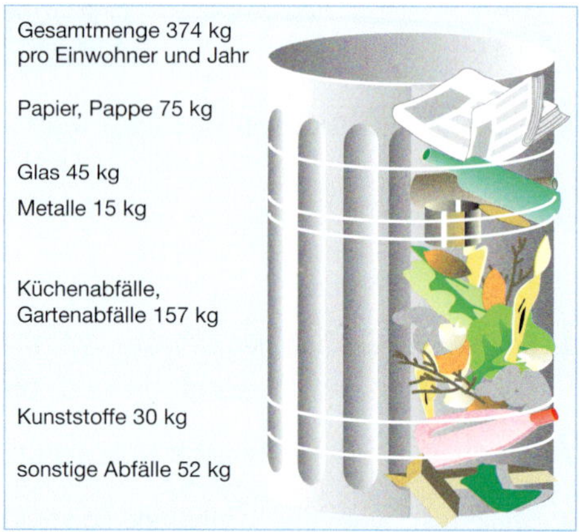

M 2 Zusammensetzung unseres Hausmülls

Abfallberge

Türmt man den Müll, der jährlich in Deutschland produziert wird, übereinander, dann sähe selbst der Watzmann – das ist ein ganz gewaltiger Berg in den Alpen – daneben wie ein Maulwurfshügel aus.

Der stetig wachsende Müllberg ist eine Kehrseite des Konsums. Ein Bewohner Londons, New Yorks oder Düsseldorfs produziert während seines Lebens so viel Abfall wie fünfzig Inder oder Afrikaner.

Was ist Müll?

Müll ist das, was man selbst nicht mehr verwenden kann und was auch sonst niemand mehr haben will. Dazu gehört z. B. Verpackungsmüll. Müll wird in zwei Gruppen eingeteilt: Abfall, der beseitigt werden muss (z. B. Bauschutt, Chemikalien), und Abfall, der verwertet werden kann (z. B. Glasflaschen, Papier).

Wohin mit dem Müll?

Beseitigt wird Müll zum einen durch die Ablagerung auf Deponien (Ablagerungsplätzen), zum anderen durch Ver-

Webcode: PE641789-096

brennung in modernen Müllverbrennungsanlagen. Viele Bestandteile des anfallenden Mülls lassen sich auch zu Kompost verarbeiten. Das sind alle Speisereste, Gartenabfälle und sonstigen natürlichen Stoffe. Abfall, der kompostiert werden kann, wird deshalb gesondert in Bio-Tonnen oder Bio-Säcken gesammelt. Das **Recycling** (die Wiederverwertung oder Wiederverwendung von Abfall) ist in Deutschland die wichtigste Form der Abfallbehandlung. Über die Hälfte des Abfalls wird inzwischen wiederverwertet.

Holz – Papier – Altpapier

Jeder Einwohner in Deutschland verbraucht jedes Jahr 235 Kilogramm Papierprodukte. Mehr als 50 % unseres Papierbedarfs wird heute aus Altpapier gedeckt. Zeitungen, Kartons und Verpackungen werden gesammelt und wiederverwertet. Bei der Aufarbeitung werden die Druckfarben mithilfe von Chemikalien herausgelöst und Folienbeschichtungen, Schmutz sowie Metallteile entfernt. Manchmal werden auch frische Holzfasern beigemischt, um die Papierqualität zu verbessern.

Einweg ist kein Weg!

Fruchtsäfte, Limonaden, Mixgetränke und Mineralwässer werden in verschiedenen Verpackungen angeboten. Die meisten sind in Glasflaschen abgefüllt.
365 Einwegflaschen oder sechs Mehrwegflaschen? Wenn du täglich eine Einwegflasche (0,5 l) aus Glas verbrauchst, so ergibt das eine Altglasmenge von 50 Kilogramm im Jahr. Um diese Menge Glas wieder aufzuarbeiten, braucht man so viel Energie, wie ein Auto für eine Fahrtstrecke von 500 Kilometern benötigt. Für den gleichen Getränkeverbrauch benötigt man nur sechs Mehrwegflaschen.

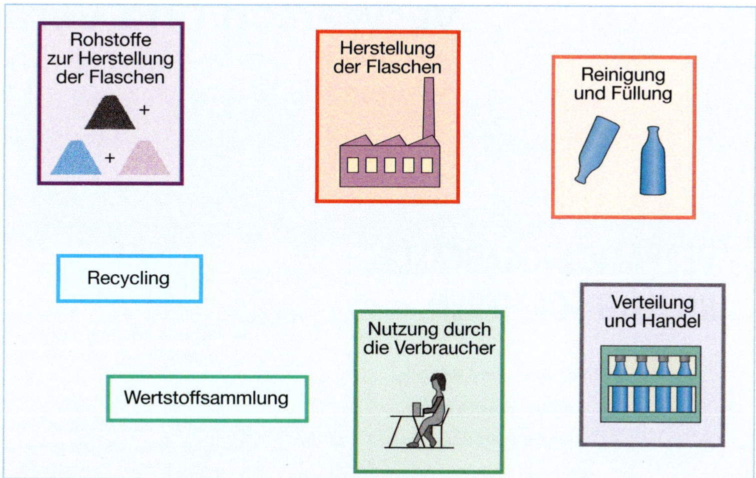

M 4 Welche Wege geht eine Getränkeflasche?

> **Aus Schrott wird Gold**
>
> Die Firma Elektrocycling in Goslar macht aus Schrott Geld. Fast zwei Drittel des Umsatzes von 30 Millionen Euro pro Jahr stammen aus dem Verkauf von Aluminium und Kupfer. Diese Rohstoffe bleiben übrig, nachdem ein Schredder alte Elektrogeräte wie Kaffeemaschinen oder Föhne zu kleinen Körnern zermalmt hat. Ein Windgebläse trennt die Körner. Es wirbelt die Plastikteilchen auf, während die schwereren Metallkörner liegen bleiben. Von Handys bleibt sogar Gold übrig. Die Kontakte in den Mobiltelefonen sind mit dem Edelmetall überzogen.
>
> *Süddeutsche Zeitung vom 21.6.2002*

M 5 Zeitungsartikel

1 Werte die Schaubilder M 2 und M 3 aus und beschreibe, was dir auffällt.

2 Nehmt eine Personenwaage. Packt bündelweise alte Zeitungen, Papier und Verpackungen darauf. Legt die Bündel auf einen Haufen und notiert die Gewichte, bis insgesamt 374 Kilogramm erreicht sind.

3 Beschreibe, wie ihr in der Schule und zu Hause mit Altpapier und Altglas umgeht.

4 a Übertrage die Grafik M 4 in dein Heft. Trage mit roten Linien den Weg einer Einwegflasche ein, mit grünen Linien den Weg einer Mehrwegflasche. Vergleiche und beschreibe das Ergebnis.
b Wie kann durch die Verwendung von Mehrwegflaschen Energie eingespart werden? (M 4, Text)

5 Erkläre den Begriff „Wertstoff" am Beispiel von M 5.

Verwerten und vermeiden

VERPACKUNGSABFÄLLE RICHTIG SORTIEREN

Verpackungen sind Wertstoffe, die wieder verwertet werden sollen. Das spart Geld und schont die Umwelt. Solche Verpackungen sind mit dem Grünen Punkt gekennzeichnet.

GELBE TONNE

Leere Verpackungen mit dem Grünen Punkt aus Kunststoffen, Weißblech, Aluminium und Verbundstoffen gehören in die Gelben Tonnen.

✔ **RICHTIG**: Kunststoffflaschen, -becher und -folien, Milch und Safttüten, Vakuumverpackungen aus Verbundstoffen, Weißblechdosen und -deckel, Menüschalen, Deckel und Folien aus Aluminium

✘ **FALSCH:** Pappe, Papier, Glas, Bioabfälle, Restmüll, Asche, Windeln, Sperrmüll, Sondermüll, Bauabfälle, Altkleider, Elektroschrott

BLAUE TONNE

Pappe und Papier mit und ohne Grünen Punkt gehören in die Blauen Tonnen.

✔ **RICHTIG**: Papiertüten, Pappschachteln, Zeitungen Zeitschriften, Werbeprospekte

✘ **FALSCH:** Tapetenreste, verschmutztes Papier (Hygienepapier, Menü-Pappen), beschichtetes Papier (Wachs- und Fotopapier, grafisches Papier), Blaupapier

WEISSGLAS-TONNE

Farbloses Behälterglas mit dem Grünen Punkt gehört in die Weißglas-Tonnen.

✔ **RICHTIG**: Konservengläser, Flaschen aus farblosem Glas

✘ **FALSCH:** Farbiges Glas, Glühlampen, Bleikristall, Labor-, Fenster-, Spiegelglas, Keramik, Cerankochfelder

GRÜN-/BRAUNGLAS-TONNEN

Farbiges Behälterglas mit dem Grünen Punkt gehört in die Grün-/Braunglastonnen.

✔ **RICHTIG**: Flaschen und Gläser aus farbigem Glas

Grün- und Braunglas werden an öffentlichen Standorten getrennt gesammelt. Hier gehört eine blaue Flasche zum Grünglas. Auf Müllplätzen gibt es für farbiges Glas oft nur eine Tonne.

✘ **FALSCH:** Farbloses Glas, Glühlampen, Bleikristall, Labor-, Fenster-, Spiegelglas, Keramik, Cerankochfelder

M 1 Verpackungsabfälle richtig sortieren. Infoblatt der Berliner Stadtreinigung

1. **Aus welchem Material bestehen Getränkekartons?**
   ❐ Pappe ❐ Pappe und Glas
   ❐ Pappe, Kunststoff und Aluminiumfolie ❐ Pappe und Kork
2. **Welcher der folgenden Gegenstände gehört in die Tonne für weißes Glas?**
   ❐ Porzellanteller ❐ Spiegelglas
   ❐ Fensterscheibe ❐ leeres Marmeladenglas
3. **Verpackungen für die Gelbe Tonne muss man vorher …**
   ❐ abwaschen ❐ entleeren ❐ auskochen ❐ auswiegen
4. **Dein Zimmer soll renoviert werden. Wohin mit der alten Tapete?**
   ❐ in die Papiertonne ❐ in die Gelbe Tonne
   ❐ in die Hausmülltonne ❐ in die Biotonne

M 2 Müllquiz

Wiederverwerten ist gut

Seit 1992 gibt es den **„Grünen Punkt"**. Um die Verpackungsflut in den Griff zu bekommen, haben Politiker die Verpackungsordnung erlassen, die Industrie und Handel dazu verpflichtet, Verkaufsverpackungen zurückzunehmen und der Verwertung zuzuführen. Zu diesem Zweck wurde das **Duale System** gegründet, eine Dachorganisation, die mit Entsorgungsunternehmen zusammenarbeitet. Diese Firmen stellen Glas- und Papiercontainer sowie Wertstofftonnen auf, sammeln die Verpackungen, Papier und Wertstoffe ein und verwerten sie. Finanziert wird das Duale System durch Gebühren, die Handel und Wirtschaft für den Grünen Punkt bezahlen. „Dual“ heißt das System, weil es ein zweites System zur Abfallentsorgung darstellt. Die Restmüllentsorgung für andere Abfälle auf Deponien und durch Müllverbrennungsanlagen wird nach wie vor durch die Gemeinden und Kreise erledigt.

Müll vermeiden ist besser

Wer schon beim Einkauf nachdenkt, kann in erheblichem Maße Müll vermeiden und die Umweltbelastung durch Müll verringern. Nicht nur Getränke, auch Milchprodukte wie Joghurt, Kefir, Sahne und Quark werden in Pfandgläsern angeboten. Einige Geschäfte sind zu einem Zapf-System übergegangen. Wasch und Reinigungsmittel sowie Haarshampoos werden in Großkanistern zum Selbsttanken angeboten. Wer einen Taschenrechner kauft, kann einen Solarrechner erwerben. Das spart Batterien, und wenn schon Batterien benötigt werden, dann sollten es Akku-Batterien sein. Umweltfreundlich sind Schulhefte aus Altpapier, Textmarker ohne Lösungsmittel usw.

Recycling mit dem „Grünen Punkt“?

Der grüne Punkt auf nahezu jeder Einwegverpackung (z. B. Getränkedosen) verspricht, dass die Verpackung recycelt wird. Das hört sich recht umweltfreundlich an, ist es aber häufig leider nicht.
Denn zum einen ist schon die Herstellung mit sehr hohem Energieaufwand verbunden und zum anderen landen viele Verpackungen trotz grünem Punkt auf Mülldeponien oder in der Müllverbrennung.
Außerdem ist das versprochene Recycling oft kein wirkliches Recycling. Denn Recycling bedeutet Kreislauf. So müsste zum Beispiel aus einer Getränkedose wieder eine Getränkedose entstehen. Aber genau das passiert nicht: Es kommt immer nur ein minderwertigeres Produkt (z. B. Draht oder Baustahl) heraus – es wird also „downgecycelt“ (down heißt herunter). Nimmt man dagegen eine Pfandflasche, dann sieht die Sache schon ganz anders aus.

Greenpeace e. V. (Hrsg): Alles Müll? TAT-ORT SCHULE. Hamburg, 2002, S. 6

M3 Artikel aus einer Greenpeace-Broschüre

M4 Pappsatt

M5 Umweltlogos

1. Bearbeite das Müllquiz (M 2). Tipps für die Lösungen bietet M 1.
2. Erkläre den Begriff „Duales System“. (Text).
3. Erläutere an weiteren Beispielen den Begriff „downcyceln“ (M 3).
4. Zeige auf, warum in M 3 „Recycling“ nur als eine zweitbeste Lösung bewertet wird.
5. Nenne Möglichkeiten, wie du Abfall vermeiden kannst (Text/M 4).
6. Informiere dich, wie in deiner Gemeinde die Müllentsorgung funktioniert.

Umweltschutz und Sparen – ein Widerspruch?

M 1 Ergebnis aus einem Drucker-Test der Stiftung Warentest

Tintenstrahldrucker: billig = teuer?

Ein moderner Tintenstrahldrucker kostet oft unter 60 Euro. Ein Schnäppchen, könnte man meinen. Doch die Hersteller verdienen nicht am Drucker selbst, sondern an den Tintenpatronen. Sind Schwarz- und Farbpatrone dann zum ersten Mal leer, erlebt man eine teure Überraschung: Die Patronen sind teurer als der Drucker selbst. Der von einigen Verbrauchern angewandte Trick, sich bei leeren Patronen einfach den nächsten Drucker zu kaufen, ist sicherlich nicht umweltfreundlich. Doch es gibt auch andere Möglichkeiten zu sparen. Die Druckkosten für ein DIN-A4-Farbfoto liegen nach Stiftung Warentest je nach Druckermodell zwischen 0,35 Euro und 5,80 Euro. Wie sind diese riesigen Unterschiede zu erklären? Die Drucker bestimmter Hersteller sind zwar teurer, bieten dafür aber für jede Farbe einen eigenen Tank. Nur der jeweils leere Tintentank und nicht die gesamte Farbpatrone mit Druckkopf muss ausgetauscht werden. Dies bedeutet nicht nur weniger Müll, sondern auch deutlich geringere Kosten. Bereits nach wenigen Ausdrucken ist dadurch der Drucker mit den höheren Anschaffungskosten im Gesamtpreis – Kaufpreis und Tinte – günstiger.

Webcode: PE641789-100

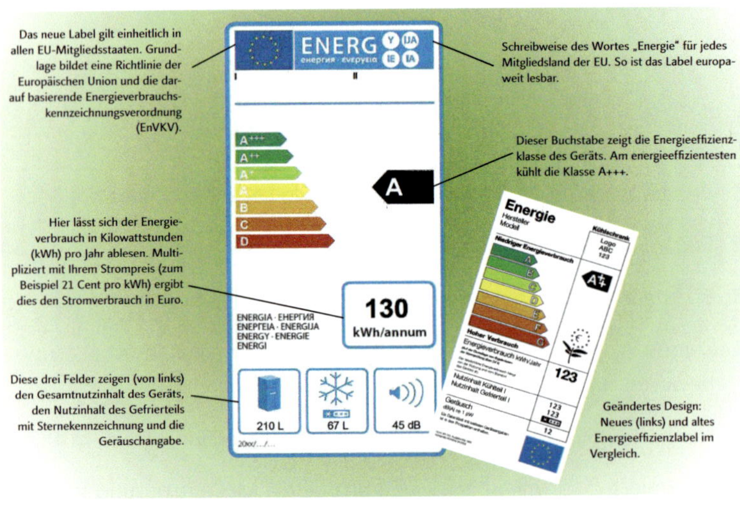

M 2 Neues EU-Energielabel (Bsp. Kühlschrank)

Das EU-Energielabel

Seit 1998 müssen verschiedene Elektrohaushaltsgroßgeräte mit dem EU-Label gekennzeichnet werden (siehe M 2).

Grundlage dieses Labels sind Richtlinien der Europäischen Union, die hierdurch den Verkauf und die Entwicklung von besonders sparsamen Haushaltsgeräten fördern will. Auf dem europaweit einheitlichen Etikett finden sich in der jeweiligen Landessprache in kompakter Form die wichtigsten technischen Daten für jedes Gerät – u. a. Daten zum Strom- und Wasserverbrauch. Das auffälligste und wichtigste Merkmal dieses Labels ist die Angabe der Energieeffizienz der Geräte in farbiger Pfeilform.

Weil die Hersteller seit 1998 große Einsparungen beim Energieverbrauch erreicht haben, wurde 2004 die beste Energieeffizi-

BERECHNUNG LEICHT GEMACHT - KÜHLGERÄTE 2

Bitte füllen Sie mindestens alle Felder für das Gerät A aus.

KÜHLGERÄT A

Kaufpreis (in Euro)	999
Energieverbrauch pro Jahr (in kWh)	194
Kosten für Energie pro kWh (in Euro)	0.17
Nutzungsdauer des Kühlgerätes (in Jahren)	15

BERECHNEN

KÜHLGERÄT B

Kaufpreis (in Euro)	666
Energieverbrauch pro Jahr (in kWh)	416

BERECHNEN & VERGLEICHEN

BERECHNUNG LEICHT GEMACHT - KÜHLGERÄTE 2

Beim Kauf von Modell A entstehen Ihnen Mehrkosten in Höhe von ... 333 Euro

Beim Betrieb des Kühlschranks B benötigen Sie während der geschätzten Nutzungszeit gegenüber dem Gerät A Mehrkosten für Energie in Höhe von ... 425 Euro

Für Kauf und Nutzung des Gerätes B entstehen Ihnen im Laufe der Nutzungszeit Mehrkosten in Höhe von ... 92 Euro

	A	B
Kaufpreis (in Euro)	999	666
Kosten		
Energieverbrauch pro Jahr (in kWh)	194	416
Kosten für Energie pro kWh (in Euro)	0.17	0.17
Verbrauchskosten pro Jahr (in Euro)	24.74	53.04
Nutzungsdauer des Kühlschranks (in Jahren)	15	15
Verbrauchskosten über die Nutzungsdauer (in Euro)	371.03	795.6

M3 Langzeitkosten im Vergleich
Modell A: AEG Santo 3253-8 KG (Energieeffizienzklasse A++, 283 Liter Nutzinhalt), Modell B: Liebherr KGK 2833 (Energieeffizienzklasse B, 245 Liter Nutzinhalt) mit www.eu-label.de *(Stand: 4. 4. 2008)*

enzklasse A weiter in A, A+ und A++ unterteilt. Ein Gerät mit A++ verbraucht etwa 45 % weniger Energie als ein Gerät mit der Energieeffizienzklasse A. 2011 wurde deswegen auch ein neues Energielabel eingeführt. Unter www.eu-label.de können Geräte leicht verglichen werden. M 3 zeigt ein Berechnungsbeispiel für zwei Kühlschränke mit unterschiedlicher Energieeffizienz.

M5 Tipps zum Thema Energiesparen

Stand-by?

Den bequemsten Weg, ein elektronisches Gerät abzustellen, bietet oft der Stand-by-Modus. Doch auch dann wird Energie verbraucht, ohne dass man es merkt – bevor die Rechnung kommt. Allein der Stand-by-Betrieb von Computern und Druckern, Fernsehern, Musikanlagen etc. kostet einen normalen Haushalt ca. 100 Euro im Jahr.

nach: http://www.stromeffizienz.de/service-beratung/downloads/stand-by.html (Stand: 4. 4. 2008)

M4 Jugendzimmer unter Strom

1 Der Epson EC-01 aus M 1 kostet 350 Euro, der Lexmark Z2320 dagegen nur 40 Euro. Ab wie vielen Fotoseiten lohnt sich die Anschaffung des teureren Druckers (Preise aus test 3/2009)? (M 1)

2 Welche Vorteile bietet das EU-Energielabel für den Verbraucher (M 2)?

3 Durch das EU-Energielabel wird auch Druck auf die Industrie ausgeübt, verstärkt energiesparende Geräte zu entwickeln. Erkläre.

4 Werte M 3 aus. Erkläre: „Manches in der Anschaffung günstige Gerät entpuppt sich langfristig als teure Energieschleuder."

5 Warum ist Energiesparen sinnvoll? Auf welche Möglichkeiten des bewussten Umgangs mit Energie weisen M 4 und M 5 hin? Welche weiteren Möglichkeiten kennst du?

Die Erde kommt ins Schwitzen – der Treibhauseffekt

M 1 **Eine schwere Dürre machte 2005 dem Amazonas (⊛ F6) zu schaffen. Flussbecken trockneten aus, der Wasserpegel in den Seen sank so weit, dass Fische verendeten. Für Wetterexperten ist der Klimawandel der Grund für die Probleme.**

Dorf im Pazifik wegen Erderwärmung verlegt

Die erste klimabedingte Umsiedlung hat auf einer Pazifikinsel der Inselkette Vanuatu (⊛ **S6**) stattgefunden, berichtet das UN-Umweltprogramm (UNEP). Das 100-Einwohner-Dorf Lateu sei 600 Meter von der Küste weg und 15 Meter höher verlegt worden, weil durch den steigenden Meeresspiegel die Küste jedes Jahr um zwei bis drei Meter wegbricht.
UNEP-Chef Klaus Töpfer sagte: „Die steigenden Meeresspiegel sind die ersten Zeichen für die großen Veränderungen, die schließlich jeden berühren werden.“ Die Umsiedlung sollte „ein klares Signal sein, dass wir uns beeilen müssen, wenn wir die Klimakatastrophe noch verhindern wollen“, sagte Töpfer.

Der Tagesspiegel, 8.12.2005

M 2 Zeitungsartikel

M 3 Globale Erwärmung

Misst man auf unserer Erde (unserem Globus) mit ganz vielen Thermometern an vielen Orten pausenlos die Temperatur, kommt man im Durchschnitt ungefähr auf 15 Grad. Diese Messungen finden seit vielen Jahren statt. Dabei haben die Wissenschaftlerinnen und Wissenschaftler festgestellt, dass die Oberfläche der Erde sich langsam, aber sicher erwärmt. Bis zum Jahre 2100 sagt man eine weitere durchschnittliche Erwärmung von mindestens 1,4 bis maximal 5,8 Grad voraus.
Diese unnatürliche Erwärmung wird nach Meinung der meisten Fachleute von Menschen verursacht: Von Autos, Heizungen und Kraftwerken werden immer mehr Schadstoffe in die Luft gepustet. Diese Schadstoffe (vor allem Kohlendioxid – CO_2) entstehen durch die Verbrennung von Benzin, Öl, Gas und anderen Stoffen. So verschlimmert sich der so genannte Treibhauseffekt. Denn wie das Glas in einem Treibhaus verhindern Gase in hohen Luftschichten, dass zu viel Wärme von der Erde in den eiskalten Weltraum abgestrahlt wird.
Eigentlich ist es für uns auf der Erde wichtig, dass nicht alle Wärme in den Weltraum entweicht, denn sonst wäre die Temperatur auf der Erde ständig minus 33 Grad. Aber: Etwas Wärme muss abstrahlen können, damit hier die Temperatur für die Menschen erträglich ist. Weil aber die Treibhausgase durch die Schadstoffe immer undurchlässiger geworden sind, kann nicht genug Wärme abstrahlen und deshalb wird es auf der Erde immer wärmer. Computer haben die katastrophalen Folgen dieser Veränderung ausgerechnet. Die

Webcode: PE641789-102

M4 **Der natürliche Energiekreislauf (links) und der Treibhauseffekt (rechts)**

Gletscher werden schmelzen, auch die eisigen Polkappen der Erde. Das wird zu einem Anstieg des Meeresspiegels um einen Meter führen, und weite Küstengebiete in der Welt werden überschwemmt. Es wird zu starken Klimaveränderungen kommen, die schwere Auswirkungen auf die Gesundheit der Menschen und die Landwirtschaft haben.

www.hanisauland.de/lexikon (Stichwort: Globale Erwärmung, Abruf: 4. 4. 2008)

M5 **Die Zukunft des Kölner Doms?**

M6 **Die Menschen denken um**

1 Betrachte die Abbildung M 1, lies den Text M 2 und stelle zwischen beiden Materialien einen Bezug her.

2 Warum verenden die Fische am Amazonas?
Weshalb müssen die Bewohner einer Pazifikinsel umgesiedelt werden?
Erstellt in Gruppen ein Lernplakat, das diese Fragen beantwortet. Klärt dazu folgende Begriffe: Wetter, Klima, Kohlendioxid, Treibhauseffekt, Klimaveränderung. Hinweise geben euch die Materialien M 3 und M 4.

3 Erkläre die Aussage der Karikatur M 6.

Was tun?

M 1 Proteste mit Fantasie. Luftaufnahme von Inuit in der Arktis, die mit einer Menschenkette im ewigen Eis eine Warnung vor dem Klimawandel inszenierten. Zeitgleich fand in Montreal die Weltklimakonferenz 2005 statt.

Verursacher	Eingesetzte Energieträger	Beispiele für Energiewandler, die CO_2 freisetzen
Verkehr	Diesel, Benzin, Flugtreibstoffe	Dieselmotor, Ottomotor, Flugzeugturbine 19 %
Haushalt, Kleinverbraucher	Heizöl, Erdgas, feste Brennstoffe	Raumheizungsanlage, Herd 19 %
Industrie	Heizöl, Erdgas, feste Brennstoffe	Industriefeuerung, Anlage zur Gewinnung von Prozesswärme 21 %
Kraftwerk, Heizkraftwerk	Stein- und Braunkohle	Kohlekraftwerk 41 %

M 3 CO_2-Verursacher in Deutschland (2006)

Weltweite Vereinbarungen

Wetter und Klima sind zunehmend unberechenbar, dabei greift kaum etwas tiefer in das Leben so vieler Menschen ein. Millionen leiden schon jetzt unter Dürre, Temperaturextremen, Stürmen und Überschwemmungen.

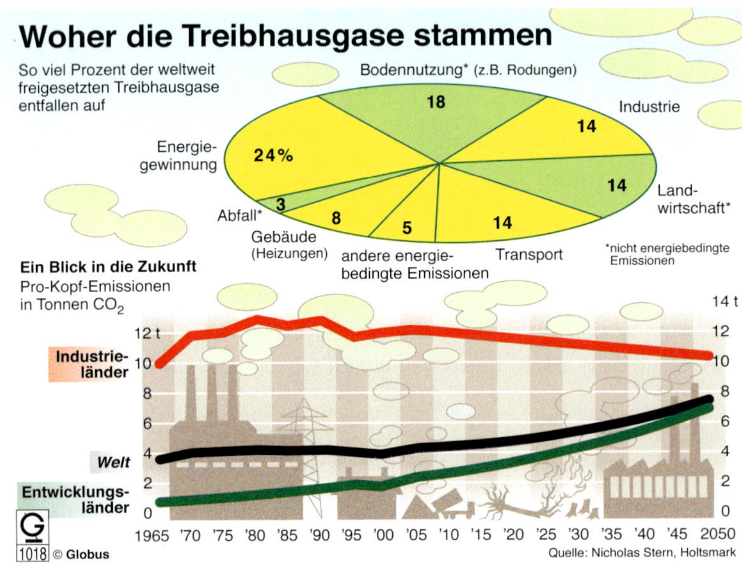

M 2 Treibhausgase – Industrie- und Entwicklungsländer im Vergleich

Der durch Wetterkatastrophen angerichtete Schaden belief sich 2008 weltweit bereits auf rund 200 Milliarden US-Dollar. Und für die Zukunft werden noch schlimmere Entwicklungen vorhergesagt. Um die globale Erwärmung aufzuhalten, muss der Ausstoß von Kohlendioxid deutlich gesenkt werden. Es gibt darum international Bemühungen, sich bei Weltklimakonferenzen darauf zu einigen, weniger Schadstoffe in die Luft gelangen zu lassen. Das ist jedoch nicht einfach, weil sich bedeutende CO_2-Produzenten wie z. B. die USA und China bisher nicht auf feste Ziele verpflichten lassen wollen.

Der Klimawandel ist ungerecht

Die Hauptverursacher des Klimawandels sind gegenwärtig und waren in der Vergangenheit die Industriestaaten in den gemäßigten Klimazonen. So wird zum Beispiel in den USA pro Kopf 20-mal mehr CO_2 erzeugt als in einigen Ländern in Afrika. Die Folgen tragen jedoch alle, und gerade die ärmsten Länder in den weniger gemäßigten Klimazonen (z. B. Tropen) treffen diese Veränderungen hart,

weil sie sich Schutzmaßnahmen nicht leisten können. Außerdem sind diese Länder auch viel direkter von selbst erzeugten Nahrungsmitteln abhängig. Ernteausfälle durch Dürre oder Überschwemmungen können sie nur schlecht ausgleichen, so kann es zu Hungersnöten kommen.
Andererseits holen Entwicklungs- und Schwellenländer in ihrem Energieverbrauch und damit der CO_2-Produktion teilweise rasant auf und tragen heute und zukünftig nicht unwesentlich zum Klimawandel bei. Es gibt deshalb viel Streit darum, wer wieviel CO_2 ausstoßen darf bzw. verringern muss und wer die Kosten für den Klimawandel tragen soll.

„Was kann ich als Einzelner schon ändern?"

Jeder Mensch erzeugt direkt oder indirekt CO_2: durch den Einsatz von Energie, die er für Geräte und Maschinen nutzt, durch Teilnahme am Verkehr, durch die Herstellung und Verwendung von Nahrungsmitteln und Konsumgütern mit den dazugehörigen Verpackungen. Jeder kann also seine persönliche CO_2-Bilanz beeinflussen.

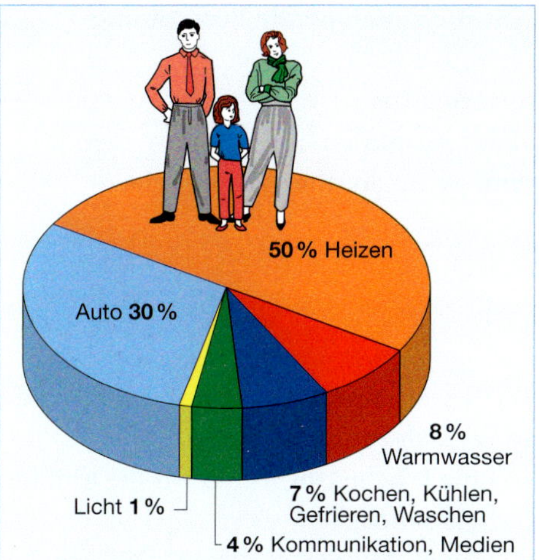

M4 Durchschnittliche Energieverwendung in den privaten Haushalten in Deutschland (2007)

Checkliste für den Haushalt	
· Zimmertemperatur begrenzen (Flur und Schlafzimmer 18 °C, Wohnräume 20 °C, Badezimmer 21 °C)	❑
· in Abständen kurz, aber kräftig lüften	❑
· unnötige Beleuchtung ausschalten	❑
· besonders für Dauerbeleuchtung Energiesparlampen benutzen	❑
· Stand-by-Schaltungen für Elektrogeräte mit Fernbedienung (z. B. TV, Stereoanlage) stets ausschalten	❑
· Kühlschrank stets geschlossen halten, keine warmen Lebensmittel hineinstellen	❑
· beim Kochen kleinstmögliche Topfgröße auf passender Herdplatte nutzen, Wassermengen begrenzen	❑
· kleine Speisemengen in der Mikrowelle wärmen	❑
· beim Backen Vorheizzeiten abkürzen	❑
· nur volle Waschmaschinen oder Geschirrspüler einschalten, Spartasten benutzen	❑
· duschen statt baden	❑
· Warmwasserspeichergeräte bei mehrtägiger Abwesenheit ausschalten	❑

M5 Energiesparprogramm für den Haushalt

Sanfte Energiegewinnung als Alternative?

Unter sanfter Energiegewinnung versteht man Techniken, die auf erneuerbaren Energiequellen wie z. B. Sonne, Wind oder Wasserkraft beruhen und die Umwelt weniger belasten. Wie viel Energie sie liefern können, ist umstritten. Und auch bei diesen Formen der Energiegewinnung können sich Umweltprobleme ergeben.

1 Nenne Möglichkeiten und Probleme, die mit weltweiten Verträgen zum Klimaschutz verbunden sind (Text). Berücksichtige dabei insbesondere das Schaubild M2.

2 Wie kann jeder von uns zum Klimaschutz beitragen (M3–M5)? Informiert euch über Energiespartipps (Verbraucherzentralen, Rathaus, Greenpeace, Energieversorger).

3 Nenne Vorteile und Nachteile, die mit Windkraftanlagen verbunden sind. (Text)

KOMPETENZ-Trainer

Umweltschutz geht alle an

A Cola, Limo und Saft trinke ich 1 fast immer aus Mehrwegflaschen oder Kartons. 2 meistens aus Plastik-Wegwerfflaschen und Kartons. 3 fast nur aus der Dose.	**G Recycling** 1 ist eine neue Sportart. 2 ist die Wiederverwertung von Abfällen. 3 bedeutet die Verlängerung einer Monatskarte.
B Nicht genutzte Geräte schalte ich ganz aus und nicht Stand-by. 1 Immer, ist doch klar. 2 Wenn ich dran denke und die Zeit dafür habe. 3 Hä? Wozu soll Stand-by sonst gut sein?	**H Wie viel länger leuchtet eine Energielampe im Vergleich zu einer Glühbirne?** 1 8-mal so lange 2 gleich lange 3 1000-mal so lange
C Meinen MP3-Player 1 betreibe ich mit wiederaufladbaren Akkus oder Netzteil. 2 mit hochwertigen Batterien, die lange halten. 3 mit Billig-Batterien. Muss ich nur öfter wechseln.	**I CO_2 ist die Abkürzung für** 1 zwei cellophanverpackte Ostereier. 2 Kohlendioxid. 3 Cola im Doppelpack.
D Unterwegs bin ich 1 meistens sportlich mit Fahrrad, Kickboard, Inlinern, Skateboard und, wenn's regnet, mit Bus oder Bahn. 2 oft mit dem Auto, aber auch mit Bus und Bahn. 3 ausschließlich mit dem Auto.	**J Rohstoffe sind kostbar, deshalb muss man** 1 sie billiger machen. 2 sie möglichst schnell verbrauchen. 3 sorgfältig mit ihnen umgehen.
E Zu Hause ist Mülltrennung 1 längst Routine. 2 eigentlich üblich, wird aber in der Eile oft vergessen. 3 unbekannt. Ich werfe alles in die Restmülltonne.	**K Wozu brauchen wir eine nachhaltige Entwicklung?** 1 zur Herstellung haltbarer Fotos 2 zur Sicherung unserer Zukunft 3 für tolle Farbdrucke aus dem Computer
F Eine umweltfreundliche Getränkeverpackung ist 1 eine grüne Dose. 2 ein Sack aus grünem Plastik. 3 eine Mehrwegflasche.	**L Was verursacht die zunehmende Erwärmung der Erde?** 1 das Eis aus der Antarktis 2 Kohlendioxid aus Auspuffen und Schornsteinen 3 die Sonne, wenn sie im Sommer richtig scheint

M 1 Lifestyle-Check und Umweltquiz

M 2 Projekt: Weniger Müll an unserer Schule

Wir beschließen, in unserer Klasse weniger Müll zu produzieren.
Um zu erkennen, welche Einsparmöglichkeiten es gibt, untersuchen wir unseren Klassenmüll.

Wir wollen feststellen, wie viel anfällt und wie er sich zusammensetzt.

- Eine Woche lang leeren wir die Müllbehälter nicht.
- Einige Mutige sortieren den Haufen auseinander.

M 3 *Karikatur: Plaßmann*

M 4 Was übrig bleibt

Schrott-Export – Entwicklungsländer kriegen giftigen Elektromüll

Computer sind etwas Wunderbares, sie verbinden uns mit der ganzen Welt, auch am Ende ihres Lebens, allerdings anders als gedacht. Denn rund hundert Millionen Computer werden jedes Jahr ausgemustert, landen wie all der andere Elektroschrott unserer Gesellschaft auf dem Müll. Und allzu oft eben nicht sorgfältig recycelt, sondern irgendwo in der Dritten Welt, wo Menschen durch die hochgiftigen Stoffe zu Schaden kommen.
Recyclingunternehmen zerlegen und sortieren Computer gegen Geld. Ihre Arbeit ist gesetzlich streng geregelt, denn viele Bestandteile sind hochgiftig. Asbest, Quecksilber, Blei. Besonders verseuchte Geräte müssen auch besonders aufwändig recycelt werden. Und das kostet. Doch es geht auch einfacher. Weg mit dem Giftmüll in die Dritte Welt – z. B. Afrika. Allein in Nigerias (**K5**) Hauptstadt Lagos landen jeden Monat etwa 500 Container mit Computern und Monitoren. Hier sind die Gesetze weniger streng und Arbeitskräfte billig. Schutzkleidung, Filter und Umweltschutz sind weitgehend unbekannt. Viele Computer werden achtlos verbrannt und vergiften vor allem die Kinder, aber auch Ziegen und Hühner, die der Bevölkerung als Nahrung dienen. Ein schmutziges Geschäft. Dabei ist die Ausfuhr von Elektromüll ausdrücklich verboten. Nur der Handel mit funktionsfähigen Geräten ist legal. Aber die Grenze zwischen erlaubter Handelsware und verbotenem Schrott ist in der Praxis schwer zu ziehen. Das nutzen skrupellose Händler aus. Der Recycler kassiert Geld für die Annahme der Geräte und spart sich die Entsorgung. Der weite Weg nach Afrika tut dem Geschäft keinen Abbruch.

Nach: www.zdf.de, frontal 21, Sendung vom 17.1.2006, von Peter Moers und Frank Papenbrook

M 5 Auszug aus einer Fernsehsendung

Für vier Euro am Tag recycelt diese Chinesin Computer-Platinen aus Europa. Sie „kocht“, wie es heißt, die Platinen in einer Zinnsuppe. Die giftigen Dämpfe werden ihre Lunge zerfressen – am Ende der Müllkette.

M 6 Am Ende der Müllkette

Sachwissen und Analysekompetenz

1 Bearbeite M 1. Besprecht eure Lösungen in der Klasse.

Methoden- und Urteilskompetenz

2 **a** Erläutere die Aussage der Karikatur M 3.
b Diskutiert in der Klasse, ob M 4 mit der Karikatur in Verbindung gebracht werden kann.

Urteils- und Handlungskompetenz

3 Nimm Stellung zu M 5 und M 6.

6 Mit Fremden leben

Kim Jatho, 10 Jahre, 1. Preisträgerin Altersklasse 6–10

Alexander Bäsecke, 9 Jahre, 1. Preisträger Altersklasse 6–10

M 1 Beiträge von Kindern und Jugendlichen beim Karikaturenwettbewerb „Anders – na und?“. (Studienkreis/www.nachhilfe.de)

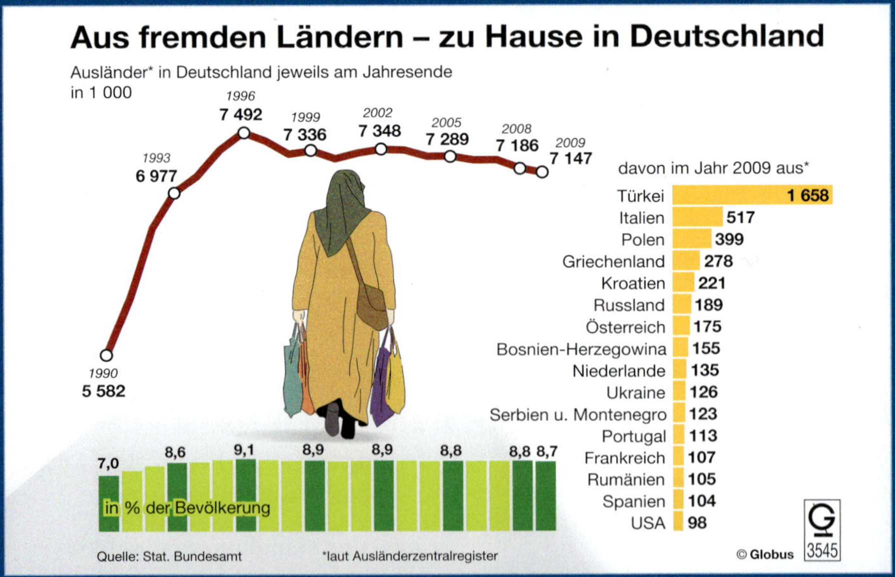

M 2 Ausländische Bevölkerung in Deutschland 2009

Am Ende dieses Kapitels kannst du

- an Beispielen zeigen, was eine/deine Kultur ist.
- den Begriff „Migration" erklären und verschiedene Migrationsgruppen unterscheiden.
- über den Migrationshintergrund der hessischen Bevölkerung sowie deines Wohnortes berichten.
- Vorteile aber auch Probleme beim Zusammenleben von Menschen aus verschiedenen Kulturen benennen. Für Probleme kannst du unterschiedliche Lösungsansätze nennen und beurteilen.
- verschiedene Gründe nennen, warum Menschen ihre Heimat verlassen und in unser Land kommen. Außerdem kannst du über ihre Lebenssituationen berichten.

o. A.

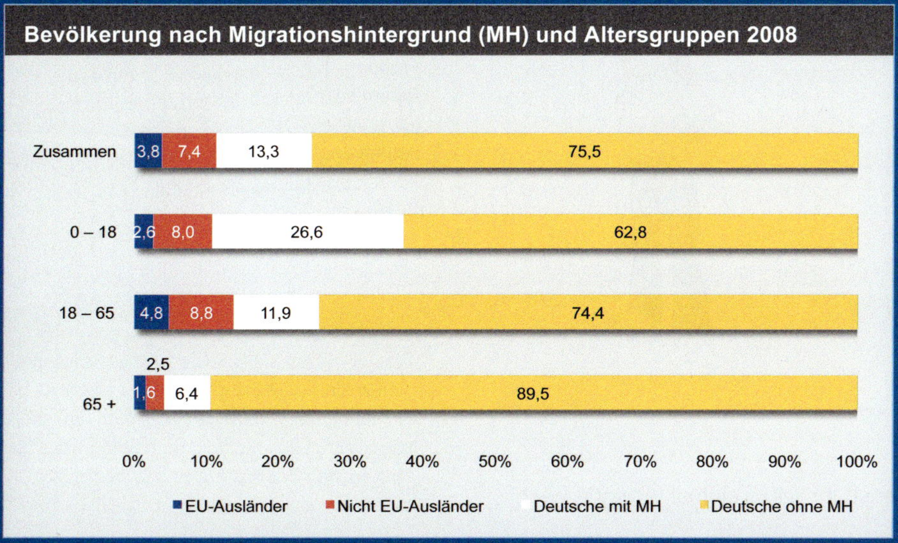

M3 Zusammensetzung der hessischen Bevölkerung nach Migrationshintergrund bzw. Staatsangehörigkeit *(aus: Integration nach Maß – Der Hessische Integrationsmonitor 2010, Hrsg. Hessisches Ministerium der Justiz, für Integration und Europa, S. 25)*

1 Stellt Vermutungen dazu an, welche Gedanken die Kinder und Jugendlichen in M 1 ausdrücken wollten.

2 Erarbeitet in Kleingruppen selbst Ideen für eine Zeichnung zum Thema „Anders – na und?".

3 Wertet M 2 und M 3 aus (Schaubilder auswerten).

4 Überlegt, welche Fragen mit M 2 und M 3 beantwortet werden können und welche nicht.

Was heißt hier fremd?

M 1

M 2 In einem Eisenbahnabteil

A Nun öffnen zwei weitere Passagiere die Tür des Abteils. (...)

B Zwei Passagiere sitzen in einem Eisenbahnabteil. Wir wissen nichts über ihre Vorgeschichte, ihre Herkunft oder ihr Ziel. Sie haben sich häuslich eingerichtet, Tischchen, Kleiderhaken, Gepäckablagen in Beschlag genommen. Auf den freien Sitzen liegen Zeitungen, Mäntel, Handtaschen herum.

C Dabei verhalten sich die ursprünglichen Fahrgäste, auch wenn sie einander gar nicht kennen, eigentümlich solidarisch. Sie treten den neu Hinzugekommenen gegenüber als Gruppe auf. Es ist ihr Raum, der von den Neuen besetzt wird. Jeden, der neu zusteigt, betrachten sie als Eindringling. Ihr Selbstverständnis ist das von Eingeborenen, die den ganzen Raum für sich in Anspruch nehmen.

D Die Tür öffnet sich und zwei neue Reisende treten ein. Ihre Ankunft wird nicht begrüßt. Ein deutlicher Widerwille macht sich bemerkbar, zusammenzurücken, die freien Plätze zu räumen, den Stauraum über den Sitzen zu teilen.

Nach: Hans-Magnus Enzensberger, Die große Wanderung – 33 Markierungen, Frankfurt am Main, 1994, S. 88

1 Berichtet über Situationen, in denen ihr selbst einmal „fremd" wart.

2 a Beschreibe das Verhalten der Personen in M 1.
  b Wer ist die Fremde/sind die Fremden in der Abbildung? Begründe.

3 Die kurze Geschichte in M 2 ist durcheinandergeraten.
  a Bringt die Geschichte in die richtige Reihenfolge.
  b Die Geschichte ist noch nicht zu Ende. Schreibt sie weiter. Vergleicht schließlich eure Enden miteinander.

4 Überlegt, wie die Situation in M 1 gelöst werden könnte. Macht Vorschläge.

5 Schreibt eine kurze Erläuterung zu dem Begriff „fremd" in euer Heft.

Was ist deine Kultur?

Nicht nur Menschen, sondern auch Kulturen können uns „fremd" sein. Oft wird dies jedoch als eine reizvolle Tatsache gesehen. Bestimmt kennt ihr auch Werbeanzeigen für Reisen, die mit „interessanten Landschaften und fremden Kulturen" werben. Doch was ist eigentlich eine Kultur? Um diese Frage zu beantworten, ist es am besten, sich über seine eigene Kultur klar zu werden.

Seine Kultur vorstellen

Kultur hat viele Seiten: Eine Schulklasse wollte Partnerschülern in Frankreich etwas über ihre Kultur mitteilen. Sie entschied sich, eine kleine Ausstellung über Feste und Bräuche in der Region ihrer Schule zu machen.
Auf den Bildern (M 1 und M 3) siehst du zwei Beispiele aus dieser Ausstellung. Am Schulort gibt es jedes Jahr einen schönen Weihnachtsmarkt. Außerdem ist das Scheibenschlagen eine regionale Besonderheit: Einmal im Jahr werden glühende Holzscheiben in den Nachthimmel geschleudert, um den Winter zu vertreiben.

M 1 **Aus einer Ausstellung über Feste und Bräuche einer Schulklasse**

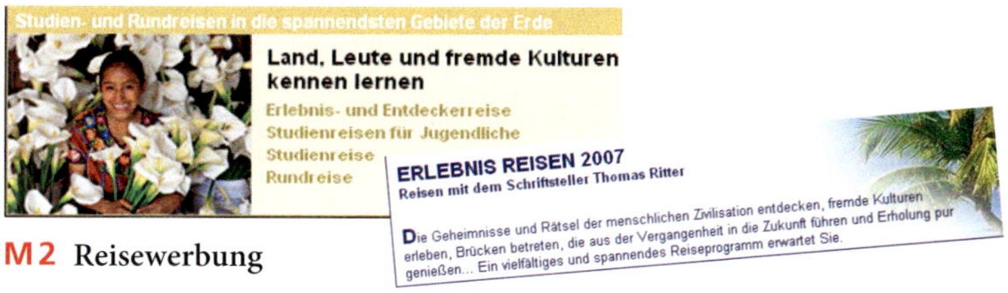

M 2 **Reisewerbung**

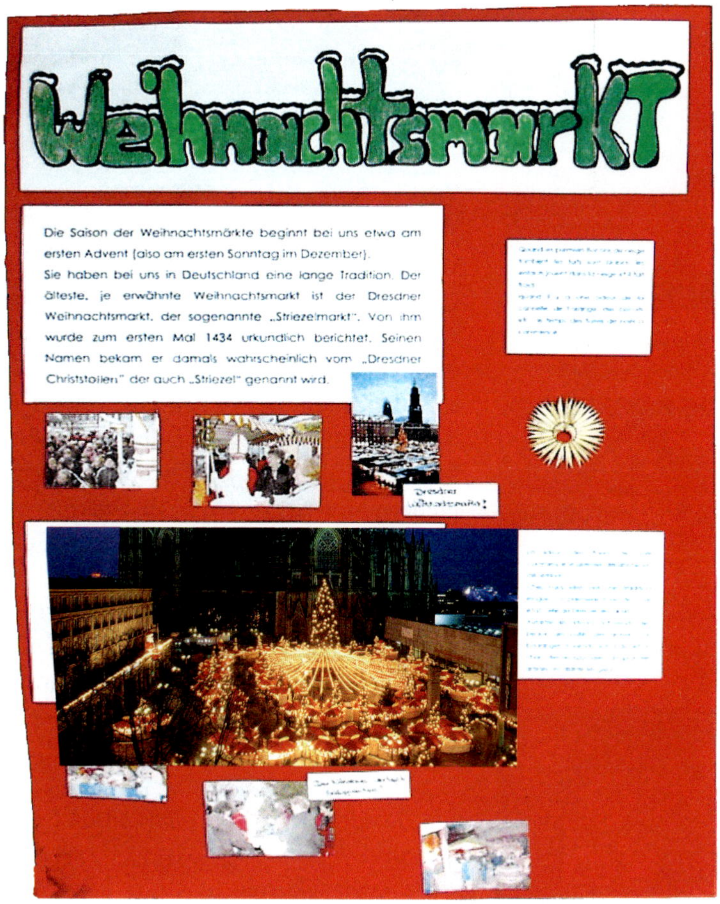

M 3

1 Erklärt, was an „fremden Kulturen" so reizvoll sein kann, dass damit geworben wird (M 2).

2 Führt ein Brainstorming zum Thema Kultur durch.

3 Überlege mit deiner Klasse, ob ihr etwas Ähnliches machen wollt. Wenn es Schülerinnen und Schüler aus verschiedenen Ländern oder Kulturen in der Klasse gibt, wird solch ein Vorhaben besonders interessant.

Verstehen – mit und ohne Wörter

Anita: Bom dia!

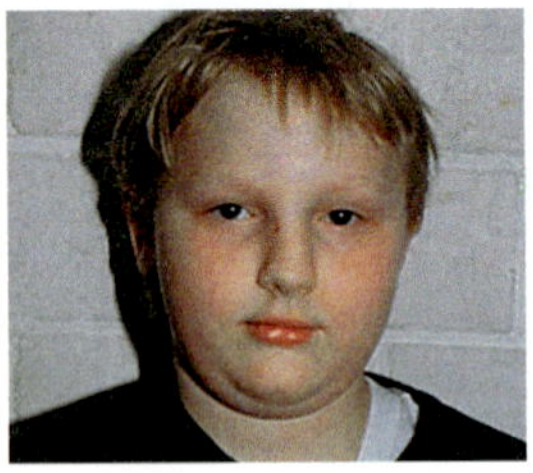

Aljoscha: Dobry dien!

Päivi: Hyvää päivää!

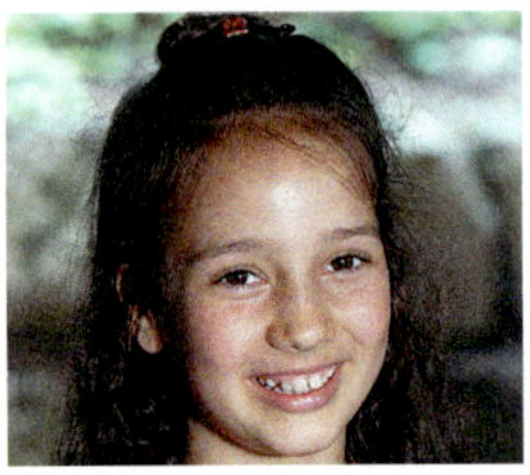

Claudine: Bonjour!

Leylâ: Merhaba!

Guten Tag – Bonjour – Hello – Salve – Merhaba

Eines der wichtigsten Merkmale von Kultur ist die Sprache. Jeder Mensch hat eine Muttersprache. Das ist die Sprache, die man von Kind auf in der Familie gelernt hat und dort spricht.
In der Schule lernt man Fremdsprachen, die Sprachen anderer Länder und Kulturen. Sprache ist das wichtigste Mittel, um uns miteinander zu verständigen.

Verständigung – ganz ohne Wörter?

Wenn ihr euch nicht über Wörter (verbal) verständigen könnt, weil ihr keine gemeinsame Sprache sprecht, könnt ihr mit dem Körper „sprechen“: Die Körpersprache mit ihren nonverbalen , wortlosen Botschaften kann die Verständigung der Menschen im Alltag auch über Sprachgrenzen hinweg durchaus erleichtern.
Aber: Nicht überall haben diese Botschaften auch dieselbe Bedeutung.
Das Beispiel der in Europa typischen Kopfbewegungen für „Ja“ und „Nein“ (M 1) verdeutlicht: Nonverbale Verständigung kann auch scheitern.
Ein Wissenschaftler berichtet:

M 1 Ja oder Nein? Missverständnisse und Verwirrung

Viele Leute glauben, dass sie durch ein Kopfnicken grundsätzlich ein „Ja“ signalisieren und durch ein Kopfschütteln grundsätzlich ein „Nein“. Das ist ein Irrtum.
Allein in Europa gibt es nicht weniger als drei verschiedene Codes (Zeichensysteme) für Kopfbewegungen, die „Ja“ oder „Nein“ signalisieren.

Der Nick-Schüttel-Code

Der erste Code ist der „Nick-Schüttel-Code“, bei dem man mit dem Kopf auf und ab nickt, wenn man „Ja“ meint, und ihn seitlich von links nach rechts schüttelt, wenn man „Nein“ meint.
Dies ist der bei weitem häufigste Code in Europa. Seine Verbreitung reicht von Portugal (J4) im Westen bis nach Russland (N2) im Osten und von Skandinavien (K2) im Norden bis nach Spanien (J3) im Süden.

M 2 Der Nick-Schüttel-Code

Der Senk-Werf-Code

Der zweite Code ist der „Senk-Werf-Code“, bei dem man den Kopf für ein „Ja“ ruckartig nach vorn fallen lässt und für ein „Nein“ in den Nacken wirft.

M 3 Der Senk-Werf-Code

Dieser Code findet sich in Griechenland (L4), in der Türkei (L4), auf Sizilien und in Süditalien (K3).

Der Roll-Werf-Code

Der dritte Code der Kopfbewegungen für „Ja" und „Nein" in Europa ist der „Roll-Werf-Code". Bei diesem Code signalisiert man seine Zustimmung durch ein Kopfwackeln von Schulter zu Schulter – fast so wie bei dem west- und nordeuropäischen Schulterzucken. Der Roll-Werf-Code findet sich ausschließlich in Bulgarien.

M4 Der Roll-Werf-Code

Missverständnisse in Griechenland

Zwischen Menschen, die den Nick-Schüttel-Code und den Senk-Werf-Code benutzen, kann es leicht zu Missverständnissen kommen. Ein Deutscher in Griechenland wird wahrscheinlich das griechische Zurückwerfen des Kopfes („Nein") für ein kurzes, zustimmendes Nicken halten.
Stellt euch vor, ein Tourist in Athen parkt seinen Leihwagen im Parkverbot. Er entdeckt einen Verkehrspolizisten und fragt ihn per Zeichensprache, ob er den Wagen dort ein paar Minuten stehen lassen darf. Der Polizist wirft seinen Kopf zurück, um „Nein" zu signalisieren.

Peter Collett: Der Europäer als solcher … ist unterschiedlich. Düsseldorf 1996, S. 231 ff.

Webcode: PE641789-113

Mitunter kommt es auch bei großen Unternehmen zu kulturellen Missverständnissen. Mit oben gezeigtem Beispiel wollte ein deutscher Automobilhersteller für sein neues Auto in China (P4) werben. Die Gruppe der deutlich schwitzenden Läufer, die die Form des Wagens darstellen, sollte die Sportlichkeit des Autos unterstreichen. In letzter Sekunde wurde die Werbeaktion gestoppt. Schweiß gilt in China als äußerst unangenehmes Zeichen.

M5 Teure Missverständnisse

1. Findet heraus, aus welchen Ländern die Kinder auf den Fotos der Seite 112 kommen.
2. Stellt fest, welche Muttersprachen in eurer Klasse gesprochen werden. Ordnet die Schülernamen den verschiedenen Muttersprachen zu.
3. Lass dir von Mitschülern Begrüßungen in anderen Sprachen beibringen und zeigen, mit welchen Gesten man sich in der anderen Kultur begrüßt. Spiele die verschiedenen Begrüßungen mit einer Mitschülerin oder einem Mitschüler der Klasse vor.
4. Gestaltet ein Lernplakat und tragt darin die Herkunftsländer eurer Mitschüler und die Begrüßungsformel in deren Muttersprache ein. Ergänzt das Plakat um weitere Länder und Sprachen, die euch bekannt sind.
5. Probiert die drei Ja-Nein-Codes selbst aus (M2–M4). Lasst euch beim Üben von Mitschülerinnen/Mitschülern korrigieren.
6. Spielt – ohne zu sprechen – die im Text geschilderte Szene im Parkverbot in Athen. Wie geht es weiter?
7. Probiert nonverbale Botschaften (Gesten, Mienenspiel) aus, die einen handgreiflichen Streit verhindern können.
8. Schildert eigene Erfahrungen: Wie es beim Austausch von nonverbalen Botschaften zu Missverständnissen kam …

Nebeneinander oder zusammen?

M1 Karikatur

M2 Vorurteile gegenüber Fremden

Interview mit Ümit, einem jungen Türken, der in Deutschland aufgewachsen ist:

Welche **Vorurteile** *gegen Türken nimmst du wahr?*

ÜMIT: Es gibt das Vorurteil, dass Türken jedem an die Kehle springen, sobald es um ihre Schwester geht. Ich bin seit drei Jahren mit einer Deutschen zusammen. Die Großmutter wollte wissen, ob meine Freundin jetzt Kopftuch tragen muss.

Wie sind deiner Meinung nach die Vorurteile entstanden?

ÜMIT: Ich glaube, dass es sich um Meinungen handelt, die jemand gebildet hat, ohne die entsprechenden Erfahrungen gesammelt zu haben. Diese Bilder werden weitergetragen. Durch Medien, Bekannte, Witze.

Was tragen Türken zu den bestehenden Vorurteilen bei?

ÜMIT: Wenn Türken in ihrer abgeschlossenen Gesellschaft leben, wie soll man dann zueinanderkommen? Viele Türken zeigen wenig Interesse an der deutschen Gesellschaft. Es gibt viele Beispiele, in denen Deutsche massive Schwierigkeiten mit türkischen Jugendlichen haben. Dafür gibt es Gründe: andere Wertvorstellungen, unterschiedliches Aggressionspotenzial, niedrigere Hemmschwellen.

Wie begegnet ihr den Vorurteilen?

ÜMIT: Wir sollten uns auf die Deutschen einlassen und zeigen, wie wir Türken sind. Dann würden wir ein anderes Bild schaffen.

Wie wünschst du dir das türkische Leben in Deutschland?

ÜMIT: Dass wir gar nicht mehr darüber reden, welcher Herkunft jemand ist. Im Grunde zählt doch nur, wo ich bin, was ich mache und meine eigene Persönlichkeit.

Quelle: (Vor)urteile – alles Klischee, oder was? In: etap. Deutschtürkisches Leben. Heft 3/2000, S. 38–41; gekürzt und leicht verändert

Webcode: PE641789-114

Integration in Schule und Beruf

Etwa 40 % aller ausländischen Kinder und Jugendlichen besucht die Hauptschule und nur wenig mehr als 20 Prozent ein Gymnasium. Das hängt damit zusammen, dass selbst in der dritten Generation vor allem viele türkischstämmige Kinder sehr schlecht Deutsch sprechen können.

Aufgrund der schlechteren Schulabschlüsse haben ausländische Jugendliche auch schlechtere Chancen auf dem Arbeitsmarkt. Nur knapp 23 % der Jugendlichen findet einen Ausbildungsplatz, überwiegend im Handwerk.

M3 „Ich bin ein positives Beispiel"

Funda Gümüsdag, 23, will ein Vorbild für andere Migranten sein. Sie hat (...) ein Gymnasium besucht und studiert jetzt Mathe und Geschichte auf Lehramt. Ihre Eltern kommen aus der Türkei, seit 1996 haben alle Familienmitglieder den deutschen Pass. „Ich ärgere mich, dass in den Medien immer nur negativ über Migranten berichtet wird, wie erst jetzt über die Gewalt an der Rütli-Schule. Natürlich ist das ein Problem, aber warum hört man nie etwas über positive Beispiele, so wie mich? Über Türken, die Abitur machen und integriert sind? Deswegen habe ich auch bei der Kampagne* mitgemacht. Um anderen Migranten zu zeigen: Ihr könnt es schaffen, ihr könnt etwas aus eurem Leben machen."

http://www.spiegel.de/unispiegel/studium/0,1518,412404,00.html, Abruf: 4. 4. 2008

* Gemeint ist die Berliner Einbürgerungskampagne „PASST MIR!", mit der der Beauftragte des Senats für Integration und Migration für den deutschen Pass wirbt. *http://www.berlin.de/lb/intmig/passt_mir.html*

M4 Deutschpflicht auf dem Schulhof?

(...) In der von vielen Migrantenkindern besuchten Schule im Berliner Stadtteil Wedding war eine Hausordnung erlassen worden, wonach auf dem gesamten Schulgelände ausnahmslos Deutsch gesprochen werden soll. Der Türkische Bund in Berlin-Brandenburg (TBB) sowie die Grünen und die Linkspartei kritisierten die Verordnung.

„Integration lässt sich nicht mit Pausenreglementierungen erzwingen", sagte die Vorsitzende der Grünen, Claudia Roth, dem Blatt. TBB-Sprecher Eren Ünsal sagte, „niemand, auch nicht der Schulsenator oder ein Schulleiter, darf eine Sprache verbieten." (...) Ünsal bezweifelte den pädagogischen Sinn der Verfügung. „Uns ist sicherlich bewusst, dass das Erlernen und Praktizieren der deutschen Sprache sehr wichtig ist, aber mit Verboten wird man das Gegenteil erreichen." Das friedliche Zusammenleben von Menschen unterschiedlicher Kulturen werde dadurch nicht gefördert. (...) Der Leiter des Zentrums für Türkeistudien, Faruk Sen, begrüßte hingegen Deutsch als Pflichtsprache: „Wer in Deutschland Karriere machen will, soll in der Schule ausschließlich Deutsch sprechen", sagte er. (...)

Focus, 24.1.2006

M5 „Deutsche Sprach-Cooltur"

1 Erklärt die Karikatur M 1.

2 Sammelt Vorurteile gegenüber Fremden und vergleicht sie mit den Aussagen von Ümit (M 2). Welche Gründe gibt es für das problematische Zusammenleben mit Deutschen?

3 a Erkläre mithilfe des Lexikons den Begriff Integration.
b Nennt Gründe, die die Integration von Ausländern erschweren.

4 Überlegt anhand von M 3, welche Wirkung positive Integrationsbeispiele haben können
a auf ausländische Mitbürgerinnen und Mitbürger,
b auf Deutsche.

5 Stellt die unterschiedlichen Meinungen zum Thema Deutschpflicht dar (M 4). Diskutiert anschließend in der Klasse.

6 Erklärt, was der Zeichner mit der Karikatur M 5 aussagen wollte.

METHODE

Kulturen entdecken: auf Spurensuche vor Ort

An deinem Schulort leben Menschen aus verschiedenen Kulturen. Wenn du mit offenen Augen durch die Stadt gehst, wirst du einige Hinweise darauf finden: die italienische Eisdiele, das Geschäft mit ausländischen Lebensmitteln oder vielleicht eine Moschee. Du wirst sicherlich noch viel mehr entdecken.

Bei einem Stadtrundgang könnt ihr die Ergebnisse einer Spurensuche zusammentragen und dokumentieren:

- Fotografiert Gebäude, Einrichtungen und Hinweise auf andere Kulturen.
- Tragt in eine Kopie des Stadtplans ein, wo ihr diese Entdeckungen gemacht habt.
- Gestaltet im Klassenzimmer mit Stadtplan und Fotos eine Wandzeitung. Beschriftet die Fotos.

M 1 Frankfurter Dom – ein Wahrzeichen des Christentums

M 2 Synagoge – jüdisches Versammlungs- und Gotteshaus

M 3 Italienisches Restaurant

M 4 Marktstand mit türkischen Spezialitäten

M 6 Chinesisches Restaurant

M 5 Innenstadt Frankfurt

M 7 Schnellimbiss

M 8 Afrikanisches Restaurant

M 10 Geschäftsschild auf der Eckenheimer Landstraße

M 9 Kebabstand auf der Zeil

Migration – Menschen verlassen ihre Heimat

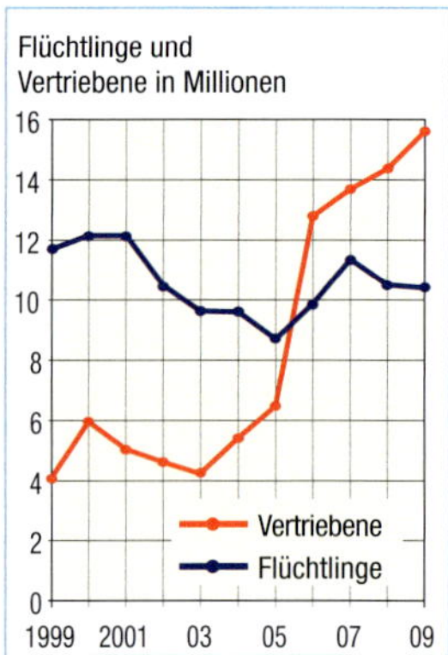

M 1
Menschen auf der Flucht (weltweit)
Quelle: Welt-Flüchtlingswerk (UNHCR)

1999	673 873
2000	649 249
2001	685 259
2002	658 341
2003	601 759
2004	602 182
2005	707 000
2006	682 000
2007	681 000
2008	682 000
2009	721 013

M 2
Menschen, die nach Deutschland gekommen sind
Quelle: Statistisches Bundesamt

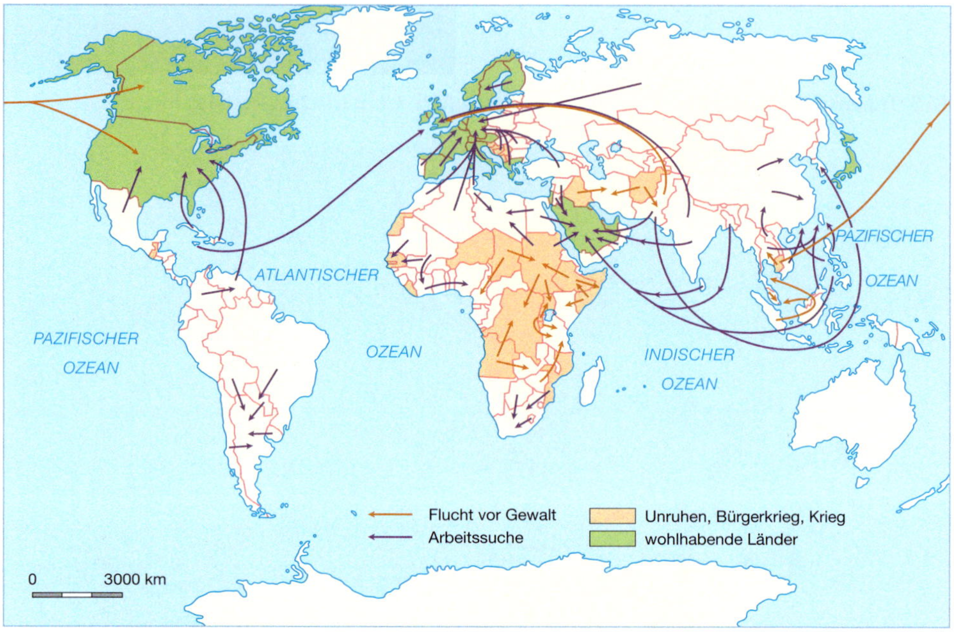

M 3 **Weltweite Wanderungen zu Beginn des 21. Jahrhunderts**

Menschen verlassen aus den unterschiedlichsten Gründen ihre Heimat. Manche tun dies freiwillig, andere können nicht in ihrer Heimat weiterleben, auch wenn sie dies wünschten.

„Migrare" ist lateinisch und bedeutet „wandern". Von Migration spricht man, wenn Menschen ihre Heimat für längere Zeit oder für immer verlassen, um an einem anderen Ort oder in einem anderen Land zu leben. Dies kann freiwillig oder unfreiwillig geschehen.

Migration findet dauernd statt. Die Karte zeigt dir, an welchen Orten auf der Welt die größten Wanderungen von Menschen stattfinden.

Die Gründe für diese Migration sind sehr unterschiedlich: Krieg, Verfolgung, Armut oder Umweltkatastrophen sind einige Ursachen. Manche Gründe sind aber auch in der Geschichte der Menschen zu suchen.

Auf den nächsten Seiten lernt ihr einige Menschen kennen, die aus ihrer Heimat ausgewandert sind. Ihr könnt die Seiten 120–125 in einem Gruppenpuzzle bearbeiten, um so mehr über die Hintergründe dieser Menschen zu erfahren.

M 4 **Zahl der Menschen, die aus Deutschland auswanderten**

2002	623 300
2003	626 300
2004	697 600
2005	628 000
2006	639 000
2007	637 000
2008	738 000
2009	734 000

Quelle: Statistisches Bundesamt

Webcode: PE641789-119

M5 Als Ausländer in Deutschland

Drei ausländische Jugendliche über ihre alltäglichen Probleme in Deutschland:

Ich wohne, seit ich klein bin, in dieser Stadt. Hier wohnen viele türkische Jugendliche. Doch viele Lehrer an meiner Schule können oft nicht einmal unsere Namen richtig aussprechen, auch nach drei Jahren oder so nicht.
Dass die sich keine Mühe geben, finde ich nicht gut, denn die englischen Namen von deutschen Schülern können sie ja auch aussprechen. Da fühlt man sich schon irgendwie als Ausländer. *Yasemin (14)*

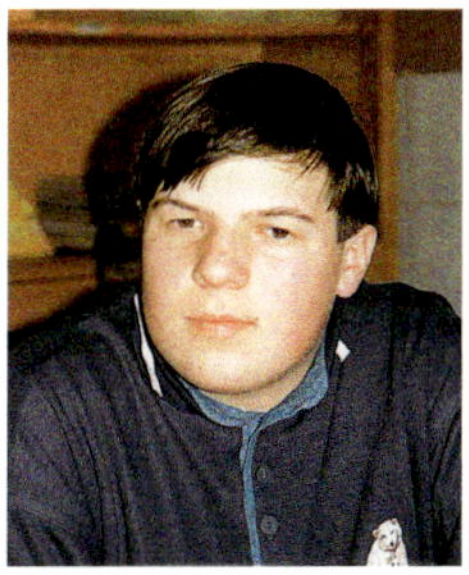

Da sind welche, und du gehst vorbei und dann sagst du „Hallo", und sie sagen nur: „Hau ab!" Manche Deutsche, wenn sie Russisch hören, gucken irgendwie ganz komisch. Dann sagst du „Hallo" und sonst nichts, dann machen sie ein Gesicht, als ob du was Schlimmes getan hättest.
Aleksander (16)

Also, ich bin ein Mensch aus Kroatien (K3), der in Deutschland lebt und wahrscheinlich auch in Zukunft in diesem Land leben wird.
Ich kann mich nicht so verhalten, als lebte ich auf einer Insel, deshalb muss ich mich an Regeln halten, die in diesem Land nun einmal gültig sind. *Resmija (16)*

M6 *Zeichnung: Vangelis Pavlidis*

1 Beschreibt die Karte M3 mit wenigen Worten.

2 Wertet M3 aus:
   a Auf welchen Kontinenten finden große Migrationsbewegungen statt?
   b Welche Migrationsbewegungen gibt es zwischen Kontinenten?
   c Wie ist Europa von Migration betroffen?

3 Überlegt gemeinsam: Welche Informationen zum Thema Migration könnt ihr mithilfe der Karte gewinnen? Was bleibt offen?

4 Vergleiche die Flüchtlingszahlen in M1
   a mit der Einwohnerzahl deiner Stadt und
   b mit der Einwohnerzahl Hessens.

5 Stellt fest: In welchen Jahren zogen mehr Menschen aus Deutschland weg, als ins Land kamen (M2, M4)?

6 Erklärt, welche Probleme ausländischer Jugendlicher in M5 angedeutet sind.

7 Versucht zu beschreiben, was der Zeichner mit M6 aussagen wollte.

„Gastarbeiter“: Menschen kommen, um zu arbeiten

„Gastarbeiter“ in Deutschland

1960 ging es der deutschen Wirtschaft gut: Fabriken und Unternehmen, die im Zweiten Weltkrieg zerstört wurden, waren wieder aufgebaut. Die deutsche Bevölkerung hatte Arbeit und lebte im Frieden. Aber: In Deutschland lebten nicht genug Menschen, um alle Arbeit in den Fabriken zu erledigen.

In Südeuropa dagegen (z. B. in der Türkei [L4] und in Süditalien [K3]) gab es kaum Arbeit und vielen Menschen ging es nicht so gut.
Darum machte die deutsche Regierung Menschen aus diesen Ländern das Angebot, nach Deutschland zu kommen und hier zu arbeiten.

Ich war jung. Ich lebte in Istanbul und hatte sogar einen recht guten Job. Aber ich wollte einfach mal etwas anderes sehen. Wenn das hieß, dass ich eine Zeit lang als Hilfsarbeiter arbeiten muss, dann war es für mich auch in Ordnung.

In manchen Gegenden der Türkei müssen Frauen tun, was die Männer wollen. Ich wollte wissen, ob ich mein Leben auch selbst in die Hand nehmen kann. Ein fremdes Land schien dafür nicht schlecht.

Ich wollte unbedingt ein tolles schnelles Auto haben und ein schönes Haus. Ich wollte ein paar Jahre nach Deutschland und reich in die Türkei zurückgehen.

Mein Mann war sehr früh gestorben. In dem anatolischen Dorf, in dem ich gelebt habe, gab es kaum Arbeit für mich. Und meine Tochter musste ich auch irgendwie ernähren. In Deutschland gab es Arbeit.

M 1 Warum Gastarbeiter zu uns kamen

M 2 Ein türkischer Gastarbeiter erinnert sich

In den ersten Jahren hatten wir Probleme in Deutschland, die nicht einmal ein „normaler“ deutscher Urlauber im Ausland hat. Aus Glaubensgründen essen Muslime kein Schweinefleisch, das hier ein ganz normales Lebensmittel ist. Wenn man sich mit den deutschen Lebensmitteln nicht auskennt und auch die Aufschriften in den Geschäften nicht versteht, weiß man nicht, was man kaufen soll. Um Schweinefleisch zu vermeiden, ernährten wir uns nur von Nudeln, Eiern und Dosenfisch. Auch der Kauf von Gemüse machte uns Probleme, denn viele südländische Gemüsesorten gab es in Deutschland nicht zu kaufen. Das hat sich jetzt glücklicherweise geändert. In vielen deutschen Supermärkten gibt es ein internationales Angebot.

M3 Inländer oder Ausländer? Schüler, die in Deutschland türkische Jugendliche genannt werden, sind oft hier geboren.

Die „Gastarbeiter" bleiben in Deutschland

Zunächst dachte jeder, die Gastarbeiter würden nur einige Zeit bleiben, in Deutschland arbeiten und dann in ihre Heimat zurückgehen.

Aber bald begannen die Familien der Gastarbeiter, die noch im Heimatland geblieben waren, auch nach Deutschland zu ziehen. Die Kinder lebten hier und besuchten die deutsche Schule. Deutschland wurde das neue Zuhause der Gäste aus Südeuropa.

Inzwischen haben die Kinder der Gastarbeiter wieder Kinder bekommen. Sie kennen häufig das Leben in der Türkei oder Italien gar nicht mehr, höchstens aus dem Urlaub bei Verwandten.

M4 Schule in der Türkei

Selina war in den Ferien bei ihren Verwandten in der Türkei. Ein Mädchen hat ihr von der Schule in der Türkei erzählt: „In der Schule muss jeder eine Uniform tragen, damit man nicht sieht, wer arm ist und wer reich. Die Mädchen müssen eine Bluse anziehen, eine Weste und einen Rock, der über die Knie geht. Die Jungen haben lange oder kurze Hosen an und ein Hemd.

Lange Fingernägel und Ohrringe sind verboten und alle Mädchen müssen einen Zopf tragen. Die Jungen müssen das Hemd sorgfältig in die Hose stecken und alle Schüler und Schülerinnen tragen eine Krawatte."

Webcode: PE641789-121

M5 Kinder auf einem Pausenhof in der Türkei

1 Bestimmt habt ihr auch Mitschüler in der Klasse, die aus Familien aus Südeuropa stammen.
- Lasst euch die Geschichten ihrer Familien erzählen.
- Findet die Heimatländer der Familien auf einer Karte.
- Tragt Informationen über diese Länder zusammen.
- Ihr könnt Mitschüler oder die Eltern befragen, Bücher aus der Bücherei auswerten oder Informationen im Internet suchen.
- Präsentiert die Ergebnisse der Klasse oder macht eine Ausstellung für den nächsten Elternabend.

2 Erklärt, warum Gastarbeiter nach Deutschland kamen (M 1, Text).

3 Beschreibt mit eigenen Worten:
- Welche Probleme hatten die Gastarbeiter in den ersten Jahren (M 2)?
- Vergleicht mit der Situation heute. Erklärt, wie es zu den Veränderungen kam.

Spätaussiedler: Rückkehr in ein fremdes Land

M1
Junge Spätaussiedlerin liest im Deutsch-Russischen Kurier. Neben einer Zusammenfassung der wichtigsten Nachrichten aus Deutschland und Russland enthält die Zeitschrift Tipps sowie spielerische Anreize zur Verbesserung der Sprachkenntnisse (z. B. durch Sprach-Kreuzworträtsel).

Migrationsgrund: Geschichte

M3 Viktor (13 Jahre) erzählt:

„Früher habe ich in Kasachstan (✪ N3) gelebt. Als ich acht Jahre alt war, beschlossen meine Eltern nach Deutschland zu ziehen. In Kasachstan war alles sehr teuer und das Leben war nicht einfach, besonders für meine Eltern.

Sie haben dann alles aus unserer Wohnung verkauft und wir sind nur mit ein paar Koffern nach Deutschland geflogen. Zunächst kamen wir in ein Lager, wo wir einige Wochen alle zusammen in einem Zimmer wohnen mussten. Dann konnten wir endlich in eine richtige Wohnung umziehen. Meine Eltern haben beide angefangen zu arbeiten und ich kam in die Schule."

C. Breithack u. a., Menschen – Märkte – Räume 1, Berlin 2004, S. 278

M4 Tatjana (14 Jahre) erzählt:

„Unsere Wohnung in Deutschland liegt in einer Siedlung, in der fast nur Spätaussiedler wohnen. Ich finde das nicht so gut, weil alle Russisch miteinander sprechen. Dabei möchte ich doch so gut wie möglich Deutsch lernen und brauche eigentlich Übung im Sprechen.

Meine deutschen Freunde aus der Schule besuchen mich hier auch nicht. Sie sagen, sie hätten Angst in meiner Siedlung, weil alles so fremd ist und sie niemanden verstehen.

Am Anfang habe ich mich ähnlich gefühlt: Alles in Deutschland war fremd und verstanden habe ich auch nichts. Das ist jetzt zum Glück besser."

C. Breithack u. a., Menschen – Märkte – Räume 1, Berlin 2004, S. 278

M2
Bilder aus einem Durchgangslager für Aussiedler. Das Lager mit Platz für 2000 Personen ist für viele Aussiedler die erste Station in ihrer neuen Heimat.

M5 Anastasia (13 Jahre) erzählt:
„Am Anfang hatte ich es nicht sehr leicht in der Schule, weil ich kaum Deutsch konnte. Ich habe nicht verstanden, was die Lehrerin gesagt hat, und wenn ich aufgerufen wurde, habe ich oft nichts gesagt, obwohl ich manchmal die Lösung wusste. Aber ich habe schnell Deutsch gelernt. Heute merkt keiner mehr, dass ich nicht von hier komme. Ich habe viele deutsche Freunde und in der Schule bin ich gut."

C. Breithack u. a., Menschen – Märkte – Räume 1, Berlin 2004, S. 279

M6 Russlanddeutsche – Deutsche aus Russland?
Vor fast 250 Jahren (1762/1763) rief die Zarin Katharina die Große Deutsche nach Russland (N2). Sie sollten das Land an der unteren Wolga nördlich der Stadt Wolgograd besiedeln und für die Landwirtschaft nutzbar machen. So entstanden hier Dörfer mit deutschen Namen, in denen Deutsch gesprochen wurde und in denen es deutsche Schulen gab.
Im Zweiten Weltkrieg fielen deutsche Soldaten in Russland ein. Nach dem Krieg beschuldigte die russische Regierung die Deutschen an der Wolga zu Unrecht, die deutschen Soldaten unterstützt zu haben. Zur Strafe wurden sie zunächst nach Sibirien (O2), später nach Kasachstan, Kirgisistan (N3) und Tadschikistan (N4) umgesiedelt. Hier mussten sie Russisch sprechen, um sich in der Öffentlichkeit zurechtzufinden. Ab 1989 wurde es möglich, dass sie zurück nach Deutschland ziehen konnten.

M7 Spätaussiedler-Zahlen

2000	95 615	**2004**	59 093
2001	98 484	**2005**	35 522
2002	91 419	**2006**	7 747
2003	72 855	**2008**	4 362

Statistisches Bundesamt, 2010

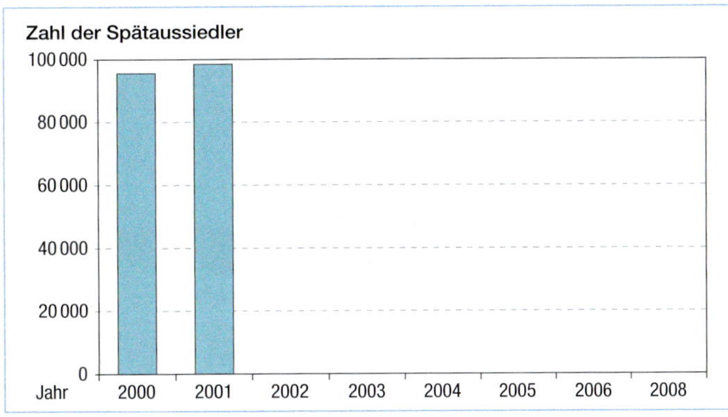

M8 Ein Säulendiagramm erstellen

M9 Siedlungsgebiete der Russlanddeutschen vor und nach dem Zweiten Weltkrieg

1 Viktor hat an verschiedenen Orten gelebt (in Kasachstan, im Lager, in der neuen Wohnung und Schule). Überlege dir zu jedem Ort eine Begebenheit, die Viktor dort erlebt haben könnte (M3).

2 Welche Probleme ergeben sich für Tatjana aus der Lage ihrer Wohnung (M4)?

3 Mit welchen Problemen musste Anastasia in der Schule kämpfen? Kennst du ähnliche Probleme auch?

4 Erkläre mit eigenen Worten den Begriff Spätaussiedler (M6, Lexikon).

5 Stelle die Zahlen in der Tabelle (M7) in einem Säulendiagramm dar (Hochachse: Anzahl der Spätaussiedler – Querachse: Jahr) (M8).

6 Überlegt euch, welche Bedeutung eine Zeitschrift wie in M1 für die hier genannten Menschen haben kann.

Flüchtlinge: Menschen brauchen unsere Hilfe

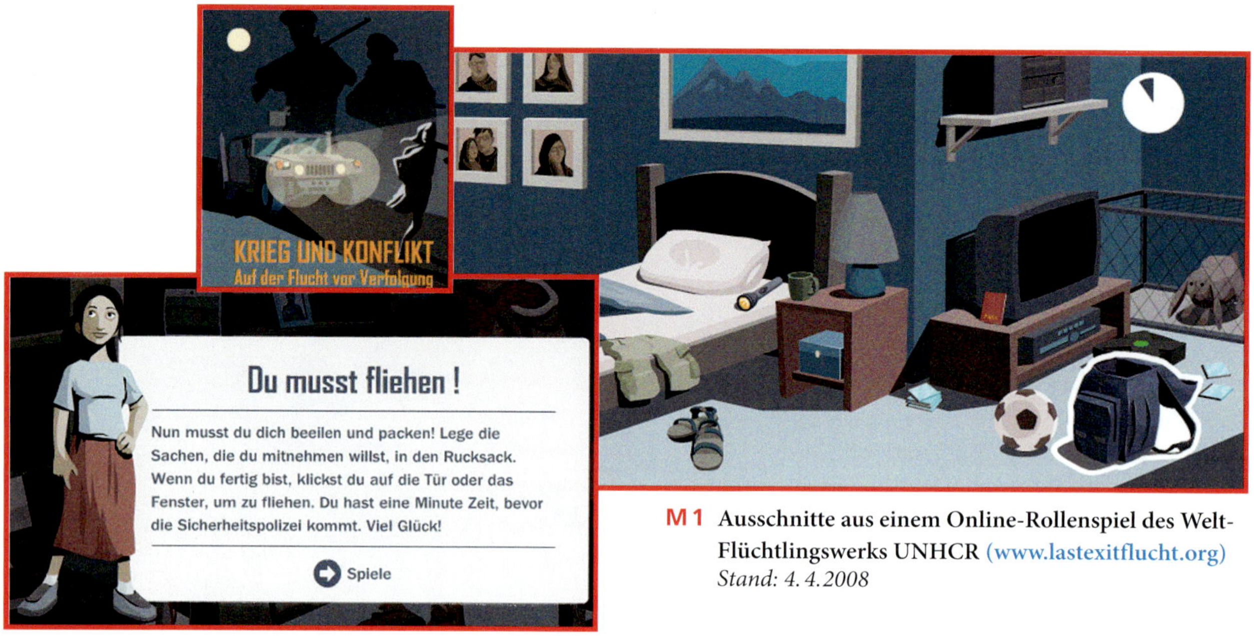

M 1 **Ausschnitte aus einem Online-Rollenspiel des Welt-Flüchtlingswerks UNHCR** (www.lastexitflucht.org)
Stand: 4. 4. 2008

M 2 **Kindersoldat in Liberia**

M 3 **Amado ist mit 13 Jahren aus Liberia (J5) geflüchtet**

„Ich kann nicht nach Afrika zurückgehen. Mein Vater ist tot und ich weiß nicht, wo meine Mutter ist. In Afrika könnte ich umgebracht werden.

Rebellen haben unser Dorf niedergebrannt. Ältere Menschen konnten weglaufen. Wir Jugendlichen wurden festgenommen und in den Wald gebracht. Dort sollten wir zu Kindersoldaten gemacht werden und lernen, wie man Menschen tötet. Da bin ich weggelaufen. Mit viel Glück konnte ich entkommen. Ich bin mehrere Tage gelaufen – ohne Essen und Trinken. Ich konnte mich bis in eine Hafenstadt im Nachbarland Elfenbeinküste durchschlagen. Dort lebte ich mehrere Wochen im Hafen, bis ich von einem Mann entdeckt wurde, der versprach, mich mitzunehmen. Er versteckte mich mehrere Wochen im Laderaum eines Schiffes. Es war kalt, dreckig und hat sehr gestunken.

Irgendwann wurde ich geholt. Wir waren wieder an Land und ich sollte möglichst schnell weglaufen. Der Hafen war in Hamburg, Deutschland. Von diesem Land hatte ich noch nie etwas gehört. Man sah mir natürlich an, dass ich nicht dorthin gehörte, und ich landete ziemlich schnell bei der Polizei. Ich kam in ein Heim und hatte mit der Ausländerbehörde zu tun. Dort stellte ich einen Asylantrag. Ich hoffe, dass ich irgendwie hierbleiben kann."

Frankfurter Rundschau vom 26.9.1998

Wer ist ein Flüchtling?

Menschen, die ihre Heimat wegen einer gefährlichen Notlage verlassen müssen, sind Flüchtlinge. Solche Notlagen können Kriege sein, aber auch Umweltkatastrophen, wie Vulkanausbrüche. Außerdem gibt es auch politische Flüchtlinge.
Die **Genfer Konvention** zur Rechtsstellung der Flüchtlinge, die seit 1951 von vielen Staaten unterzeichnet wurde, legt fest, wer politischer Flüchtling ist. Dort steht: Wer aus Gründen der Rasse, der Religion, der Nationalität, der Zugehörigkeit zu einer bestimmten gesellschaftlichen Gruppe oder der politischen Meinung im eigenen Land verfolgt wird und sich darum außerhalb des eigenen Herkunftslandes befindet, ist politischer Flüchtling.

Was bedeutet „Asyl"?

Menschen aus anderen Ländern können in Deutschland Asyl beantragen.
Wenn ihr Antrag angenommen wird, dürfen diese Menschen in Deutschland bleiben und hier leben.
Ein Asylantrag wird dann angenommen, wenn die Menschen in ihrem Heimatland wegen ihrer Religion, ihrer politischen Meinung oder ihrer Zugehörigkeit zu einer gesellschaftlichen Gruppe verfolgt werden und um ihre Freiheit sowie ihr Leben fürchten müssen.
Bekommen diese Menschen Asyl in Deutschland, können sie hier in Sicherheit leben.
Allerdings gibt es eine Liste mit Ländern, die als sicher gelten. Menschen, die von dort kommen, erhalten grundsätzlich kein Asyl in Deutschland, auch wenn sie in diesem Land doch in Gefahr geraten.

Woher kommen die Asylbewerber?

Man kann nicht über viele Jahre hinweg sagen, aus welchen Ländern die meisten Asylbewerber kommen. Wenn irgendwo ein Krieg oder eine andere politische Krise ausbricht, kommen plötzlich sehr viele Menschen aus dieser Region nach Deutschland. Besonders, wenn das Land nicht so weit entfernt liegt. In den Jahren 1999 bis 2003 kamen die meisten Asylbewerber aus folgenden Ländern: Irak (M4), Serbien (K3), Montenegro (K3), Vietnam (P5).

Webcode: PE641789-125

M4 Zwei weitere Szenarien aus dem Online-Rollenspiel

1 In dem Rollenspiel des UNHCR (M 1) könnt ihr Situationen von Flüchtlingen nachspielen.
   a Erklärt die abgebildete Szene.
   b Stellt eine Liste zusammen, was ihr in der angegebenen Zeit packen würdet.
   c Vergleicht eure Liste mit der eures Tischnachbarn.
   d Überlegt, was dies für euer zukünftiges Leben bedeuten könnte.

2 1998 war Amado 13 Jahre alt. Wie alt ist er heute und was könnte aus ihm geworden sein (M 3)?

3 Warum sind Menschen auf der Flucht? Erstelle ein Schaubild.

4 Erkläre den Begriff „Asyl" mit eigenen Worten.

5 Benenne die Probleme von Asylsuchenden, die in M 4 dargestellt sind.

6 Welches sind die aktuellen Hauptherkunftsländer von Flüchtlingen in Deutschland? Informiere dich im Internet.

7 Arbeite mit dem Atlas und der Karte M 3, Seite 118. Welche Länder sind die Hauptaufnahmeländer für Flüchtlinge?

KOMPETENZ-Trainer

Mit Fremden leben

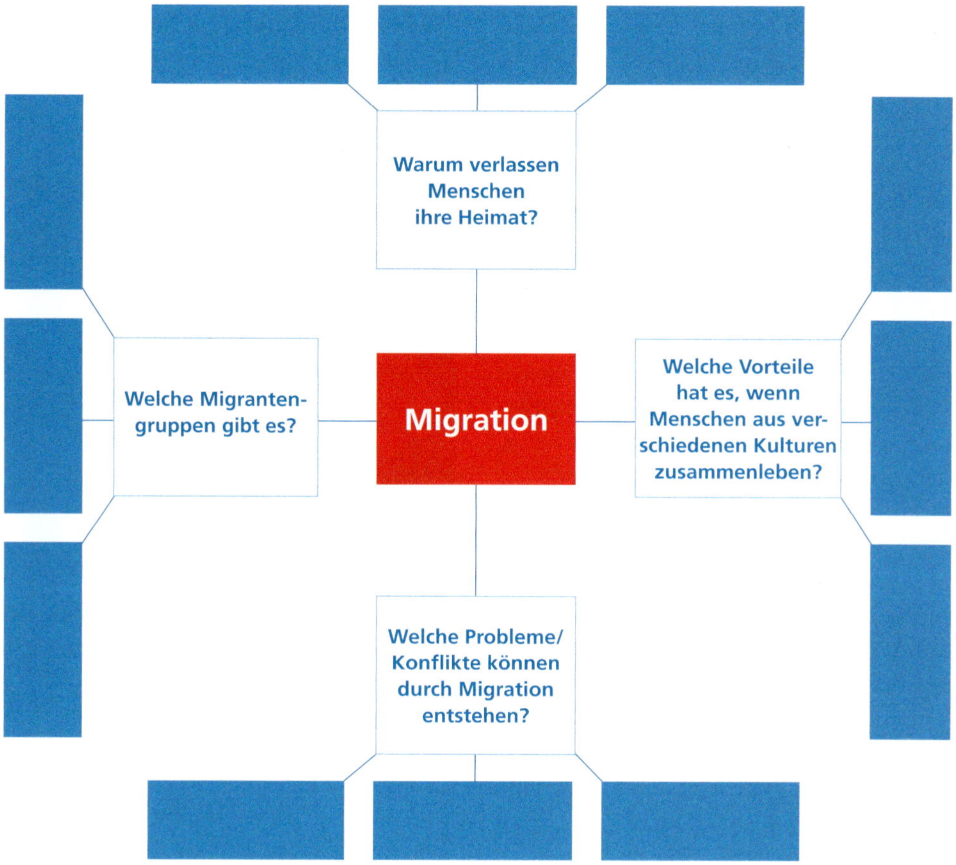

M1 Migration. Ursachen und Folgen

Sachwissen und Analysekompetenz

1 Übertrage das Schema M1 in dein Heft. Ergänze und vervollständige es.

Analyse- und Methodenkompetenz

2 Werte die Plakate M2 und M3 aus (Werbung auswerten). Welche Problembereiche werden angesprochen?

Urteilskompetenz

3 Integration kann gelingen!
- **a** Nenne Beispiele aus dem Kapitel, wie Integration unterstützt werden kann.
- **b** Findet mithilfe eines Ideenkarussells weitere Möglichkeiten und diskutiert sie in der Klasse.

M2 Gummibärchen

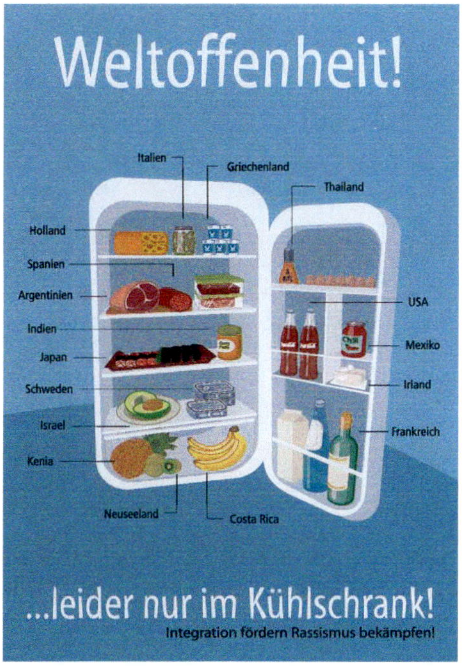

M3 Weltoffenheit?

M4 Zusammenleben gestalten

Viele verschiedene Kinder sind in eurer Schule. Sie kommen aus vielen verschiedenen Regionen Deutschlands, Europas und vielleicht sogar der Welt. Im Laufe dieser Unterrichtseinheit habt ihr erfahren, worin ihr euch unterscheidet. Ihr habt einige Besonderheiten anderer Länder kennen gelernt – andere Feste, Bräuche, Sprachen und Kulturen. Dieses Wissen solltet ihr nutzen, um z. B. einen Klassenraum für alle zu gestalten oder um kleinere Projekte durchzuführen.

M5 Internationales Festessen in einer 5. Klasse

Handlungskompetenz

4 Schaut euch die folgenden Vorschläge an und überlegt, welche ihr durchführen wollt. Sammelt in eurer Klasse weitere Ideen.
- Eine Ausstellung gestalten, in der die ausländischen Mitschüler/-innen aus eurer Klasse ihre Herkunftsländer vorstellen.
- Lieder aus euren Herkunftsländern vorsingen und gemeinsam einüben.
- Ein Theaterstück vorbereiten, proben und aufführen, in dem die Ankunft einer Familie in Deutschland gespielt wird.
- Ein Fest mit den deutschen und ausländischen Familien in eurer Klasse feiern.
- Einen Stadtführer für ausländische Kinder in verschiedenen Sprachen schreiben, malen, fotografieren.
- Eine Weltkugel basteln und dorthin Fähnchen stecken, wo die Kinder geboren sind.
- Einen Festtagskalender für eure Klasse herstellen, in dem die Feste der verschiedenen Kulturen eingetragen werden.
- Herausfinden, ob es eine Flüchtlingsunterkunft in eurem Ort gibt, und dort eine Erkundung durchführen.

7 Medien

Kinderleicht technische Kompetenzen der Kinder 2010

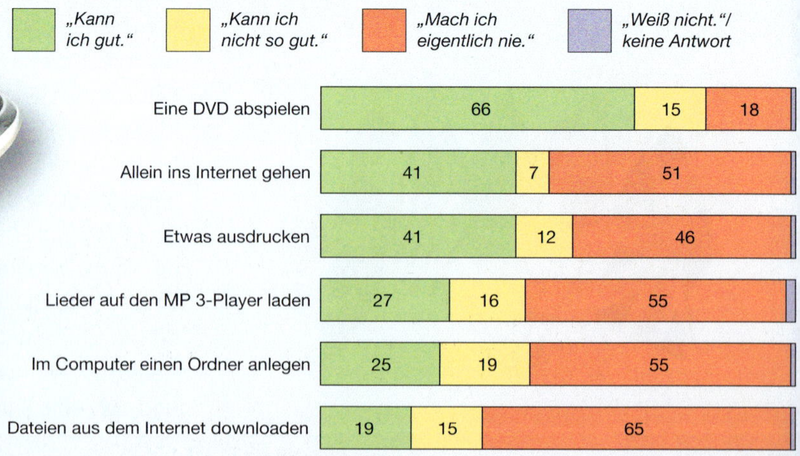

Quelle: KIM-Studie 2010

Am Ende dieses Kapitels kannst du

- über deine Mediengewohnheiten und die anderer Jugendlicher berichten.
- eine Umfrage durchführen und die Ergebnisse sachgerecht präsentieren.
- die Entwicklung der Medien beschreiben und die Auswirkungen auf unser Zusammenleben erklären.
- verschiedene Aufgaben von Medien benennen und an Beispielen verdeutlichen. Außerdem kannst du das System des „dualen Rundfunks" erklären und anhand von verschiedenen Sendern und Sendezielen verdeutlichen.
- beschreiben, wie Medien uns informieren, und kannst erklären, warum Nachrichten immer auch kritisch betrachtet werden müssen.
- du kannst an Beispielen Chancen und Gefahren neuer Medien aufzeigen und kannst dir dazu ein begründetes Urteil bilden.

Wer kann sich heute noch ein Leben ohne Massenmedien vorstellen – ohne Computer, Handy und Internet, ohne Zeitschriften und Fernsehen?
Über sie erhalten wir die meisten unserer Informationen und mit ihnen gestalten wir unsere Freizeit.
Doch der Umgang mit ihnen will gelernt sein, damit sie unser Leben nicht bestimmen, sondern sinnvoll bereichern.

1 Erläutert, zu welchen Zwecken die dargestellten Personen die Medien nutzen.

2 Was könnte mit einem „sinnvollen" Umgang mit Medien gemeint sein? Was versteht ihr darunter?

3 Erstellt eine Liste mit Medien, die euch aus dem Alltag bekannt sind.

4 Erstellt eine Medienhitliste. Führt dazu eine Umfrage in der Klasse durch und haltet das Ergebnis in einer Tabelle fest.

Medium	sehr wichtig	wichtig	weniger wichtig	unwichtig
Zeitung				
Internet				
…				

5 Sprecht über das Ergebnis eurer Umfrage. Warum sind bestimmte Medien für euch wichtiger als andere? Bildet dabei Sätze wie: „Das Internet ist uns sehr wichtig, weil … / ist für uns unwichtig, weil …".

METHODE

Medien im Alltag – eine Umfrage durchführen (1)

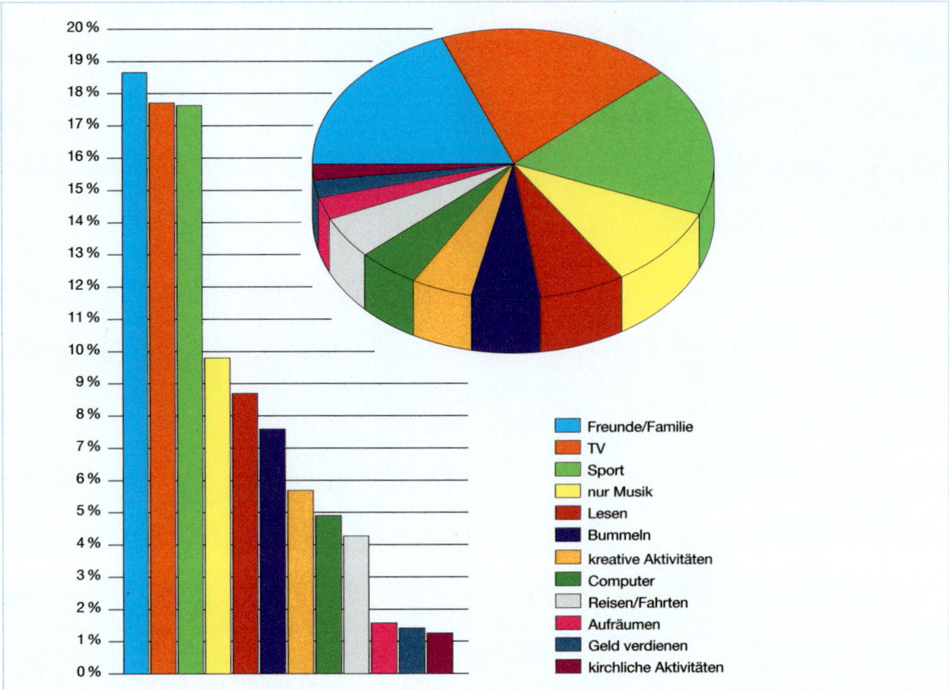

M 1 **Freie Zeit – Medienzeit? Freizeitstatistik der Klasse 7 a**

Die Klasse 7a wollte mithilfe von Umfragen genauer herausfinden, welche Bedeutung Medien für ihren Alltag haben. Als Erstes haben die Schülerinnen und Schüler gesammelt, welche Fragen sie besonders interessieren und welche Aktivitäten sie unternehmen könnten. Alle Vorschläge und Ideen zum Thema wurden an einer großen Wand angeordnet. Natürlich hatten die Schülerinnen und Schüler viel mehr Ideen, als sich tatsächlich durchführen ließen. Sie mussten sich auf wenige Teilumfragen beschränken, die sie in Gruppen erarbeiteten. Eine Gruppe hatte eine Woche lang gesammelt, was sie in ihrer freien Zeit getan hat. Das Ergebnis wurde in zwei Diagrammen dargestellt, in einem Kreis- und einem Säulendiagramm (M 1).

Eine andere Gruppe wollte mit einem Fragebogen herausfinden, über welche Medien Schülerinnen und Schüler ihrer Klasse verfügen. Dabei unterschieden sie zwischen der Verfügbarkeit im Haushalt und dem Eigenbesitz. Um eine Hitliste der Medien zu erstellen, wurde gleich mitgefragt, auf welches Medium die Schülerinnen und Schüler der Klasse am wenigsten verzichten können (M 2, M 3).

Die dritte Gruppe führte über eine Woche lang ein Fernsehtagebuch. Alle notierten möglichst genau, welche Sendungen sie im Fernsehen gesehen haben. Abschließend werteten die Schülerinnen und Schüler ihre Tabellen aus. Sie haben die Durchschnittszeit errechnet, die jede/-r vor dem Fernseher verbringt, und auch herausgefunden, welche Arten von Sendungen besonders beliebt sind. Dazu haben sie einen Fragenkatalog entwickelt (M 4).

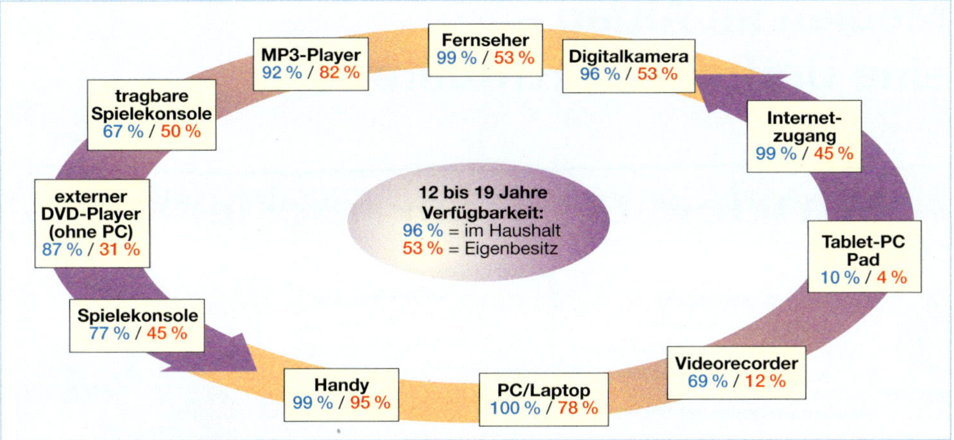

M2 **Verfügbarkeit von Medien.** *mpfs, Jugendmedienstudie JIM 2011*

M3 **Medienhitliste.** *mpfs, Jugendmedienstudie JIM 2011*

Tag	Titel	Art der Sendung	Uhrzeit der Sendung	Dauer	Sender
Mo.	Simpsons	Comicserie	16.50–17.20	30 Minuten	Pro7
Mo.	Marienhof	Vorabendserie	18.05–18.40	35 Minuten	ARD
Mo.	Länderspiel Deutschland gegen Wales	Sport	19.00–20.45	105 Minuten (15 Min. Pause)	ZDF
Di.	Frühstücks-fernsehen				

- Sehen wir oft fern, weil wir nichts anderes zu tun haben?
- Unternehmen wir wenig anderes, weil wir fernsehen?
- Sehen die Mädchen oder die Jungen mehr fern?
- Welche Sendungen werden verstärkt von Mädchen gesehen, welche von Jungen?
- …

M4 **Fernsehtagebuch und Fragenkatalog der Klasse 7 a**

METHODE

Medien im Alltag – eine Umfrage durchführen (2)

M 5 **Umfrage zum Fernsehkonsum von Schülern, Plakat der 7 a**

Was denken Erwachsene über den Fernsehkonsum von Kindern? Eine weitere Gruppe der Klasse 7 a befragte in der Einkaufspassage Passanten zu diesem Thema. Die Antworten wurden mit einem MP3-Player aufgenommen und auf einem Plakat dokumentiert (M 5).

Eine Umfrage durchführen

Wenn ihr auch genauer wissen möchtet, welche Bedeutung Medien für euch oder für andere haben, könnt ihr das durch eine Umfrage herausfinden. Dazu müsst ihr euch eine Personengruppe aussuchen, die vermutlich viel zum Thema sagen kann. Das kann eure Klasse sein, Schülerinnen und Schüler an eurer Schule oder Menschen aus eurer Gemeinde.
Für eine solche Umfrage müsst ihr folgende **Arbeitsschritte** beachten:

1. Schritt: Thema eingrenzen

Klärt, was ihr genau herausfinden wollt, und legt fest, welche Personengruppe ihr befragen wollt.

1 Zwei Schaubilder zur Freizeitgestaltung: Was leistet das Kreisdiagramm, was das Säulendiagramm (M 1, S. 130).

2 Besprecht das Untersuchungsergebnis der Klasse 7 a. Vergleicht es mit euren eigenen Vorstellungen zur Freizeitgestaltung.

3 In M 2 (S. 131) wird zwischen der Verfügbarkeit im Haushalt und dem Eigenbesitz unterschieden. Warum ist das wichtig?

4 Die Medienhitlisten von Jungen und Mädchen in M 3 (S. 131) unterscheiden sich. Beschreibt die Unterschiede. Könnt ihr Gründe für diese Unterschiede benennen?

5 Diskutiert in der Klasse über die Aussagen der Passanten in M 5. Sammelt weitere Thesen zum Fernsehkonsum von Kindern.

2. Schritt: Fragebogen erstellen

Für eine schriftliche Meinungsumfrage ist ein ausgearbeiteter Fragebogen die Grundlage. Legt die Anzahl der Fragen fest. Dabei entscheidet ihr über die Dauer der Befragung und den eigenen Zeitaufwand bei der Auswertung. Achtet darauf, dass die Fragen klar formuliert sind und sich von allen Beteiligten gut beantworten lassen. Man unterscheidet zwischen **offenen Fragen**, bei denen keine Antworten vorgegeben sind, und **geschlossenen Fragen** („Wie viele Stunden verbringst du durchschnittlich an einem Wochentag vor dem Fernsehschirm?“ a) 1 Stunde, b) 2 Stunden usw.).

Geschlossene Fragen (auch „Auswahlfragen“ genannt) lassen sich leichter beantworten und besser auswerten. Ein Nachteil ist, dass die Befragten nur im Rahmen der Vorgaben antworten können. Die Befragung selbst erfolgt anonym, also ohne dass der Name des Befragten festgehalten wird. Es kann aber sinnvoll sein, sowohl das Alter als auch das Geschlecht der Befragten festzuhalten.

Tipp: Führt vor der eigentlichen Umfrage eine Testumfrage durch, dann kann nichts schiefgehen. Ihr könnt auch eine Testumfrage mit offenen Fragen durchführen und die Ergebnisse verwenden, um passende geschlossene Fragen zu formulieren.

3. Schritt: Umfrage durchführen

Die Schulleitung muss informiert werden, wenn ihr eine Befragung an der eigenen Schule durchführen wollt. Wenn ihr eine Befragung außerhalb eurer Klasse durchführt, müsst ihr euch den Befragten vorstellen und ihnen erklären, warum ihr die Befragung macht. Seid freundlich, hilfsbereit und übt keinen Zeitdruck auf die Befragten aus. Die Befragten sollen sich gerne äußern und auch sagen, was sie wirklich denken. Nur so ist der Erfolg der Befragung gesichert.

4. Schritt: Die Umfrage auswerten

Damit auch andere etwas vom Ergebnis eurer Umfrage haben, sollten die Antworten einer Umfrage grafisch dargestellt, also in Form gebracht werden. Grundlage dafür sind die Zahlenwerte, die ihr durch die Auswertung eurer Fragebögen gewinnt. Dazu könnt ihr zum Beispiel **Strichlisten** anlegen (hierzu die Fragen ausschneiden und einzeln auf leere Seiten kleben):

1. Welche Bedeutung hat das Fernsehen für dich in deiner Freizeit?	
A. ist absolut unverzichtbar	𝍸 II
B. ist wichtig, aber es muss nicht unbedingt sein	𝍸 𝍸 𝍸
C. hat keine große Bedeutung für meine Freizeit	𝍸 𝍸 𝍸
D. ist fast bedeutungslos	IIII

Ihr könnt auch **Tabellen** mit dem Gesamtergebnis erstellen (das Ergebnis kann direkt in einen leeren Fragebogen eingetragen werden):

2. Hast du schon einmal nachteilige Wirkungen nach einem langen Fernsehtag an dir festgestellt (z. B. Kopfschmerzen, Schlaflosigkeit, Nervosität)?		
ja (**24**)	ungefähr (**27**)	nein (**8**)

Dann müsst ihr die **Diagrammart** zur Darstellung des Gesamtergebnisses wählen. Achtung: Kreis- oder Tortendiagramme wirken unübersichtlich, wenn zu viele verschiedene Angaben hineinkommen. Ein Säulen- oder ein Balkendiagramm kann in solchen Fällen übersichtlicher wirken. Beim Kreisdiagramm müssen die Zahlenwerte vorab in Prozente umgerechnet werden (bei hohen Zahlenwerten ist das auch für die anderen Diagrammarten sinnvoll). **Tipp:** Ihr könnt eure Diagramme auch mithilfe eines Computerprogramms erstellen. Die Aussage des Diagramms müsst ihr aber auch in diesem Fall mit eigenen Worten zusammenfassen.

Webcode:
PE641789-133

Aktuelle Statistiken zum Medienkonsum von Kindern und Jugendlichen veröffentlicht zum Beispiel regelmäßig der mpfs (Medienpädagogischer Forschungsverbund Südwest). Die Ergebnisse der jährlichen Umfrage „JIM“ (Jugendmedienstudie) findest du im Internet.

Schöne neue Medienwelt

Medien in der Geschichte

Medien spielten schon in der Frühgeschichte der Menschen eine wichtige Rolle. Mit Trommeln oder Hörnern, mit Rauchzeichen oder Fackeln wurden Nachrichten über große Entfernungen übermittelt.

Mit der Erfindung des **Buchdrucks** durch Johannes Gutenberg im Jahr 1452 begann in Deutschland die Geschichte der Massenmedien. Nun konnten Informationen und Wissen vervielfältigt und wesentlich weiter verbreitet werden. Das älteste Massenmedium ist die **Zeitung**. Die erste regelmäßig erscheinende Tageszeitung wurde im Jahr 1650 in Leipzig gedruckt. Sie bestand aus viel Text, der zunächst aufwändig Buchstabe für Buchstabe auf der Druckplatte „gesetzt" werden musste.

Mit der Erfindung der Fotografie 1823 war ein Mittel gefunden, die Wirklichkeit auch in Bildern festzuhalten. Heute erscheinen Zeitungen mit vielen, teilweise farbigen Abbildungen. Diese unterstreichen oder ergänzen die Aussagen des Textes.

„Alte" Massenmedien:	Neue Medien:
Der Mediennutzer ist Empfänger der Informationen der Massenmedien. Die Kommunikation durch Medien gleicht einer Einbahnstraße.	Der Mediennutzer ist nicht nur Empfänger, sondern kann auch selbst Informationen verbreiten. Die Kommunikation ist nun in viele Richtungen möglich.
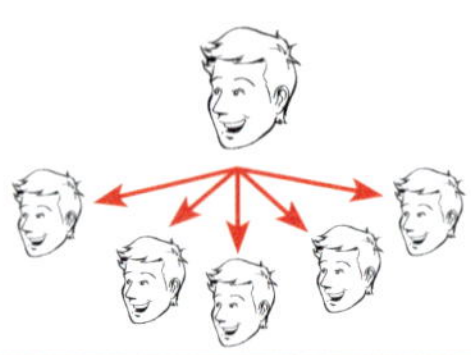	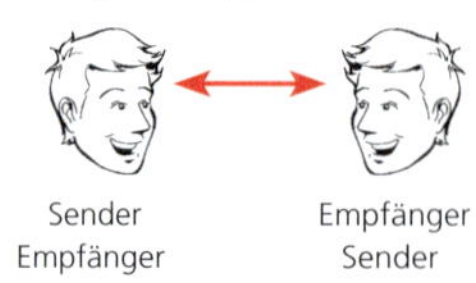

M 1 Alte und neue Massenmedien

Audiovisuelle Medien

Mit Rundfunk (1906) und Fernsehen (1930) – auch audiovisuelle Medien genannt, weil sie durch Ton und Bild wahrgenommen werden können – ergaben sich im 20. Jahrhundert neue Möglichkeiten der Informationsübermittlung an ein breites Publikum. Am 23. Oktober 1923 strahlte die „Drahtlose Dienst AG" die erste regelmäßige **Rundfunksendung** in Deutschland aus. Am 22. März 1935 folgte der erste regelmäßige Programmdienst für das Fernsehen in Deutschland.

Noch bis 1984 gab es in Deutschland nur drei Fernsehprogramme: ARD, ZDF und Drittes Programm. Durch die Einführung des privaten Fernsehens vervielfachte sich das Fernsehangebot. Heute sitzen die Deutschen täglich durchschnittlich über drei Stunden vor dem Fernsehgerät.

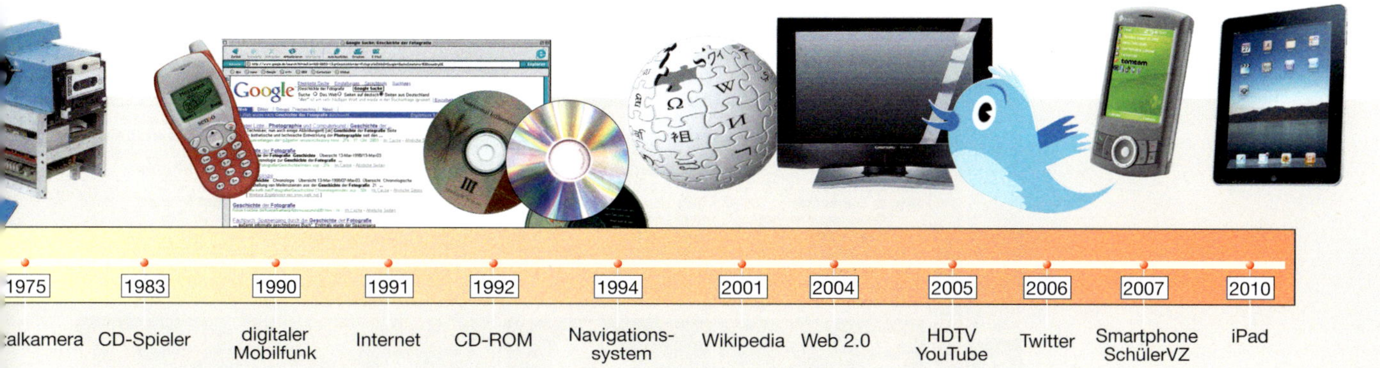

Neue Medien

In jüngster Zeit sind vor allem die **elektronischen Medien** (Computer, Handy, ...) wichtiger geworden. Sie ergänzen die herkömmlichen Printmedien (Zeitungen, Zeitschriften, ...) und audiovisuellen Medien (Rundfunk, Fernsehen, ...). Uns begegnet heute ein riesiges Infoangebot.
Besonders Computer, Handys und die Nutzung des Internets spielen dabei eine große Rolle. Diese neuen Formen zur Verbreitung von Informationen werden unter dem Begriff „neue Medien" zusammengefasst. Neu ist an diesen Massenmedien, dass die Nutzer nicht nur fertige Nachrichten aus aller Welt empfangen können, sondern jeder auch selbst Informationen zusammenstellen und aussenden kann, zum Beispiel über einen Weblog oder Podcast und z.B. über einen neuen Dienst wie Twitter.

Ausblick in die Zukunft

Ob in der Schule, im Beruf oder in der Freizeit – Massenmedien begegnen uns heute überall. Informationen zu einem Thema findet man in den Printmedien, in Radio- und Fernsehsendungen sowie auf Internet-Websites. Große Medienkonzerne bieten ihr Angebot nicht mehr nur in einem Medium an. So gibt es z.B. den „Spiegel" in Druckform als Zeitschrift, es gibt Spiegel-TV im Fernsehen und ein Online-Angebot im Internet. Verschmelzung der Medien ist das Schlagwort der Zukunft. Fernsehen, Computer, Mobilfunk und Internet wachsen zusammen. So sind z.B. die neuesten Handys nicht nur Telefon, sondern auch Computer, Fotoapparat, Radio, MP3-Player, sie bieten auch einen mobilen Zugang zum Internet.
Doch steigt damit auch der Informationsgehalt?

1 Der Autorentext enthält zahlreiche Begriffe zum Thema Medien. Ordnet diese Begriffe mithilfe einer **Mindmap**.

2 Erklärt den Unterschied zwischen „alten" und „neuen" Medien (M 1).

3 Berichtet über die Entwicklung der Medien in Deutschland.

4 Befragt Eltern und Großeltern, wann sie mit welchen Medien erstmals Kontakt hatten.

5 Im Autorentext wird von einer Verschmelzung der Medien gesprochen. Erklärt und nennt Vor- und Nachteile dieser Entwicklung.

6 Ist die im Autorentext genannte Zukunft schon Gegenwart? Wohin geht eurer Meinung nach der Trend in der Zukunft? Führt dazu eine Pro-und-Kontra-Diskussion durch.

Aufgaben der Medien

SAMSTAG 11. Juli — Alle Sender i

SA

DAS ERSTE

16
17.00 **Tagesschau** 61-850
17.03 **Ratgeber: Recht** 300-008-614
17.30 **Brisant** Magazin 35-898
17.50 **Tagesschau** 2-027-817
18.00 **Sportschau** 35-633
18.50 **Dr. Sommerfeld – Neues vom Bülowbogen** 725-817
Serie, Dtl. 1999
Notlügen. Mit Rainer Hunold
19.45 **Das Wetter** 5-619-986
19.50 **Lottozahlen** 1-786-256
20.00 **Tagesschau** 25-850

20
SPIELSHOW
20.15 **Der große Coup** 1-918-985
NEU Spielshow
Moderation: Jörg Pilawa (o.)
Drei „Panzerknacker"-Teams mit je einem Promi treten an, um eine Tonne Geld für eine gemeinnützige Organisation zu erspielen. Guido Cantz traut sich zu, die knifflige Aufgabe zu lösen.
22.30 **Tagesthemen** 86-546

ZDF

17.15 **heute** 3-512-140
17.20 **Länderspiegel** 35-053
Mit Isabelle Tümena
17.50 **Menschen – das Magazin**
Heimat Deutschland 441-968
18.05 **hallo deutschland** 6-515-546
18.30 **Leute heute** 8-091
19.00 **heute** 34-099
19.20 **Wetter** 7-514-512
19.25 **Unser Charly** 6 7-055-904
Familienserie, Dtl. 2003
(10) Ein Fest für Max

MUSIKSHOW
20.15 **Das große Sommer-Open-Air mit Marianne & Michael** 6-781-633
Gäste: Bonnie Tyler (o.), Chico & The Gypsies, Les Humphries Singers, Flippers, Claudia Jung, Michael Wendler, DJ Ötzi, Peter Kraus, Nik P., Nockalm Quintett, Francine Jordi, Geschwister Hofmann, Stefanie Hertel, Hansi Hinterseer.

RTL

13.00 **Formel 1: Großer Preis von Deutschland** 89-411
9. WM-Lauf: Freies Training
13.45 **Formel 1: Großer Preis von Deutschland** 7-092-898
LIVE Qualifying
15.30 **Die ultimative Chart Show**
Oldies (von gestern) 895-445
17.40 **Exclusiv Spezial – Das Leben der Superreichen**
Reiche Erben (v. So.) 9-782-324
18.45 **RTL akt. Weekend** 699-643
19.05 **Explosiv Weekend** 9-304-237

TV-ABENTEUER
20.15 **Color of Magic – Die Reise des Zauberers**
TV-Fantasy- 42-811-091
abenteuer, GB 2008. Nach Terry Pratchett. Mit Sean Astin, Tim Curry. – Nicht weit vom Erdtrabanten entfernt gleitet eine geheimnisvolle Scheibenwelt durchs Universum. In dieser bizarren Dimension lebt der trottelige Magier

SAT.1

17.30 **Niedrig und Kuhnt – Kommissare ermitteln** 3-430
Oder Regionalprogramme
18.00 **Lenßen & Partner** 1-459
Reihe, Dtl. 2008
18.30 **Lenßen & Partner** 9-850
Reihe, Dtl. 2008
19.00 **K 11 – Kommissare im Einsatz** Reihe, Dtl. 2008 7-237
19.30 **K 11 – Kommissare im Einsatz** Reihe, Dtl. 2008 6-508
20.00 **Sat.1 Nachrichten** 52-427

ZEICHENTRICK
20.15 **Asterix, der Gallier**
Zeichentrick, Frkr./ 25-324
Belgien 1967. Nach René Goscinny und Albert Uderzo
Regie: Ray Goossens. – Die Römer sind mit ihrem Kriegslatein am Ende: Ganz Gallien haben sie im Griff – einzig die Bewohner eines winzigen Ortes leisten Widerstand. Was verleiht den Rebellen diese

M1 TV-Programm (Ausschnitt)

Tolles Radio! Schon angemeldet?
Foto aus einer Werbung der GEZ (Gebühreneinzugszentrale).
Die Gebühren für die Nutzung der öffentlich-rechtlichen Rundfunk- und Fernsehsender werden von der GEZ eingefordert.

Vier Bereiche

Die Aufgaben der Massenmedien lassen sich vier Bereichen zuordnen.

1. Informieren

In der Demokratie bestimmen die Wählerinnen und Wähler die Politik, indem sie Abgeordnete ins Parlament wählen, die ihrer Meinung nach die richtigen Entscheidungen treffen werden. Eine Demokratie kann deshalb nur richtig funktionieren, wenn die Bürgerinnen und Bürger regelmäßig und umfassend informiert werden. Diese Aufgabe übernehmen die Massenmedien. Politische Zusammenhänge müssen erklärt werden, damit Nicht-Fachleute – und das sind die meisten – sie verstehen. Erst dann können sie sich als Wähler, als Mitglieder einer Partei, eines Verbandes oder einer Bürgerinitiative eine Meinung bilden.

2. Kritisieren und kontrollieren

Man nennt die Medien manchmal die „vierte Gewalt im Staat" (neben Regierung, Parlament und Rechtsprechung), weil sie in der Vergangenheit eine ganze Reihe von politischen Skandalen aufdeckten: Regierungsmaßnahmen ohne ausreichende gesetzliche Grundlagen oder Parteien, die unrechtmäßig Millionenbeträge einstrichen. Massenmedien sind also auch Kontrollorgane der Politiker.

3. Unterhalten

„Zur Unterhaltung gehört, was gefällt", meinen viele. Lesern, Hörern und Zuschauern werden Unterhaltungsshows, Musik und Humor, Reise- und Sportberichte und vieles mehr geboten. Es wird alles gebracht, von dem angenommen wird, dass es die Konsumenten interessiert, amüsiert, begeistert und unterhält.

4. Bilden

Die Medien bringen auch Beiträge zu allgemein bildenden und kulturellen Themen wie Naturwissenschaften, Geschichte, Kunst, Literatur und allgemeinen Lebensfragen. Die wissenschaftlichen Erkenntnisse werden allerdings häufig in Unterhaltung „verpackt" (so genanntes Infotainment).

Der duale Rundfunk

Bis in die 1980er-Jahre wurde Rundfunk (Hörfunk und Fernsehen) in der Bundesrepublik Deutschland ausschließlich von den öffentlich-rechtlichen Rundfunkanstalten ARD und ZDF angeboten. Neue Entwicklungen in der Kabel- und Satellitentechnologie eröffneten privaten Anbietern die Möglichkeit eigener Übertragungen. Seit 1986 ist ein **duales** (zweigleisiges) System, also ein Nebeneinander von öffentlich-rechtlichen und privaten Anbietern gesetzlich erlaubt.

Öffentlich-rechtliche Sender erfüllen einen gesetzlichen Auftrag. Sie sollen die Grundversorgung der Bevölkerung mit Informationen, aber auch mit Kultur, Bildung und Unterhaltung sicherstellen. Dafür dürfen die Sender von den Hörern und Zuschauern Gebühren erheben. Kontrolliert werden die öffentlich-rechtlichen Sender durch den Rundfunkrat. Er soll eine Programmgestaltung sicherstellen, die die Interessen aller wichtigen gesellschaftlichen Gruppen berücksichtigt.

Privatsender sind wie Wirtschaftsunternehmen aufgebaut. Ihr Ziel ist es, Gewinne zu erzielen. Sie dürfen daher ein Programm bringen, das viele Zuschauer anlockt oder sich auf bestimmte Bereiche beschränkt. Dafür haben sie aber keinen Anspruch auf Gebühren und müssen sich durch Werbung finanzieren. Dabei gilt: Je mehr Menschen eine Sendung einschalten, desto höher sind auch die Kosten für die Werbeminute und damit die Einnahmen des Senders.

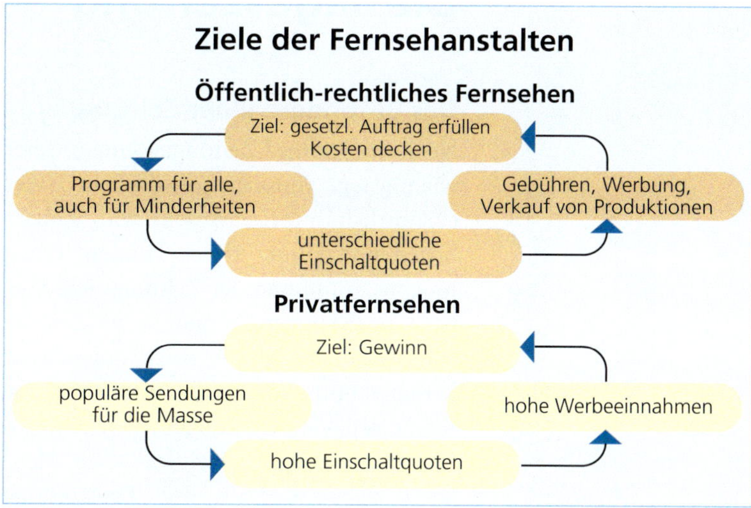

M 2 Sendeziele im Vergleich

Programmangebote im Fernsehen
(Angaben in Prozent, fehlende Zahlen zu 100 % = sonstige Sendungen)

	ARD	ZDF	RTL	SAT.1	ProSieben
Information, Nachrichten	41	50	23	17	16
Infotainment (Doku-Soap, Reality-TV)	6	10	28	32	25
Unterhaltung (fiktionale)	36	26	25	28	37
Kinder-programme	6	5	1	0	3
Sport	6	5	2	1	0
Werbung	1	1	13	16	15

Quelle: Programmanalyse 2009 (Media Perspektiven 4/2010)

M 3 Programmangebot der führenden Fernsehsender

1 Ordnet die in M 1 genannten Fernsehsendungen den im Autorentext genannten vier Aufgabenbereichen zu.

2 Vergleicht die Sendeziele von öffentlich-rechtlichen und privaten Sendeanstalten (M 2).

3 Erläutert, welche Folgen die unterschiedlichen Zielsetzungen von öffentlich-rechtlichen und privaten Sendeanstalten auf die Programmgestaltung haben. Wertet dazu die Übersicht M 3 aus.

4 Untersucht das Fernsehprogramm eines öffentlich-rechtlichen Fernsehsenders eines beliebigen Tages. Versucht die einzelnen Sendungen Interessengruppen zuzuordnen.

Die Tageszeitung

Das Besondere einer Zeitung

Noch immer sind Zeitungen eine unserer wichtigsten Informationsquellen. Wer ausführlich informiert sein will, Einzelheiten und Hintergründe kennen lernen möchte, kommt an der Zeitung nicht vorbei. Außerdem findet man in der Zeitung Informationen, an die sonst nur schwer heranzukommen ist, z. B. zu lokalen oder regionalen Veranstaltungen, Vereinsnachrichten und Todesanzeigen. Viele Menschen haben deshalb eine Tageszeitung **abonniert**. Auch Zeitungen gehen mit der Zeit. Heute bestehen Printmedien, Radio- und Fernsehsender sowie Internet-Websites nebeneinander. So verfügen alle Tageszeitungen über einen Internetauftritt, der neben der jeweiligen Ausgabe auch aktuelle Meldungen, ein Archiv sowie zahlreiche Zusatzangebote einschließt.

M 1 Tageszeitungen aus Hessen

M 2 Zeitungsgattungen

Lokale Tageszeitungen berichten über Politik, Wirtschaft, Kultur und Sport. Sie behandeln viele regionale Themen.

Überregionale Tageszeitungen berichten ausführlich über Politik, Wirtschaft, Kultur und Sport.

Nachrichtenmagazine illustrieren lebendig geschriebene Berichte und Kommentare mit vielen Fotos.

Boulevardzeitungen haben ihren Namen daher, weil sie nicht im Abonnement, sondern auf der Straße verkauft werden. Sie sind auffällig bunt gestaltet, werben mit großen Schlagzeilen und berichten oft über Skandale. Der Gefühlswert der Beiträge übertrifft deutlich den sachlichen Informationswert.

Sonntagszeitungen erscheinen nur einmal in der Woche. Sie behandeln aktuelle Themen und Hintergründe.

Wochenzeitungen schreiben aufgrund des wöchentlichen Erscheinens zu den Hintergründen und ordnen aktuelle Themen in Zusammenhänge ein.

Kostenlose Werbeblätter haben einen dünnen redaktionellen Teil, meist mit aktuellen Sportnachrichten und Rezepten, ihr Hauptzweck ist die Verbreitung von Werbeanzeigen.

Politik und Unterricht: Medien, 1/2002, S. 33, red. bearb.

Zeitung für junge Leute

Um das Interesse insbesondere der Jugendlichen an der Zeitung zu wecken und zu halten, haben in den vergangenen zehn Jahren zahlreiche Verlage weit über 100 eigene redaktionelle Angebote für junge Leser entwickelt. Seither veröffentlichen die Zeitungen zum Beispiel regelmäßig **Jugendbeilagen** mit ausführlichen Veranstaltungshinweisen oder spezielle Jugendseiten sowie auf diese Zielgruppe zugeschnittene Internetaktivitäten. Gerade durch die Verknüpfung mit interessanten Online-Angeboten hoffen die Verlage, die internetbegeisterten Jugendlichen auch mit der gedruckten Zeitung vertraut zu machen. Mittlerweile richten sich zahlreiche Aktivitäten aber auch bereits an Kinder im Grundschulalter. Dabei wird auf interessante inhaltliche Angebote ebenso viel Wert gelegt wie auf Leseförderungsmaßnahmen.

Zeitung in der Schule

Fast alle Tageszeitungen bieten für Schulen einen besonderen Service: Über mehrere Wochen werden Schulklassen kostenlos mit der aktuellen Tagesausgabe einer Zeitung versorgt. Im Rahmen von **Projekten** beschäftigen sich die Schülerinnen und Schüler intensiv mit der jeweiligen Zeitung und werden auch selbst als Journalisten tätig. Ihre Beiträge werden dann in der Zeitung veröffentlicht. Meist rundet ein Besuch im Pressehaus das Projekt ab. Bei dem Projekt „Zeitung in der Schule" sollen die Schülerinnen und Schüler den Aufbau der Tageszeitung kennen lernen und Inhalte für sich entdecken und nutzen können. Begleitet wird das Projekt von der Stiftung Lesen, die weitere Informationen und Unterrichtsmaterial zum Thema liefert.

Stiftung Lesen, Abt. Versand
Fischtorplatz 23
55116 Mainz
www.stiftung-lesen.de

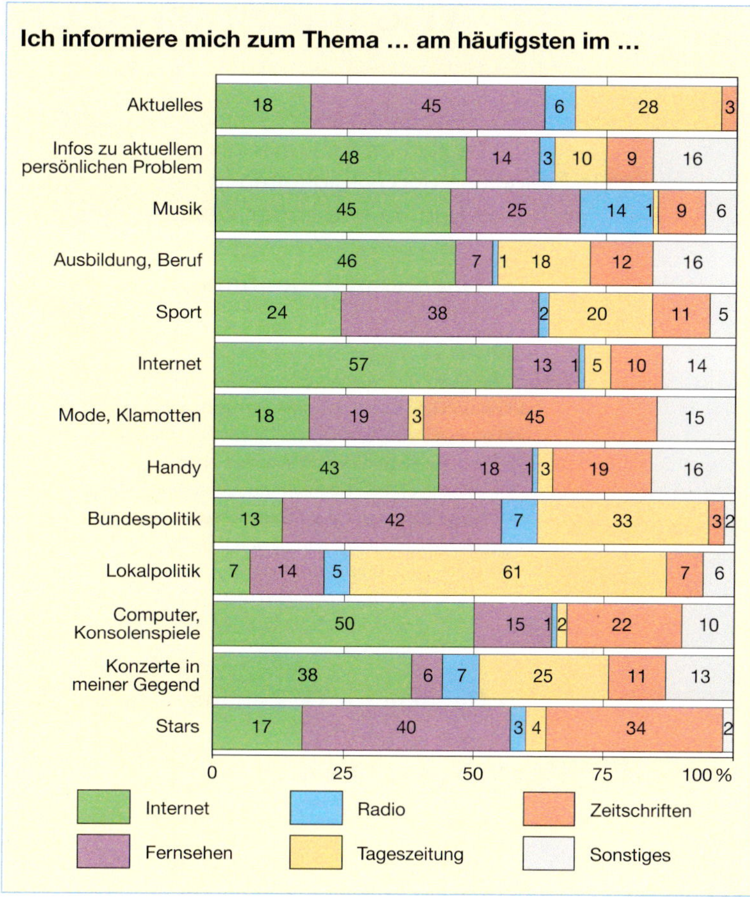

M3 **Wo sich Jugendliche informieren.** *mpfs, Jugendmedienstudie JIM 2009*

1 Macht in der Klasse eine kleine Umfrage: Jede/-r soll auf einem Zettel ohne Namensangabe notieren, wie oft sie/er in der letzten Woche eine Zeitung/Zeitschrift ungefähr wie lange gelesen hat. Wertet die Umfrage an der Tafel aus.

2 Besorgt euch zu jedem der in M2 aufgelisteten Zeitungstypen ein Exemplar. Bearbeitet in Gruppen je einen Zeitungstyp nach folgenden Gesichtspunkten: Aufbau, Informationswert, Sachlichkeit, Unterhaltungswert. Stellt eure Ergebnisse der Klasse vor.

3 In seriösen Zeitungen wird strikt unterschieden zwischen Nachrichten (sachliche Form der Information) und Artikeln, die bewerten, deuten, kritisieren oder persönliche Eindrücke wiedergeben. Findet für diese Unterscheidung Beispiele.

4 Vergleicht den Internetauftritt einer Zeitung mit der Printausgabe. Stellt Unterschiede und Gemeinsamkeiten in einer Tabelle zusammen.

5 Wertet M3 aus und vergleicht mit eurem eigenen Informationsverhalten.

Wie informieren uns die Medien?

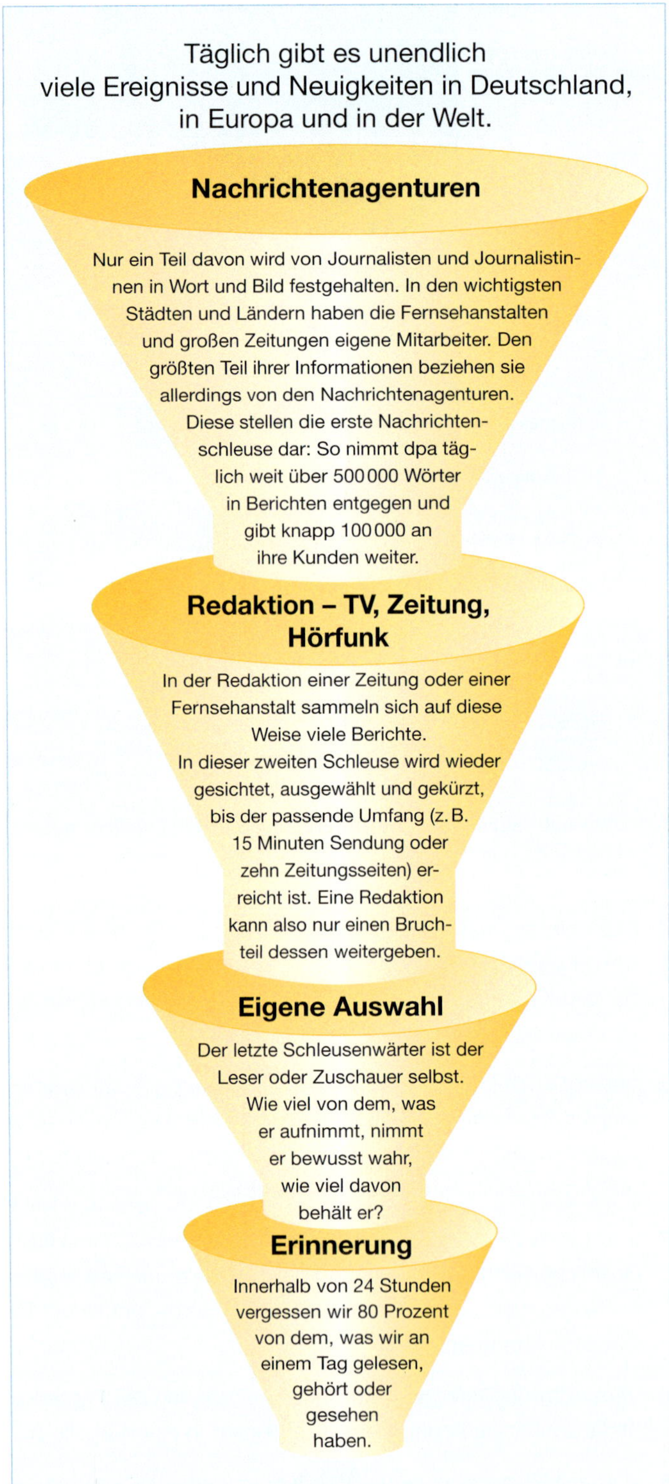

M 1 Die „Nachrichtenschleuse“

M 2 Blick in die Redaktion der Nachrichtenagentur AP (Associated Press)

Journalisten entscheiden, was wichtig ist

Als vor einigen Jahren in dem afrikanischen Land Sudan eine Hungersnot ausbrach, wurde in Zeitungen und Spendenaktionen darüber berichtet und zu Spenden aufgerufen. Viele Kinder konnten so vor dem Hungertod gerettet werden. Aber auch in anderen Regionen der Welt verhungern täglich Menschen oder erleiden ein anderes schreckliches Schicksal. Der Unterschied: Wenn die Massenmedien nicht darüber berichten, nimmt die Weltöffentlichkeit die Ereignisse nicht zur Kenntnis.

In keiner Zeitung oder Nachrichtensendung kann über alles berichtet werden, was in der Welt passiert. Niemand wäre zudem in der Lage, so viele Informationen zur Kenntnis zu nehmen. Medien müssen also auswählen und Journalisten werden deswegen auch als Schleusenwärter oder „**gate keeper**“ bezeichnet. Nachrichten werden durch sie gesiebt, gefiltert, bearbeitet, gemacht. Das Grundprinzip der Auswahl ist dabei die Frage: Was interessiert die Leser, Hörer oder Zuschauer? Ein gängiges Auswahlschema ist das so genannte **GUN-Prinzip** (M 3).

M3 Das GUN-Prinzip

***G** = Gesprächswert*

Gesprächswert hat ein Ereignis, über das man spricht, diskutiert, sich ärgert oder sich freut. Beispiele sind

- Außergewöhnlichkeiten: „Hund beißt Mann“ ist keine Meldung. „Mann beißt Hund“ ist eine Meldung!
- Personenbezug: Über bekannte Personen wird häufiger berichtet. Angela Merkel beim Jogging ist eine Nachricht; wenn der nur wenig bekannte Nachbar das Gleiche tut, interessiert das kaum jemand.
- „Schlechte Nachrichten sind gute Nachrichten.“ Je schlimmer ein Ereignis ist, desto eher wird darüber berichtet. Unfälle sind alltäglich und nur dann eine Nachricht, wenn es besonders viele Opfer oder im Ausland deutsche Opfer gegeben hat.
- Nähe, vor allem geografische Nähe: Was in der eigenen Stadt passiert, interessiert die meisten mehr als ein fernes Ereignis.

***U** = Unterhaltung*

Ein Ereignis, (…) das verblüfft oder amüsiert, hat ebenfalls einen hohen Nachrichtenwert. Ausschlaggebend ist die Nähe zur eigenen Lebenssituation, den eigenen Wünschen und Sehnsüchten. So genannte Boulevardthemen wie „sex and crime“ verkaufen sich besonders gut und sind deshalb für Zeitungen wichtig, die in erster Linie am Kiosk verkauft werden.

***N** = Neuigkeit (oder Überraschung)*

Der Rücktritt der Gesundheitsministerin hat einen höheren Nachrichtenwert als die wöchentliche Pressekonferenz des Verteidigungsministers.

Politik und Unterricht: Medien. 1/2002, S. 15

M4 Volltreffer *Karikatur: R. Löffler*

a. **Fast ein Wunder: Jennifer brach sich zweimal das Genick – und überlebte**
b. **Ölpreise steigen drastisch**
c. **Weniger Lehrstellen in Baden-Württemberg**
d. **Vampir-Alarm in Moskau**
e. **Rechtschreibreform wird rückgängig gemacht**
f. **Auswirkungen des Klimawandels spürbar**
g. **Deutsche Ärzte warnen! Todesgrippe kommt**
h. **Brand in Gummifabrik – Giftwolke treibt auf Stuttgart zu**
i. **Verfassungsgericht entscheidet: Taschengeld ist Pflicht**
j. **Arbeitslosenzahlen in Hamburg steigen weiter**
k. **Hungersnot im Sahel – Tausende sterben**
l. **Wissenschaftler fordern 7-Tage-Woche für die Schule**
m. **Chinas Wirtschaft boomt**
n. **Stadtsparkasse überfallen! Bankräuber entkommt mit 5000 €**
o. **Karl-Heinz wird nicht versetzt**
p. **Teamchef: Wir werden Weltmeister!**
q. **Lauffen am Neckar: Besenwirtschaft brennt lichterloh**

M5 Schlagzeilen

Schulleiter schlägt schwangere Mutter

Mit 90 bei Nebel auf dem Bürgersteig

Bischof verflucht Finanzminister

M6 So macht man Schlagzeilen

1 Beschreibt den Weg vom Entstehen der Nachricht bis zu uns. Welche Gefahren birgt die „Nachrichtenschleuse" (M 1)?

2 a Bringt die Meldungen in M5 in eine Reihenfolge (1–17), wobei ihr an erste Stelle diejenige Meldung setzt, die auf jeden Fall in die Zeitung muss, an die letzte Stelle die Nachricht, die verzichtbar ist.

b Begründet für die Meldungen 1, 2, 16 und 17, warum sie an dieser Stelle stehen. (Achtung: Hier gibt es kein eindeutiges Ergebnis, sondern nur unterschiedlich begründete Entscheidungen.)

3 Stellt fest, ob ihr euch bei der Auswahl der Nachrichten am „GUN-Prinzip" orientiert habt (M 3).

4 Überprüft das „GUN-Prinzip". Untersucht dazu Nachrichtensendungen unterschiedlicher Sender.

Nachrichten werden gemacht!?

Debatte und Abstimmung im Bundestag

Jeden Abend um 20.00 Uhr beginnt im Ersten Programm die Tagesschau. Die Sendung, die zu den bekanntesten Nachrichtensendungen im deutschen Fernsehen gehört, dauert etwa 15 Minuten und informiert über das aktuelle Tagesgeschehen. Mithilfe der Grafik auf dieser Doppelseite könnt ihr erarbeiten, wie eine Meldung zu einer Nachricht in der Tagesschau wird, auf welchem Weg diese ins Fernsehen gelangt und welche Menschen dabei mitwirken.

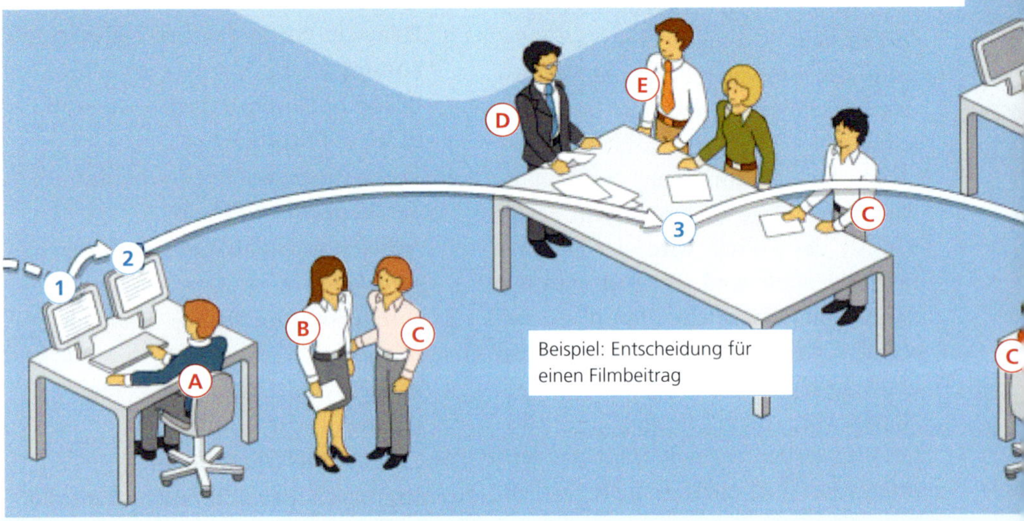

Vom Ereignis zur Nachricht

(1) Eingang der Nachricht

Über die Nachrichtenagenturen oder unsere Korrespondenten erfahren wir von einem Ereignis. Der Chef vom Dienst (CvD) sichtet, sortiert und verteilt die Meldungen an die Redakteure.

(2) Recherche

Der zuständige Redakteur recherchiert den Hintergrund einer Meldung. Was sagt die Gegenseite? Gibt es Experten, die befragt werden sollten? Wurde das Thema schon einmal in einer Sendung behandelt?

(3) Redaktionskonferenz

Auf der Redaktionskonferenz wird entschieden, welche Nachricht in welchem Format gesendet wird. Jeden Tag gibt es mehrere solcher Konferenzen.

(4) Kontaktaufnahme mit Korrespondenten

Zuerst wird Kontakt aufgenommen mit dem Korrespondenten vor Ort. In Absprache mit dem Korrespondenten schreibt die Redakteurin außerdem eine kurze Einleitung für den Beitrag. Diese enthält die wichtigsten Informationen und oft auch jüngste Entwicklungen.

(5) Produktion des Beitrags

Mit seinem Team vor Ort produziert der Korrespondent den Beitrag. Oft wird der Film noch unterwegs auf einer mobilen Schnittstelle fertig gestellt.

(6) Bildabnahme durch den CvD

Alle Filme und Beiträge müssen vor der Sendung zum Chef vom Dienst (CvD), wo sie noch einmal überprüft werden. Außerdem prüft der CvD jeden Text, bevor dieser gesendet wird.

(7) Einspielung

Der Film wird durch den Bildingenieur live eingespielt.

(8) Moderation

Die Meldungen werden von den Sprechern seriös und objektiv verlesen.

Wer macht was?

(A) Der Chef vom Dienst, kurz CvD genannt, plant den inhaltlichen Ablauf der Sendung und nimmt die Texte und Filme ab.

(B) Die Sekretärinnen unterstützen unsere Redakteure bei ihrer Arbeit. Sie sind auch für den Ausdruck der Sprecher-Manuskripte und der Sendungsabläufe zuständig.

(C) Ein/-e Redakteur/-in ist ein Journalist, der/die eine Nachricht bearbeitet. Anders als z. B. bei einer Zeitung sind unsere Redakteure nicht auf ein Sachgebiet (Ressort) festgelegt. Sie bearbeiten in jeder Schicht unterschiedliche Themen.

(D) Der/die Chefredakteur/-in leitet die Redaktionskonferenz. Er/sie trägt die Verantwortung für den Inhalt der Sendung und hat daher im Zweifelsfall immer das letzte Wort.

(E) Der planende Redakteur sorgt dafür, dass uns kein Thema entgeht. Er erstellt eine Vorschau mit den Terminen des Tages und koordiniert die zuständigen Korrespondenten.

(F) Ein Korrespondent berichtet vor Ort über die Ereignisse in einer Region oder einem Land. Die ARD hat das größte Korrespondentennetz weltweit.

Webcode:
PE641789-143

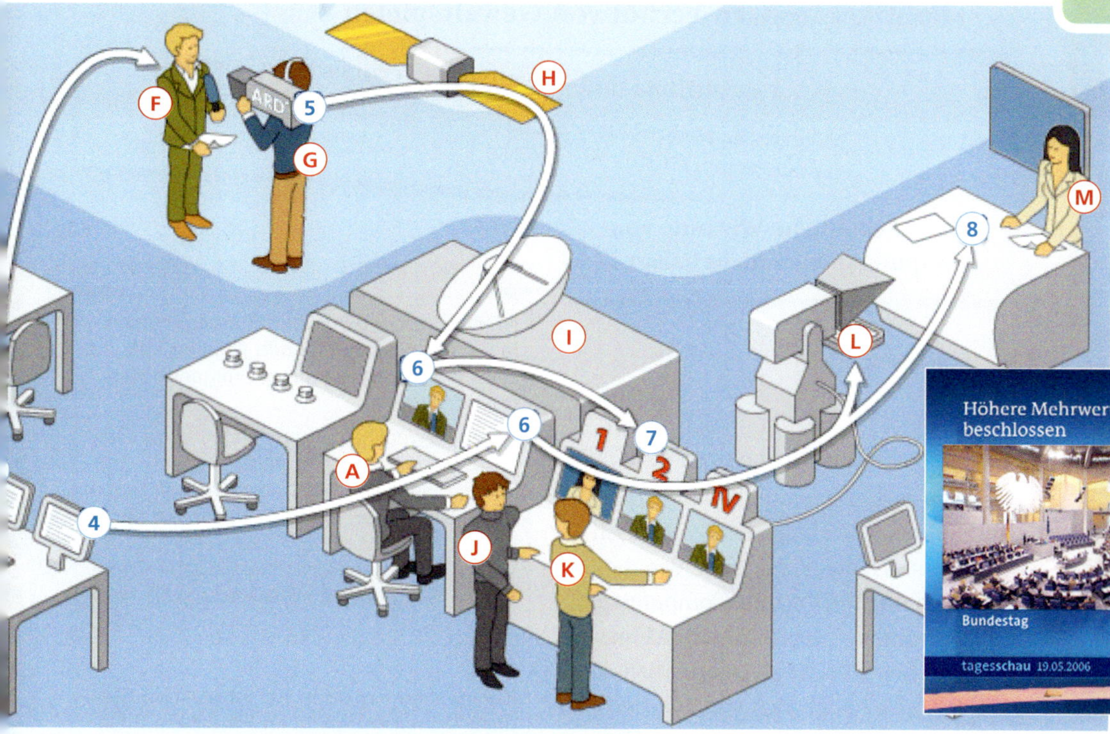

Die Nachricht im Fernsehen

(G) Ein Kameramann fängt vor Ort die besten Bilder vom Geschehen ein.

(H) Über eine Satellitenleitung, die zuvor vom planenden Redakteur gebucht wurde, werden die Bilder nach Hamburg übertragen.

(I) In der Tagesschau-Aufzeichnungs- und Sendezentrale, kurz TAZ genannt, werden alle überspielten Filmbeiträge aufgezeichnet und zur Ausspielung bereitgehalten.

(J) Der Regisseur hat im Studio das Sagen und entscheidet, wann welche Kamera auf Sendung geht. Er ist auch gefragt, wenn Live-Schaltungen zusammenbrechen.

(K) Der Bildingenieur und seine Kollegen in der Sendetechnik machen es möglich, dass wir überhaupt etwas zu sehen bekommen.

(L) Auf dem Teleprompter, einem Vorsatz an der Kamera, werden die Texte eingeblendet. So muss der Moderator nicht auf die Zettel schauen.

(M) Die Sprecher und Moderatoren sind das Gesicht von ARD aktuell. Sie alle verfügen über eine professionelle Sprechausbildung.

1 Erarbeitet in Partnerarbeit mithilfe der Grafik den Weg vom Ereignis (1) zur Nachricht im Fernsehen (8).
- **a** Erläutert die einzelnen Stationen.
- **b** Klärt dabei auch, welche Personen beteiligt sind und welche Aufgaben sie haben.

2 Auf der Redaktionskonferenz (3) wird entschieden, welche Nachricht in welchem Format gesendet wird. In diesem Beispiel wurde ein Filmbeitrag gewählt.
- **a** Recherchiert im Internet (Webcode), welche weiteren Formate es gibt.
- **b** Beschreibt die dort genannten Abläufe und benennt weitere Personen, die gebraucht werden.
- **c** Nennt Kriterien, die bei der Entscheidung helfen, in welchem Format eine Meldung gesendet werden soll.

3 Die Tagesschau um 20.00 Uhr dauert jeden Tag 15 Minuten. Erklärt, wie es möglich ist, dass es nie zu viel oder zu wenig Nachrichten gibt.

4 Vergleicht Nachrichtensendungen zweier Sender (öffentlich-rechtlich/privat). Was stellt ihr fest? Wie erklärt ihr eure Ergebnisse? (Verwendet dazu auch S. 137.)

Computerspiele – ein Kinderspiel?!

M 1 Knöpfchen- und/oder Köpfchenspiel?

Politiker fordern Verbot von Gewaltspielen

Gewaltfilme und Gewaltspiele verursachen Gewalt!

Mörderische Medien? Massaker unter dem Eindruck vom PC-Spiel DOOM? Gewalt garantiert finanzielle Erfolge!

Studie: Schädliche Wirkung von Computerspielen nicht belegt.

M 2 Schlagzeilen

Faszination am Bildschirm

Der Mensch wurde schon in der Antike als „homo ludens" – als spielender Mensch – bezeichnet. Heute kann man den Spieltrieb auch mit Video- und Computerspielen befriedigen – sie faszinieren Jugendliche und Erwachsene gleichermaßen. Der Spaß am Spiel hängt auch von den eigenen Vorlieben und Fähigkeiten ab. Grob unterteilt gibt es zwei Spielsorten, „Knöpfchenspiele" (Abschieß-, Geschicklichkeits- und Sportspiele) und „Köpfchenspiele" (Abenteuer-, Simulations- und Rollenspiele). Erfolgserlebnisse vermitteln alle.

Oft ist Gewalt im Spiel …

Computer, Spielkonsolen und Internet bieten heute eine kaum zu überblickende Fülle von Spielangeboten. Gegen bestimmte Spiele wird der Vorwurf erhoben, sie seien gewaltverherrlichend. Im Einzelfall ist schwer zu sagen, ob es sich lohnt, die Zeit mit dem Spiel zu verbringen oder die Finger davon zu lassen. Viele Computerzeitschriften enthalten Spielbeschreibungen und -bewertungen. In Online-Foren wird darüber diskutiert, ob die Ergebnisse unabhängig oder durch Werbung „käuflich" sind und ob die Tester das ganze Spiel gespielt haben.

Medien werden von der Bundesprüfstelle für jugendgefährdende Medien indiziert (verboten), wenn sie folgende Kriterien erfüllen:

- selbstzweckhafte und detaillierte Darstellungen von Gewalthandlungen, insbesondere von Mord- und Metzelszenen
- Medieninhalte, die Selbstjustiz als einzig bewährtes Mittel zur Durchsetzung der vermeintlichen Gerechtigkeit nahe legen;
- verrohend und zu Gewalttätigkeit oder Verbrechen anreizend wirkende Medieninhalte.

Zusätzliche Kriterien für interaktive Medien/Computerspiele im Hinblick auf Gewalthandlungen gegen Menschen oder menschenähnliche Wesen

- kaum oder keine alternativen Handlungsoptionen/Konfliktlösungsmöglichkeiten
- alternative Handlungsoptionen/Konfliktlösungsmöglichkeiten sind zwar möglich, aber für die Erreichung des Spielzieles nachteilig oder irrelevant [unwichtig]
- das Ausüben von entsprechender Gewalt erscheint unproblematisch oder gesellschaftlich normal, ist nicht mit negativen Folgen oder Sanktionen [Strafen] versehen oder wird im Rahmen des Spiels belohnt
- Gewalt gegen Unbeteiligte ist Bestandteil des Spiels und wird nicht oder nur eingeschränkt sanktioniert
- die jugendgefährdende Wirkung der Darstellungen wird durch realitätsimitierende Steuerungs- und Bedienungselemente verstärkt

www.bundespruefstelle.de/bpjm/Jugendmedienschutz/Indizierungsverfahren/spruchpraxis,did=32992.html, Abruf: 7.12.2011

M 3 Indiziert!

M4 Spaßfaktor-Skala? Freigabe-Symbole der USK: Unterhaltungssoftware Selbst-Kontrolle *www.usk.de (20.4.2005)*

M5 Spielekauf – eine alltägliche Szene?

Marvin (13) bittet seine Schwester Sarah (19)

MARVIN: „Sarah, ich muss bis Freitag unbedingt Mafia II haben. Besorgst du es für mich? Im Game-Shop kostet es 51,90 €. Hier sind 55 €. Der Rest ist fürs Holen."

SARAH: „Warum kaufst du es nicht einfach selbst? Und überhaupt, so viel Großzügigkeit kenne ich gar nicht von dir?"

MARVIN: „Habe es ja schon selbst versucht, aber der Verkäufer meinte, er dürfe das Spiel nur an Erwachsene verkaufen. So eine Gemeinheit! Alle interessanten Spiele sind erst ab 16 oder 18 Jahren. Soll ich nur so Kleinkinderspiele ab 12 spielen? Uns Jugendlichen wird vom Staat überall hineingeredet. Und du weißt ja, wie unsere Eltern sind! Der Vater von Robin ist richtig cool, gemeinsam haben sie z. B. Lost Planet 2 gekauft. Und Max bekommt von seiner großen Schwester tolle Spiele wie Doom 3. Die spielt selbst jeden Tag mehrere Stunden. Deshalb komme ich ja zu dir! Am Samstag kommen Robin und Max. Mit dem Kinderkram für meine X-Box lachen die mich garantiert aus!"

Autorentext

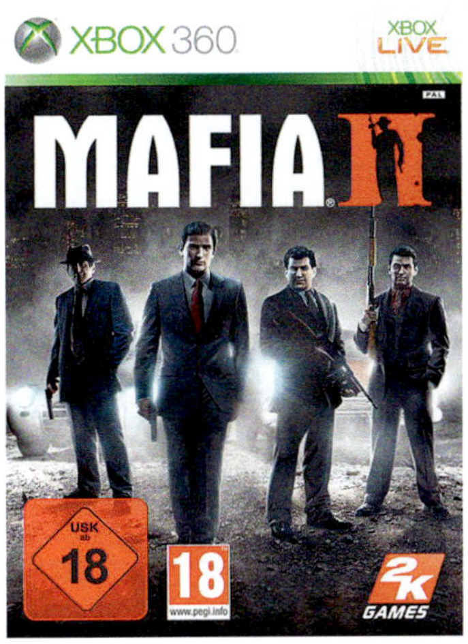

M6 Tolles Spiel – meint Marvin! Und ihr?

M7 Lernsoftware – Lernspaß oder Langeweile garantiert?

1 Betrachtet die Spiele in M 1, M 6 und M 7.
   a Versucht anzugeben, ob es sich jeweils um ein *Knöpfchen-betätigen-* oder *Köpfchen-einsetzen*-Spiel handelt?
   b Ab welcher Altersgruppe ist das Spiel empfohlen? Klärt mit den Symbolen in M 4. Was meint ihr – sind die Altersfreigaben ein Hinweis, ab wann das Spiel wirklich gespielt werden kann?

2 Wie könnte das Gespräch von Marvin und Sarah weitergehen? Wie soll sich Sarah verhalten? Bereitet Rollenspiele vor und vergleicht eure Ergebnisse. Diskutiert danach auch über M 5, M 6 und M 7.

3 a Warum hat die Bundesprüfstelle gerade diese Indizierungsgründe gewählt (M 3)?
   b Überlegt, warum es zusätzliche Kriterien für Computerspiele gibt. Was unterscheidet sie von sonstigen Medien (z. B. Filme, Bücher)?

4 Die Computernutzung von Jungen und Mädchen ist unterschiedlich. Welche Unterschiede vermutet ihr?

5 Testet euer Wissen über Computerspiele bei einem Quiz. (Webcode)

Webcode: PE641789-145

Gruppenpuzzle – Rund ums Internet: Chancen und Gefahren

Justin Bieber veröffentlicht Biografie

Justin Bieber wird im Oktober seine Biografie veröffentlichen. Er hat den Vertrag bereits unterzeichnet.

Justin Bieber, Sänger und Mädchenschwarm, wird im Oktober seine Biografie veröffentlichen. In dem Buch geht es um Justins Erfolgsgeschichte vom „normalen" Jungen zum Sänger und Songwriter.

Justin Bieber veröffentlichte 2009 einige Videos auf Youtube.com, in denen er sein Talent zum Besten gab. Zahlreiche Fans klickten seine Videos und Justin wurde in kurzer Zeit zum Star!

http://www.erdbeerlounge.de/stars-entertainment/Justin-Bieber-Biographie-wird-veroeffentlicht-8612-_a11541/site1-0-0, Abruf: 9.8.2010

M1

Schüler-Protest: Ohne Internet geht gar nichts

5000 Schüler protestierten am Montag gegen die Wiederholung des Mathe-Tests

Berliner Schüler gehen immer häufiger für die Bildung auf die Straße – und organisieren ihren Protest online. Wie jetzt im Streit um die Wiederholung der Mathe-Klausur.

„Wir kamen nach Hause und haben erfahren, dass wir die Matheprüfung noch einmal schreiben sollen. Da haben wir beschlossen: Wir tun was dagegen", erinnert sich der 16-jährige Heiko. Der Zehntklässler hatte mit seinem Freund Florian vor einer Woche die Idee, gegen die Wiederholung der Prüfung auf die Straße zu gehen. Kurzerhand erstellte Florian eine Homepage. Die Seite informiert nun über die nächsten geplanten Schritte. „Innerhalb der ersten acht Stunden haben 9000 Leute die Internetseite besucht", sagt Heiko. „Mit so einem Echo haben wir nicht gerechnet."

Stephanie Walter, http://www.tagesspiegel.de/berlin/landespolitik/ohne-internet-geht-gar-nichts/1258954.html, Abruf: 03.08.2010

M4

Wieder Datenklau bei SchülerVZ

Bei dem Online-Netzwerk SchülerVZ sind erneut in großem Stil Nutzerdaten abgegriffen worden. Mithilfe künstlicher Profile und E-Mail-Adressen hat ein Nutzer den Kopierschutz des Netzwerks umgegangen, teilte SchülerVZ mit. Man sei vom Betreiber des Blogs netzpolitik.org auf den Fall aufmerksam gemacht worden.

Dem Blog zufolge habe der Nutzer 1,6 Millionen aktuelle Datensätze der bei SchülerVZ registrierten 12- bis 19-Jährigen eingesammelt, dies entspreche rund 30 Prozent aller Nutzerprofile des Sozialen Netzwerks.

http://www.tagesschau.de/inland/schuelervz110.html, Abruf: 3.8.2010

M2

Soziale Netzwerke werden wichtiger für Erfolg im Beruf

Das ist das Ergebnis einer Forsa-Umfrage unter rund 1000 Erwerbstätigen zwischen 25 und 65 Jahren.
Davon messen rund drei Viertel (74 Prozent) Seiten wie Facebook, Twitter oder Studi-VZ einen hohen Stellenwert bei, wenn es darum geht, wie erfolgreich sie im Beruf sind. (…)

http://www.macwelt.de/artikel/_News/372535/soziale_netzwerke_werden_wichtiger_fuer_erfolg_im_beruf/1, Abruf: 3.8.2010

M3

Per Webcam beobachtet

Cyber-Spanner spioniert Schülerinnen aus

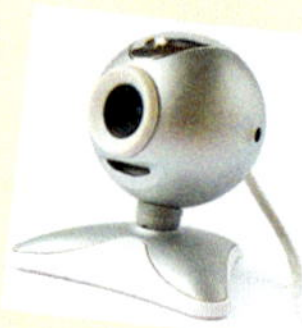

Schrecklicher Verdacht: Mithilfe manipulierter Webcams soll ein Hacker aus dem Rheinland mindestens 150 Kinderzimmer überwacht haben. (…)

Als die Polizei den Mann festgenommen habe, seien auf dessen Rechnern mehrere Videos aus Kinderzimmern gelaufen, schrieb das Westfalen-Blatt aus Bielefeld am Freitag. (…)

dpa/joku/holz, http://www.sueddeutsche.de/digital/per-webcam-beobachtet-cyber-spanner-spioniert-schuelerinnen-aus-1.976146, Abruf: 3.8.2010

M5

Prügel-Attacke: Polizisten werden versetzt

Am Rande der Großdemo „Freiheit statt Angst" am Samstag kam es offenbar zu Übergriffen der Polizei, die durch ein Video belegt wurden. Als erste Reaktion müssen zwei Beamte vorerst „neue Aufgaben" übernehmen. (...)
Eine Privatperson hatte die Szenen aufgenommen und das Video ins Internet gestellt. Darauf sei ein Mann zu sehen, „der nichts getan hat, und der massiv angegangen wird", sagte Polizeisprecher Frank Millert dem Fernsehsender N24. (...)

Sabine Beikler/Tanja Buntrock, http://www.tagesspiegel.de/berlin/polizei-justiz/pruegel-attacke-polizisten-werden-versetzt/1599220.html, Abruf: 3.8.2010

M6

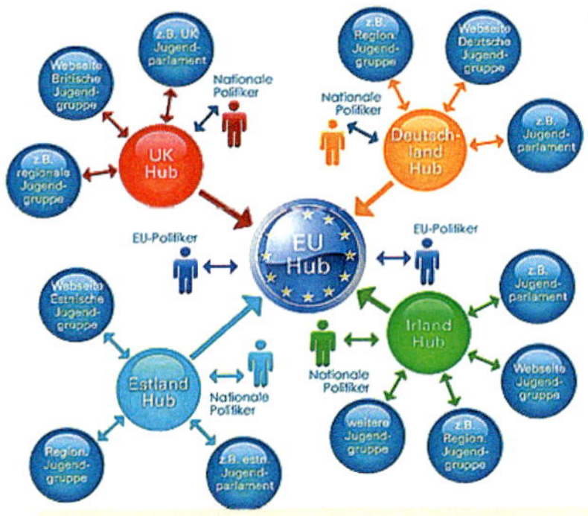

Europäisches Projekt fördert politische Beteiligung junger Menschen im Internet

Pilotprojekt HUWY gestartet

Über eine Hub-Webseite sollen sich Jugendliche aus Großbritannien, Irland, Deutschland und Estland an Entscheidungen zu Themen der Internetnutzung beteiligen. Das Projekt läuft zunächst bis Januar 2011. Es ist zu erreichen unter www.huwy.eu/de.

Autorentext

M7

Mobbing im Internet setzt vielen Schülern zu

Die Prügelei auf dem Pausenhof ist passé, stattdessen werden viele Jugendliche mittlerweile im Internet gemobbt.

Gegen Außenseiter in der Schule bilden sich feindselige Gruppen in Netzwerken wie SchülerVZ. Dort werden Gerüchte verbreitet und Schwächen breitgetreten. Betroffene sollten unbedingt Eltern oder Lehrer einschalten. (...)

dpa/ras, http://www.welt.de/wirtschaft/webwelt/article2954130/Mobbing-im-Internet-setzt-vielen-Schuelern-zu.html, Abruf: 3.8.2010

M8

Zum Thema Internet und Co habt ihr selbst sicher schon einiges an Wissen und Erfahrungen gesammelt. Auf den folgenden Doppelseiten (Seiten 148–157) könnt ihr dieses Wissen noch vertiefen.

1 Setzt euch in Gruppen zusammen.
  - a Legt eine Tabelle mit zwei Spalten an. Ordnet die Materialien dieser Doppelseite den Überschriften Chancen und Gefahren des Internet zu.
  - b Findet in der Gruppe weitere Beispiele und schreibt sie dazu.

2 Tragt die Ergebnisse der Gruppen an der Tafel zusammen. Diskutiert: Ist die Zuordnung Chance/Gefahr immer einfach zu treffen?

3
  - a Sammelt in der Klasse Fragen, die euch zu diesem Thema interessieren. Notiert sie auf einem Plakat.
  - b Vergleicht nach der Bearbeitung der folgenden Seiten (148–157), ob noch Fragen offen geblieben sind.

Ihr könnt das gesamte Thema auf den Doppelseiten (Seiten 148–157) in einem Gruppenpuzzle oder in einer normalen Gruppenarbeit durchführen. Entscheidet euch zunächst für die Arbeitsform. Wählt euch dann ein Thema aus, das euch interessiert, und setzt euch in Gruppen zusammen. Hilfen für die Präsentation eurer Ergebnisse vor der Klasse findet ihr auf Seiten 158/159.

Gruppenpuzzle: Jugendsünden? – Das Internet vergisst nichts!

Hast du schon einmal Fotos von dir ins Internet gestellt?
a) Nein, noch nie (0)
b) Ja, aber nur ein oder zwei Bilder (1)
c) Ja, so ein paar, von verschiedenen Gelegenheiten (2)
d) Ja, je witziger und alberner, desto besser! (3)

Wenn auf einer Internetseite deine Adressdaten abgefragt werden …
a) Gebe ich sie ein (3)
b) Gebe ich sie nur selten ein (1)
c) Gebe ich sie eigentlich immer ein (2)

Wenn mich in einem Netzwerk eine Freundschaftanfrage erreicht …
a) Schaue ich mir das Profil erst genau an und stimme dann meistens zu (2)
b) Schaue ich mir das Profil genau an und stimme nur manchmal zu (1)
c) Stimme ich meistens erst mal zu und schau später vielleicht, wer das ist (3)
d) Stimme ich immer zu, denn das gehört im Netzwerk dazu (4)

Für wen sind die Angaben in deinem Netzwerkprofil sichtbar?
a) Ich bin in keinem Netzwerk (0)
b) Alle Angaben sind nur für Freunde sichtbar (1)
c) Teilweise sind sie für Freunde, teilweise für alle sichtbar (2)
d) Alle Angaben sind für jedermann sichtbar (3)

Was würdest du machen, wenn du verliebt bist?
a) Ich behalte es für mich oder schreibe es in ein Tagebuch (0)
b) Ich erzähle es nur meinen Eltern oder besten Freunden (0)
c) Ich erzähle es Eltern oder Freunden und dann auf meiner Profilseite im Netz (2)
d) Ich schreibe es als Erstes auf meine Profilseite (2)

Ein Party-Video von dir wurde ins Internet gestellt. Wie reagierst du?
a) Ich reg mich auf und verlange, dass es sofort gelöscht wird (0)
b) Es ist mir egal und ich mache nichts (3)
c) Ich find's ok und irgendwie auch ganz lustig. Nächstes Mal soll er mir aber vorher Bescheid sagen (2)
d) Ich freue mich und verlinke es in meinem Profil selbst (4)

Welche dieser Angaben sind auf deinem Profil zu finden?
a) Nur erfundene Fantasie-Angaben (1)
b) Nur mein Name und vielleicht noch meine Schule (2)
c) Name, Schule, Hobbys, Vorlieben und noch ein paar Angaben (3)
d) Eigentlich fast alles, was mir zu meiner Person einfällt. Ich habe so gut wie keine Geheimnisse (4)

M 1 **Welcher Community-Typ bist du?** *(ausgewählte Fragen des Tests auf www.checked4you.de)*

Tipps zum Umgang mit persönlichen Daten

Das Internet ist nicht privat. Auch, wenn die Community ein quasi-privates „wir sind unter uns"-Gefühl vermittelt. Generell bei der Profilgestaltung also daran denken, welches Bild man von sich erzeugt. Und dabei auch mal an den Job denken. Vor allem aber: Was einmal im Netz ist, kommt da so schnell nicht wieder raus […]

Kontaktdaten: Am besten keine. Schließlich kann man innerhalb der Community kommunizieren, dafür ist sie ja da. Handynummern, Adresse oder ICQ-Nummer haben eigentlich in keinem Profil was verloren.

Bilderwahl: Auf Partybilder besser verzichten. In der Regel sind sie eh nur spaßig gemeint, aber leider versteht den Spaß eben nicht jeder. […]

AGB/Datenschutzerklärung lesen: Ist anstrengend, aber wichtig. Was sagt der Betreiber des Portals über die Verwendung meiner Daten? An wen gibt er sie vielleicht weiter? In der Regel kann man in seinen Profileinstellungen übrigens durchaus Einfluss auf diese Punkte nehmen!

Profileinstellungen: Was ist für wen sichtbar? Was für alle, was nur für Freunde? Darauf sollte man schon achten und sich ein bisschen Zeit für die Einstellungen nehmen. Und die Möglichkeit, das komplett zu regulieren, sollte auf jeden Fall da sein – sonst lieber die Community wechseln!

Nickname/Pseudonym benutzen: Das allein gibt keine Sicherheit, ist aber oftmals besser, als im Profil seinen richtigen Namen zu verwenden. […]

Positives Bild: Sich auch mal fragen, ob und wie man seinen Account positiv nutzen kann, um sich der Welt als gut drauf, kreativ oder auch engagiert vorzustellen. […]

Selbsterkenntnis: Sich hin und wieder mal selbst googlen! Kann spannend sein, und man sieht dann, welches Bild man für andere im Netz abgibt.

M 2 **Meine Daten im Internet** *(http://www.checked4you.de/communities, Abruf: 5.8.2010)*

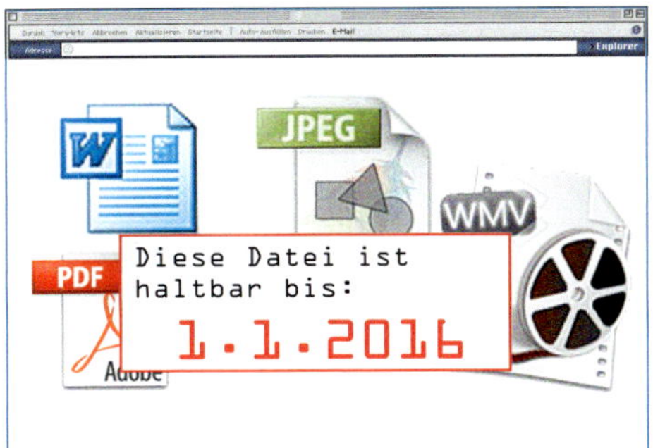

Medienrechtler fordert Einführung eines Verfallsdatums für alle Internet-Daten

Damit sollen Bürger vor negativen Folgen geschützt werden, wenn sie private Daten online preisgeben. So könne verhindert werden, dass beispielsweise ein in einer Jugendlaune veröffentlichtes negatives Bild zu einem späteren Zeitpunkt gegen einen verwendet werden kann. Besonders Arbeitgeber greifen häufig auf die Recherche im Internet zurück, um mehr über einen potenziellen Mitarbeiter in Erfahrung zu bringen. [Einer englischen Studie] zufolge müssten 70 Prozent der 14- bis 21-Jährigen nach eigener Einschätzung erst einmal ein paar Dinge aus dem Internet entfernen, bevor sie Arbeitgebern erlauben würden, nach Informationen über sie zu suchen. […]

„Wir leben heute in einer veränderten Informationsgesellschaft“, meint Thilo Weichert, Leiter des Unabhängigen Landeszentrums für Datenschutz in Schleswig-Holstein. Das Internet ermögliche die nahezu unbegrenzte Datensammlung und -speicherung. Während die Menschen selbst eine Einzelheit nach der anderen vergäßen, erinnere sich das Internet minutiös und dauerhaft an alles, was über jeden Einzelnen gespeichert ist. […]

Unterdessen sind bereits mehrere Beispiele bekannt, bei denen Bürger aufgrund von im Internet veröffentlichten Informationen mit negativen Folgen konfrontiert worden sind. So soll eine angehende Lehrerin nicht mehr unterrichten dürfen, weil online ein Foto von ihr aufgetaucht sei, das sie als betrunkene Piratin mit Hut zeigt.

Anja Schütz, http://www.silicon.de/hardware/netzwerk-storage/0,39039015,39161512,00/datenschutz_problematik+_das+internet+vergisst+nicht.htm, Abruf: 3.8.2010

M3 Das Internet vergisst nicht

M4 Karikatur: Thomas Plaßmann

Webcode: PE641789-149

1 a Macht den Community-Typ-Test (M 1) (siehe auch Webcode).
b Tauscht euch über eure Ergebnisse aus. Welches Verhalten findet ihr richtig, welches nicht? Begründet.
c Verhaltet ihr euch immer richtig? Wenn nicht, warum?
d Sucht mithilfe von Google oder www.123people.de nach eurem eigenen Namen.

2 Jeder Test braucht auch eine Auswertung.
a Schreibt drei kurze Typ-Beschreibungen für den Test M 1 (Typ 1: 0–7 Punkte, Typ 2: 8–14 Punkte, Typ 3: 15–23 Punkte). Lasst euch treffende Typnamen einfallen: Sicherheits-Surfer, Sorglos-User, …
b Fügt jeder der drei Typ-Beschreibungen einen persönlichen Datentipp bei. Nehmt dafür M 2 zu Hilfe.
c Verteilt den Test unter Freuden. Welche Community-Typen sind sie?

3 a Warum fordert der Medienrechtler in M 3 ein Verfallsdatum für Internet-Daten?
b Technisch ist ein Verfallsdatum für Daten möglich. Warum bieten soziale Netzwerke wie SchuelerVZ diesen Dienst nicht? Stellt Vermutungen über die Interessen der Betreiber sozialer Netzwerke an.
c Nennt mögliche Folgen für Menschen, über die weniger vorteilhafte Informationen im Internet zu finden sind. (M 3, M 4)

Gruppenpuzzle: Der digitale Fußabdruck – Welche Schuhgröße hast du?

M 1 Informationsflut wächst jährlich um 60 Prozent

Die digitale Informationsmenge explodiert. Vor allem Digitalkameras, Digital-TV und Soziale Netzwerke treiben Datenwachstum voran. In einer Studie wurden 2007 neue Erkenntnisse zu Wachstum und Inhalten des weltweiten digitalen Datenvolumens bis 2011 veröffentlicht. Derzeit wächst die digitale Informationsflut jährlich um 60 Prozent und wird bis 2011 rund 1 800 Exabyte (1,8 Zettabyte, das sind 1,8 Milliarden Terabyte) erreichen.

Digitaler Fußabdruck: 45 GB pro Person und Jahr

Futter für das explosive Datenwachstum liefern der weltweit steigende Absatz von Digitalkameras und die zunehmende Popularität von Digital-TV. Statistisch gesehen hinterließ 2007 jeder Erdenbewohner einen „digitalen Fußabdruck" mit einer Größe von 45 Gigabyte im Informationsuniversum. Die zunehmende Internetnutzung in den Entwicklungsländern sowie der weltweite Boom sozialer Netzwerke sind Hauptverursacher des rasanten Wachstums digitaler Daten.

Der digitale Schatten

Erstmals wird in der Studie vom Phänomen des „Digitalen Schattens" gesprochen. Dieser Schatten beschreibt den passiven Anteil, den jeder Mensch täglich zum Informationswachstum beiträgt. Gemeint sind damit die Daten, die zum Beispiel bei der Benutzung eines Handys entstehen, gespeicherte Websuchen (z. B. über Cookies) oder digitale Aufzeichnungen von öffentlichen Kameras. Der digitale Schatten jedes Einzelnen ist mehr als doppelt so groß wie die Informationsmenge, die wir täglich aktiv durch digitale Fotos, PC-Arbeit oder E-Mail-Versand erzeugen.

zusammengestellt nach www.channelpartner.de; http://germany.emc.com

1024 Bytes = 1 Kilobyte
1024 Kilobytes = 1 Megabyte
1024 Megabytes = 1 Gigabyte
1024 Gigabyte = 1 Terabyte
1024 Terabyte = 1 Petabyte
1024 Petabyte = 1 Exabyte
1024 Exabyte = 1 Zettabyte

Webcode: PE641789-150

Den Fußabdruck verringern

Je größer dein digitaler Fußabdruck ist, desto leichter ist es für andere, etwas über dich herauszufinden. Das muss nicht unbedingt schlecht sein. Will dir ein Freund etwas zum Geburtstag schenken, kann er in einem sozialen Netzwerk (z. B. SchülerVZ) versuchen, dein Geburtsdatum herauszufinden. Bei der Gelegenheit erfährt er vielleicht sogar, welche Hobbys du noch hast, von denen er nichts wusste. So kann er dir ein prima Überraschungsgeschenk machen.

Im Internet sind aber nicht nur Freunde unterwegs. Doch je größer dein digitaler Fußabdruck, desto leichter ist es, Informationen über dich zu sammeln. So würden viele Unternehmen gerne wissen, welche Hobbys du hast und für welche Marken du dich interessiert. Das funktioniert zum Beispiel so:

M 2 Cookies

Cookies sind (meist kleine) Datenpakete, die auf [deinem] Computer gespeichert werden: Im Gegensatz zu den vielen Tausend anderen kleinen Datenpaketen auf [deinem] Rechner werden sie automatisch angelegt und können von bestimmten Anbietern wieder ausgelesen werden. (…) Typische Einsatzgebiete sind zum Beispiel Warenkörbe bei Bestellsystemen; Anmeldeinformationen bei Webmailsystemen, bei Suchmaschinenanfragen oder Wikis. In der Regel kann der Benutzer entscheiden, ob Cookies zugelassen werden. Aber es kann auch passieren, dass eine Internetseite ohne Cookies gar nicht funktioniert! An sich sind Cookies nicht direkt gefährlich, aber in ihnen können Daten, die der Profilbildung dienlich sind, gespeichert werden. In jedem Browser (wie Internet-Explorer oder Firefox) gibt es die Möglichkeit zu sehen, welche Cookies gespeichert sind, und man kann diese auch löschen. Mit der Einstellung „Browserverlauf löschen" (Internet Explorer) bzw. „Private Daten löschen" (Firefox) kann man Cookies und einige andere Daten automatisch und vollständig löschen. Vielleicht lohnt die Einstellung, dass diese Daten automatisch beim Beenden des Browsers gelöscht werden!

aus: Ich bin öffentlich ganz privat. Datenschutz und Persönlichkeitsrechte im Web., Hrsg.: www.klicksafe.de, https://www.klicksafe.de/cms/upload/user-data/pdf/klicksafe_Materialien/Zusatzmodul_LH_Datenschutz_klicksafe.pdf, Abruf: 2.8.2010

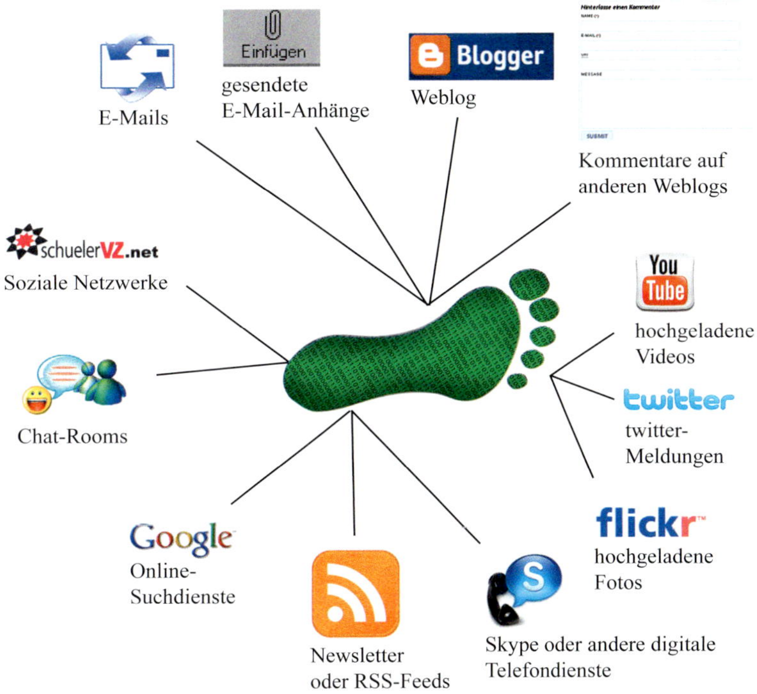

M3 Ein digitaler Fußabdruck veranschaulicht in einer „Social Map"

1 a Erklärt die Begriffe „digitaler Fußabdruck", „digitaler Schatten".
  b Wie groß ist der Anteil an aktiv und passiv verursachten Daten des digitalen Fußabdrucks?
  c Nennt jeweils die Hauptursachen für den Datenzuwachs des „Fußabdrucks" und des „Schattens".

2 Findet Beispiele dafür, warum ein großer digitaler Fußabdruck Nachteile haben kann.

3 Nennt Möglichkeiten, wie ihr euren digitalen Fußabdruck verringern könnt. Unterscheidet auch zwischen aktivem und passivem Beitrag.

4 Sucht die Einstellungsmöglichkeiten (wie in M2 beschrieben) in eurem Internetbrowser. Macht wenn möglich einen Screenshot und druckt ihn für die Klasse aus (Tipp: Anleitung siehe Webcode).

5 Für Firmen oder bekannte Persönlichkeiten kann es sehr hilfreich sein, einen großen digitalen Fußabdruck zu haben. Diesen Fußabdruck kann man auch in einer „Social Map" veranschaulichen. (M3)
  a Versucht für euch selbst eine solche Karte anzulegen.
  b Wählt eine bekannte Persönlichkeit aus. Erstellt mithilfe von Internet-Suchdiensten eine möglichst umfassende „Social Map".

Gruppenpuzzle: Zensur im Internet – Sinnvoller Schutz oder Ende der Freiheit?

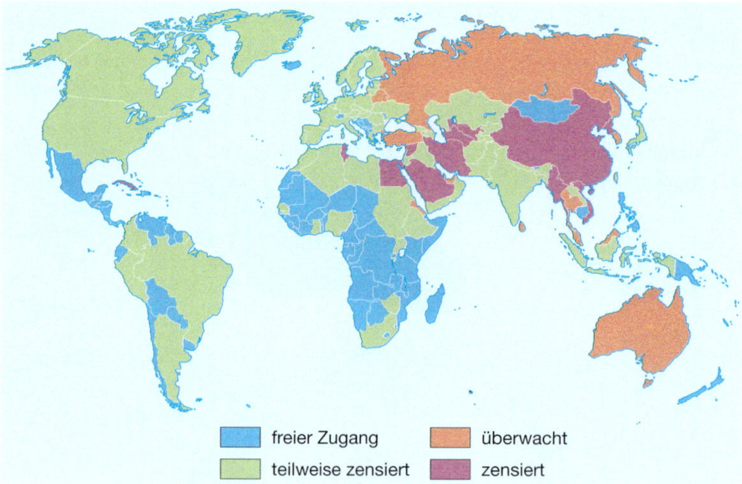

M 1 Einschränkungen der Freiheit im Internet *(Quelle: RSF, Stand: 2008)*

M 2

M 3 Altersbeschränkung

Ist ein Medium nicht „jugendfrei", darf es nicht für Kinder und Jugendliche zugänglich sein. Der Betreiber muss „geeignete" Maßnahmen ergreifen, um den Zugang zu verhindern. Das kann zum Beispiel ein wirksamer Alterscheck auf der Homepage sein.

Das Internet – Die große Freiheit?

Viele halten das Internet für ein unkontrolliertes Medium. Hier scheint es angeblich alles zu geben: Bombenbauanleitungen, Waffen, Sex und absolute Meinungsfreiheit. Das stimmt aber nur teilweise. Denn immer wieder hören wir Berichte, dass in Ländern wie China oder Iran der Zugang zum Internet eingeschränkt wird. In den genannten Ländern und einigen anderen (siehe M 1) werden die Medien durch den Staat überwacht. Es darf nur veröffentlicht werden, was vorab durch Behörden geprüft und genehmigt wurde. Diktatorische Regierungen versuchen so ihr politisches Handeln zu verschleiern und Einfluss auf die Meinungsbildung der Bevölkerung zu nehmen. Von dieser Zensur ist neben Fernsehen, Rundfunk und Printmedien auch der Zugang zum Internet betroffen.

In Deutschland ist im Grundgesetz (Artikel 5) die Pressefreiheit genauso geschützt wie die Meinungsfreiheit und das Recht der Bürgerinnen und Bürger, sich ungehindert zu informieren. Eine Demokratie kann nur funktionieren, wenn die Medien ihre Aufgaben zu informieren, zu kontrollieren und kritisieren umfassend und ohne Zensur wahrnehmen können. Eine Zensur findet nicht statt.

Doch auch wir erleben das Internet nicht „ungefiltert". Es gibt auch bei uns viele Internetseiten, die nicht oder nicht so einfach zu erreichen sind, obwohl Nutzer aus anderen Ländern uneingeschränkten Zugriff darauf haben. Denn die garantierte Pressefreiheit endet da, wo sie mit anderen Gesetzen, zum Beispiel dem Jugendschutzgesetz, in Konflikt gerät.

Was ist verboten?

Die Bonner „Bundesprüfstelle für jugendgefährdende Medien", kurz BPjM, ist nicht nur für Musik und Filme, sondern auch für die Inhalte des Internets zuständig. Viele haben schon einmal vom so genannten „Index" gehört, der jugendgefährdende Medien enthält. Ein solcher Index ist eine Liste, die es auch für das Internet gibt. Manche Listen erfassen jugendgefährdende Medien und andere komplett verbotene Inhalte. Diese dürften überhaupt nicht veröffentlicht werden. Inhalte können verboten sein, weil sie beispielsweise volksverhetzend oder gewaltverherrlichend sind.

Die Rolle der Suchmaschinen

Die Suchmaschinen haben eine besonders wichtige Rolle. Denn diese wären die „Vermittler" der Information, falls jemand über sie auf nicht jugendfreie Inhalte gerät. Um das zu verhindern, haben sich die größten Suchmaschinenbetreiber und einige andere Anbieter zur „Freiwillige Selbstkontrolle Multimedia-Diensteanbieter" (FSM) zusammengeschlossen. Diese Gruppe hat sich verpflichtet, die Liste der indizierten Seiten zu übernehmen und diese aus ihrem Suchindex zu entfernen.

Auf Anbieter im Ausland haben deutsche Behörden aber keinen Zugriff. Hier bleibt nur die Möglichkeit, die Seiten aus Deutschland unerreichbar zu machen. Rein rechtlich dürfen die Behörden mittlerweile auch so genannte „Sperrverfügungen" erlassen. Diese können einen Internetprovider zwingen, bestimmte Seiten durch technische Maßnahmen so zu filtern, dass seine Kunden auch nicht auf dem direkten Wege auf diese Seite gelangen können.

Iranische Justiz verschärft Internetzensur

(Januar 2010) Die Justiz in Iran hat eine Verschärfung der Zensur im Internet verfügt und dazu eine lange Liste mit strafbaren „Vergehen" veröffentlicht. (…) Wie iranische Zeitungen berichteten, sind laut der von einem „Expertenausschuss" zusammengestellten Liste nunmehr alle Websites verboten, deren Inhalte gegen die „soziale Moral", „religiöse Werte" oder „die Sicherheit und den sozialen Frieden" verstoßen oder die „regierungsfeindlich" sind. (…)

Unter das Verbot fallen auch Internetseiten, die den Gründer der Islamischen Republik Iran, Ayatollah Khomeiny, oder den obersten Geistlichen Führer, Ayatollah Ali Khamenei, beleidigen. Verboten sind ferner Inhalte, die gegen die Verfassung verstoßen oder für „feindliche politische Gruppen" werben. (…)

Nach den jüngsten Protesten in Iran sollen fünf der festgenommenen Demonstranten als „Feinde Gottes" vor Gericht gestellt werden. Dies meldete die amtliche Nachrichtenagentur Irna unter Berufung auf das Revolutionsgericht in Teheran.

Einzelheiten zu den Angeklagten wurden nicht genannt. Nach dem islamischen Recht droht ihnen bei einem Schuldspruch die Todesstrafe. (…)

sda/afp/Reuters, http://www.nzz.ch/nachrichten/international/iran_internet-zensur_1.4462559.html, Abruf: 4.8.2010

M4

Aufstand via Twitter, YouTube & Co.

(Juni 2009) Nach der umstrittenen Präsidentschaftswahl im Iran organisiert sich die Opposition über das Internet – trotz Zensur. Ausgetauscht werden Termine für Demonstrationen, Bilder und Videos.

„Der Marsch hat schon begonnen und befindet sich gerade an der Teheraner Uni." – „Wir gehen zur Kundgebung, betet für uns." (…) Solche Einträge kann man in Echtzeit bei Twitter lesen. (…) Unzählige Bilder aus Teheran sind auch bei Foto-Communitys wie Flickr oder Picasa zu sehen – fast live, direkt nach den Ereignissen in der Stadt: Demonstranten mit Fahnen, weinende oder verletzte Menschen und Polizeikolonnen. Offenbar mit Handy-Kameras gefilmte Videos der Aufstände haben Augenzeugen bei YouTube eingestellt. (…)

Ein bei Twitter veröffentlichtes Foto zeigt einen jungen Mann wenige Tage nach der Präsidentschaftwahl. Auf seinem Plakat ist zu lesen: Wo ist unsere Stimme?

Claudia Frickel, http://www.focus.de/digital/internet/iran-aufstand-via-twitter-youtube-und-co-_aid_408261.html, Abruf: 4.8.2010

M5

1 a Nennt mögliche Inhalte von Internetseiten, die dazu führen, dass sie in Deutschland eingeschränkt oder gar nicht abrufbar sind.
  b Beschreibt, wie Internetseiten unzugänglich gemacht werden.

2 „Das Internet: Für alle Menschen ein frei zugänglicher Raum, wo sie ihre Meinung äußern können."
  a Nehmt mithilfe von M 1 Stellung zu dieser Aussage.
  b Wählt in M 1 einen Staat mit Internetzensur aus. Recherchiert im Internet Hintergründe zu den Zugangsbeschränkungen.

3 a Schildert mithilfe von M 5 und dem Lexikon, was 2009 im Iran passiert ist.
  b Beschreibt, welche Funktion das Internet für die Gegner des iranischen Präsidenten hatte.
  c Erläutert das Vorgehen der iranischen Regierung. (M 3)

4 Vergleicht die Einschränkungen im Iran mit denen in Deutschland (Text und M 4).

5 Ergänzt M 2 und begründet.

Gruppenpuzzle: Bewerten im Internet – hilfreich oder üble Nachrede?

Boom der Bewertungsportale

Von Ärzten und Handwerkern über Spielplätze, Restaurants und Hotels bis hin zu DVD-Playern und Kameras können Nutzer alles beurteilen. Möglich ist dies zum einen bei Onlinehändlern wie Amazon.de als auch bei speziellen Berwertungsportalen wie Qype.de. Für den Nutzer hat dies viele Vorteile. So langt zum Beispiel vor dem Kauf eines neuen Computerspiels ein Blick ins Internet aus, um zu sehen, wie andere das Spiel finden.

Die Bewertungen sind aber auch umstritten: Wer prüft, ob die Nutzer, die etwas bewerten, wirklich Ahnung davon haben? Wie sehr schadet eine schlechte Bewertung einem Geschäft? Darf man Menschen öffentlich mit Noten beurteilen wie bei dem Schülerportal spickmich.de?

M 1 Beurteilungen eines Hostels in Paris auf www.hostelworld.com

M 2 Internet-Bewertungsportal Ciao nicht zur Löschung negativer Beiträge verpflichtet

Das Internet-Bewertungsportal Ciao ist nicht verpflichtet, negative Beiträge Dritter zu löschen, die lediglich wahre Tatsachen wiedergeben und die Grenze zur Schmähkritik nicht überschreiten.

[Ein Autovermietungsunternehmen] verlangte von dem Online-Bewertungsportal Ciao die Löschung eines kritischen Beitrags. In diesem hatte sich ein Kunde [der Autovermietung] darüber beschwert, dass er sich aufgrund der Abwicklung eines angeblichen Schadens an dem gemieteten Auto „über's Ohr gehauen“ fühle. Er vermutete weiter, dass zu Unrecht Reparaturkosten abgerechnet worden seien. Insgesamt bewertete er [die Autovermietung] mit den Worten „Nie wieder! Finger weg! Besser etwas mehr bei einer anderen Autovermietung bezahlen. In der Summe komme ich dort billiger weg und spare mir dazu noch den Ärger“.

[Ciao weigerte sich, den Beitrag zu löschen. Es kam zur Klage, die von den Richtern abgewiesen wurde.] Sie begründeten ihre Entscheidung damit, dass der Beitrag zu großen Teilen wahre Tatsachenbehauptungen enthalte. Der User und ehemalige Kunde der Klägerin habe diese Behauptungen daher bei Ciao einstellen dürfen.

nach: Martin Bahr, http://www.online-und-recht.de/urteile/Internet-Bewertungsportal-Ciao-nicht-zur-Loeschung-negativer-Beitraege-verpflichtet-325-O-206-09-Landgericht-Hamburg-20091027.html, Abruf: 5.8.2010

M3 Spickmich-Lehrerin zieht vors Verfassungsgericht

Eine Deutschlehrerin ist von Schülern auf dem Online-Bewertungsportal spickmich.de schlecht bewertet worden. Die Frau (...) scheiterte mit Klagen gegen die Benotung im Internet bisher in allen Instanzen. Nun will sie [beim Bundesverfassungsgericht] in Karlsruhe erreichen, dass ihre Daten gelöscht werden. (...) Die Klage stütze sich auf die Verletzung des Grundrechts auf informationelle Selbstbestimmung, zitierte das Magazin [Focus] den Anwalt. Die Daten der Lehrerin würden in dem Internetportal ohne Einwilligung verwendet.

Die Lehrerin aus Nordrhein-Westfalen ist mit ihrer Klage bislang in allen Instanzen gescheitert. Zuletzt hatte der Bundesgerichtshof am 23. Juni [2009] die Revision der [Lehrerin] gegen die früheren Urteile zurückgewiesen. Die Bewertungen in dem Portal seien Meinungsäußerungen, die die berufliche Tätigkeit der Klägerin beträfen, bei der der Einzelne grundsätzlich nicht den gleichen Schutz wie in der Privatsphäre genieße, hieß es zur Begründung. Das Gericht hatte darauf verwiesen, dass es nach Abwägung des Rechts auf informationelle Selbstbestimmung und des Rechts auf freie Meinungsäußerung zu diesem Urteil gekommen sei, das aber eine Einzelfallentscheidung und nicht grundsätzlich auf andere Internet-Bewertungsportale übertragbar sei.

Auf spickmich.de können registrierte Schüler ihre Lehrer mit Schulnoten von 1 bis 6 bewerten. Die Lehrerin war von Schülern in dem Onlineportal mit der Gesamtnote 4,3 im Schulfach Deutsch bewertet worden.

http://www.welt.de/wirtschaft/webwelt/article4195092/Spickmich-Lehrerin-zieht-vors-Verfassungsgericht.html, Abruf: 5.8.2010

M4 Lehrerbenotung bei www.spickmich.de

1 a Berichtet über eigene Erfahrungen mit Bewertungsportalen.

b Wie wichtig ist euch die Bewertung anderer bei Entscheidungen in Bezug auf ...? Legt eine Tabelle an (wichtig/nicht wichtig) und ordnet zu: Kleidung, Bücher, Musik, Fahrräder, Elektrogeräte, Filme, Essen, Freunde, ...

c Vergleicht mit eurem Tischnachbarn und begründet eure Entscheidung.

2 a Buchen oder nicht? Wie entscheidet ihr euch bezogen auf das Hostel „Young & Happy“? Begründet.

b Erläutert mithilfe von M2, ob der Betreiber des Hostels ein Recht darauf hätte, dass Einträge wie der von Josefina (M1) gelöscht werden.

3 a Erläutert, wogegen sich die Lehrerin in M3 wehrt.

b Sie beruft sich auf ihr Grundrecht auf „informationelle Selbstbestimmung“. Erkläre dieses Recht mithilfe des Lexikons.

c Gebt die Begründung für das Urteil gegen die Lehrerin (M3) mit eigenen Worten wieder.

b Wie würdet ihr in diesem Fall entscheiden? Recht auf informationelle Selbstbestimmung oder Recht auf freie Meinungsäußerung? Begründet eure Entscheidung.

4 Diskutiert die Ausgangsfrage: Sind Internet-Bewertungen hilfreich oder nur üble Nachrede?

Gruppenpuzzle: Cyber-Mobbing

M1 In einem Internetforum kann man folgenden Eintrag von daisy15 lesen

Hallo erst mal! Ich bin mir nicht sicher, ob das, was ich hier schreibe, wirklich hier hineingehört, aber ich bin wirklich fertig, und deshalb schreibe ich einfach mal: Es fing alles an vor einem Jahr, da bekam ich plötzlich fremde SMS und E-Mails, die saublöd waren. „Du blöde Kuh“ stand da und „Pass ja auf – wir kriegen dich“. Am Anfang war mir das egal, aber irgendwann nervte es doch ziemlich. Nach ein paar Wochen sagte eine Klassenkameradin, dass ich ja wohl nicht richtig ticke, solche Dinge in Internetforen zu schreiben, und ich wusste gar nicht, wovon sie redet. Dann hat sie es mir gezeigt: Irgendwelche Idioten haben in meinem Namen Einträge gemacht, mal finde ich Hitler gut, dann mal wieder hasse ich alle Lehrer, will mit allen Jungs schlafen, die sich melden und und und … klaro, dass mein Name mit Adresse und Telefonnummer dort auftauchte. Bei schülerVZ gab es eine Hassgruppe mit meinem Namen. Ich habe mich kaum mehr in die Schule getraut, und ich hatte dauernd Bauchschmerzen. Irgendwann kamen auch meine Eltern auf meine schlechte Laune und meine Probleme zu sprechen, und wir haben alle Forenbetreiber angeschrieben, diese Einträge zu löschen. Es tauchten aber immer wieder neue auf. Und da ging es mir schon richtig schlecht, und ich hatte schlaflose Nächte, bekam das Zittern und muss dauernd aus dem kleinsten Anlass heulen. Kaum jemand in der Schule wollte noch etwas mit mir zu tun haben. Seit etwa acht Wochen kursieren in meiner Schule angebliche Nacktbilder von mir, die per E-Mail verbreitet werden. Die ganze Schule kennt sie, und wenn ich irgendwo vorbeigehe, flüstern sie mir „Pornoqueen“ hinterher. Aber ich bin sicher, dass es keine Nacktbilder von mir gibt, jedenfalls habe ich es nie gemerkt, dass ich fotografiert worden bin, nackt natürlich. Mir ist das voll megapeinlich, obwohl ich sicher bin, dass es nicht meine Fotos sein können. Aber wenn ich in die Schule komme, geht dieses Getuschel los. Es ist so weit, dass ich mich in den Pausen auf dem Klo verstecke, wenn ich überhaupt in die Schule gehe, denn ich habe regelrechte Panikattacken morgens. Am liebsten würde ich alles hinschmeißen, sogar an den endgültigen Weg habe ich schon gedacht. Warum machen diese Idioten so etwas? Ich weiß noch nicht mal genau, wer dahintersteckt, auch wenn ich einen Verdacht habe. Meine Eltern haben mich zu einer Psychologin geschickt, und ich nehme jetzt Medikamente gegen diese Angstzustände. Sie riet meinen Eltern zu einem Schulwechsel, aber so

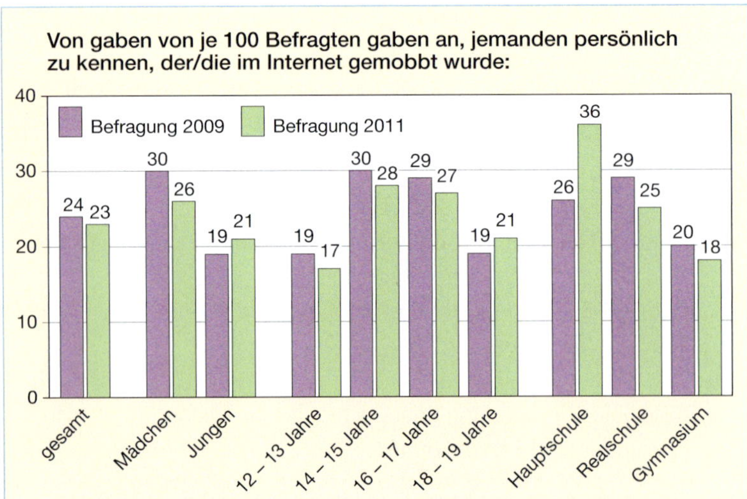

M2 Umfrage Cyber-Mobbing unter Jugendlichen, *JIM-Studie 2011*

einfach weglaufen? Aber so kann es auch nicht weitergehen. Ich fühle mich so miserabel. Muss ich erwähnen, dass meine Leistungen in der Schule im Keller sind? Dabei will ich doch nur meine Ruhe! !!!!!!! !!

M3 Cyber-Mobbing – Was ist das?

Unter Cyber-Mobbing versteht man das absichtliche Beleidigen, Bedrohen, Bloßstellen oder Belästigen anderer mithilfe moderner Kommunikationsmittel – meist über einen längeren Zeitraum. Cyber-Mobbing findet entweder im Internet (z. B. durch E-Mails, Instant Messenger wie beispielsweise ICQ, in Sozialen Netzwerken, durch Videos auf Portalen) oder per Handy (z. B. durch SMS oder lästige Anrufe) statt. Oft handelt der Täter – den man „Bully" nennt – anonym, sodass das Opfer nicht weiß, von wem die Angriffe stammen.

Gerade bei Cyber-Mobbing unter Kindern und Jugendlichen kennen Opfer und TäterInnen einander meist auch in der „realen" Welt. Die Opfer haben fast immer einen Verdacht, wer hinter den Attacken stecken könnte. Cyber-Mobbing geht in der Regel von Personen aus dem eigenen Umfeld aus – der Schule, dem Wohnviertel, dem Dorf. Fälle, in die gänzlich Fremde involviert sind, sind wenig verbreitet.

M1 und M3, Stefanie Rack/Marco Fileccia, Was tun bei Cyber-Mobbing? Zusatzmodul zu Knowhow für junge User. Materialien für den Unterricht., 2. Auflage 2009, https://www.klicksafe.de/cms/upload/user-data/pdf/klicksafe_Materialien/LH_Zusatzmodul_Cyber-Mobbing.pdf, Abruf: 9.8.2010

Webcode: PE641789-157

M4 Fertigmachen ist tabu. Tipps zum Umgang mit Cyber-Mobbing

1 Welche Erfahrungen habt ihr mit Cyber-Mobbing? Vergleicht mit M 2.

2 Mobbing ist nicht neu und kommt häufig vor. Nennt mithilfe von M 3 die Besonderheiten von Cyber-Mobbing.

3 a Erstellt eine Liste zum Ablauf des Cyber-Mobbings in M 1.
   1. Fremde SMS und E-Mails mit Nachrichten: „Du blöde Kuh" …
   2. Gefälschte Einträge in Internetforen
   3. …

  b Stellt euch vor, „daisy15" ist eine Freundin von euch. Erarbeitet mithilfe von M 4 zu jedem Punkt der Liste Möglichkeiten, wie ihr hättet helfen können. (Weitere Tipps: siehe Webcode.)

4 Was sagt das Gesetz? Erstellt mithilfe des Webcodes eine Übersicht.

METHODE

Arbeitsergebnisse präsentieren

M 1 Präsentation mit Plakaten (oben); Präsentation mithilfe des Overheadprojektors (unten); freier Vortrag mit Notizen auf Karteikarten (rechts)

Präsentation vorbereiten

Wenn die verschiedenen Arbeitsgruppen eurer Klasse die einzelnen Themen zu Chancen und Gefahren des Internets erarbeitet haben, steht die Präsentation der Arbeitsergebnisse auf der Tagesordnung. Nichts ist langweiliger als ein langweiliges Referat! Also müsst ihr die Präsentation eurer Arbeitsergebnisse gut vorbereiten.
Wenn ihr dabei einige Regeln beachtet, gelingt euch sicher ein spannender Vortrag, dessen wichtigste Ergebnisse auch nicht gleich wieder vergessen werden.

1. Schritt:
Gliederung der Präsentation

In der **Einleitung** solltet ihr die Aufmerksamkeit der Zuhörerinnen und Zuhörer wecken, indem ihr das Thema benennt und beschreibt, welche Frage ihr untersucht und klären wollt. Ein Bild, eine Karikatur oder eine kleine Geschichte hilft das Interesse zu wecken. Am Ende der Einleitung informiert ihr eure Zuhörer auch darüber, auf welche Materialien und Quellen ihr eure Präsentation stützt.
Im **Hauptteil**, der wiederum gut gegliedert sein muss, informiert ihr anhand von Materialien (Schaubildern, Grafiken, Tabellen, Textauszügen) schrittweise über euer Thema, indem ihr die Frage aus der Einleitung wieder aufnehmt und mit klaren Aussagen beantwortet.
Der **Schlussteil** (Zusammenfassung) fasst die wesentlichen Aussagen zum Thema nochmals zusammen und zeigt auf, welche Fragen offen geblieben sind.

2. Schritt:
Gliederung und Kernaussagen visualisieren (veranschaulichen)

Ihr alle wisst aus Erfahrung, dass nach kurzer Zeit während eines Vortrages die Aufmerksamkeit nachlässt. Dem kann man mit verschiedenen Hilfsmitteln entgegenwirken. Auf jeden Fall sollte man die Gliederung der Präsentation an die Tafel oder auf eine Overheadfolie schreiben.

Wenn man die wichtigsten Aussagen des Hauptteils auf Overheadfolien oder in einer PowerPoint-Präsentation in den Vortrag einblendet, unterstützt man die Zuhörerinnen und Zuhörer. Der Einsatz einer PowerPoint-Präsentation lohnt nur bei einem längeren Vortrag. Der Einsatz der Folien (Overhead/PowerPoint) muss sparsam erfolgen. Eingeblendete Materialien sind kein Selbstzweck, vielmehr sollen sie den Informationsgehalt der Präsentation verstärken und nicht von ihr ablenken. Anstelle einer PowerPoint-Präsentation könnt ihr euer Material auch an einer Wandzeitung oder an der Tafel darstellen.

3. Schritt:
Frei und zur Klasse sprechen

Abgelesene Texte schläfern ein! Also müsst ihr versuchen, möglichst frei zu sprechen und immer zur Klasse und nicht zur Tafel oder zu der Projektionswand. Das frei Sprechen kann man üben: Zunächst notiert ihr euch Stichworte eures Vortrages und lernt die Reihenfolge auswendig. Dann „probt“ ihr den Vortrag vor Freunden oder vor einer kleinen Gruppe, das machen Politiker und bekannte Redner auch! Jetzt seid ihr fit für eine spannende und interessante Präsentation. Wenn ihr beim Vortrag hängen bleibt, sagt ihr einfach: „Jetzt muss ich mal auf meinen Zettel schauen“, das nimmt euch niemand übel.

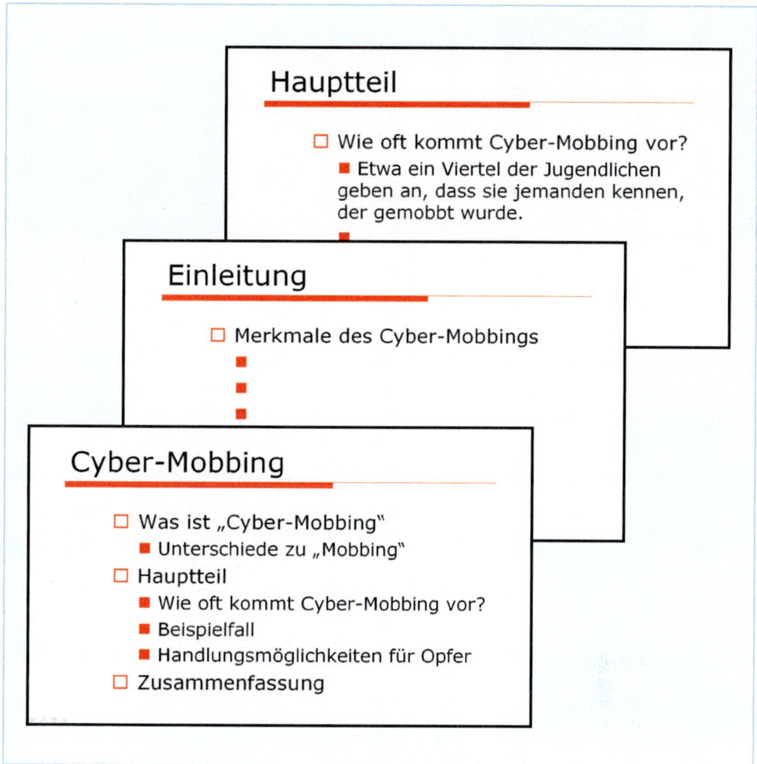

M2 Beispiel zur Gliederung von PowerPointfolien

4. Schritt:
Handout verteilen

Am Ende eurer Präsentation verteilt ihr ein Blatt (Handout) mit den wichtigsten Ergebnissen an die Klasse und fordert zur Diskussion auf.

Wichtiger Hinweis

Oft scheitert eine Präsentation daran, dass im entscheidenden Augenblick der Laptop oder der Beamer nicht funktioniert oder gerade ausgeliehen ist bzw. ein wichtiges Kabel fehlt. Deswegen müsst ihr das benötigte Gerät frühzeitig reservieren, überprüfen und ausprobieren.

1 Erarbeitet mithilfe der vier Schritte die Präsentation zu einem Thema aus dem Bereich der Chancen und Gefahren des Internets.

2 Bittet nach eurer Präsentation um eine Rückmeldung (Feedback) zu Inhalt und Darstellung eurer Arbeit.

Medien

1 Zensur	**V**	Prozentzahl der Zuschauer, die eine Sendung sehen.
2 Öffentlich-rechtliches Fernsehen	**E**	Journalisten werden in der Berichterstattung nicht behindert. Artikel 5 des Grundgesetzes garantiert dies.
3 Volksverhetzung	**P**	Diese Sender finanzieren sich aus Rundfunkgebühren und Werbeeinnahmen.
4 Medienkompetenz	**R**	„Gespräch" im Netz.
5 Chat	**N**	Datenbank, welche die Suche nach bestimmten Informationen im Netz ermöglicht.
6 Einschaltquote	**G**	Was haben Zeitung, Fernsehsen, Internet oder Radio gemeinsam? Sie sind …
7 Pressefreiheit	**G**	Jeder darf selbst über die Verwendung seiner personenbezogenen Daten bestimmen.
8 Privatsender	**U**	Absichtliches Beleidigen, Bedrohen, Bloßstellen mithilfe moderner Kommunikationsmittel.
9 „digitaler Schatten"	**E**	Straftat: etwa durch Aufruf zur Gewalt gegen Teile der Bevölkerung.
10 BPjM	**F**	Daten, die jeder Mensch unbewusst erzeugt.
11 Recht auf informationelle Selbstbestimmung	**R**	Die Fähigkeit, sich die Informationen aus Zeitung, Radio, Fernsehen oder Internet auswählen und beurteilen zu können.
12 Cyber-Mobbing	**S**	Das Gegenteil von Pressefreiheit.
13 Suchmaschine	**Ü**	Prüft Medien auf jugendgefährdende Inhalte und setzt sie eventuell auf den „Index".
14 Massenmedien	**E**	Diese Sender finanzieren sich allein aus Werbeeinnahmen.

M 1 Medienquiz

M 2 Sendungen im Fernsehen: 1 Talkshow; 2 Sportübertragung; 3 Nachrichten; 4 Wissenssendung

Web 2.0 – Demokratie 2.0?

Die Idee des „Web 2.0", nämlich die, jeden im „weltweiten Netz" die Möglichkeit zu geben, seine Gedanken und Meinungen zu seinen Interessen zu äußern, ist genauso alt (…) [wie] das Internet selbst. (…) Längere Zeit war diese Technik Experten vorbehalten (…). Seit aber 1993 das World Wide Web aufkam, entdeckten immer mehr Menschen den Nutzen des Computers als „Sprachrohr" zu einem (…) immer größer werdenden Publikum (…). Heute können wir so auf eine Vielzahl (…) so genannter „sozialer Netzwerke" blicken, Webportale, in denen man alte Kameraden wiederfinden oder neue Gleichgesinnte suchen soll. Viele Jugendliche tummeln sich also in einem oder gleich mehreren solcher Netzwerke. Wer zuvor das Web 2.0 mit der „Demokratie 2.0" gleichsetzte, wird nach kurzer Zeit feststellen, dass Portale wie „schuelerVZ" oder „wer-kennt-wen" rein gar nichts mit Politik zu tun haben. Es scheint vielmehr darum zu gehen, sich selbst bestmöglich – will sagen, möglichst „cool" – zu inszenieren, indem man pikante Details wie sexuelle Vorlieben und den Hang zu Alkohol oder Zigaretten weltweit publik macht. (…) Politisches Interesse scheint übrigens als uncool zu gelten – zumindest wird man auf der Mehrzahl der erwähnten Profile die Bemerkung „unpolitisch" finden. Sinnvolle, womöglich politische Diskussionen sucht man in vielen Bereichen des von jungen Menschen dominierten Web 2.0 also vergeblich. (…) Das Web 2.0 ist eine feine Sache – wenn man es denn zu nutzen weiß.

M 3 Beitrag von Niklas Bildhauer (17 Jahre) auf www. http://jetzt.sueddeutsche.de, *abgerufen am 8.7.2009*

„Nicht nur passiv konsumieren“

Frau Schelhowe, Jugendliche in Deutschland nutzen das Internet ganz selbstverständlich und verbringen Studien zufolge 134 Minuten am Tag im Netz. Man könnte meinen, es sei gut um die Medienkompetenz Jugendlicher bestellt.
Das stimmt. Es geht aber um mehr, als Medien nur bedienen zu können. Die Fähigkeit, sich in komplexe Programme einzuarbeiten etwa, ist bei vielen zu gering.
Zu diesem Schluss ist die Expertenkommission des Bundesbildungsministeriums jetzt gekommen, die Sie leiten?
Dass es diese Kommission überhaupt gibt, ist bereits eine Reaktion auf Klagen über zu geringe Medienkompetenzen bei Jugendlichen aus der Arbeitswelt. (...) Da braucht es die Fähigkeit, zu verstehen, was Programme tun und wie sie funktionieren.
Das ist es, was fehlt?
Nicht nur. Es reicht nicht, beispielsweise das Wort „Käfer“ in eine Suchmaschine eingeben zu können und die zehn ersten Ergebnisse zu nutzen. Man muss wissen, ob die Maschine den gleichen Käfer wie man selbst meint, man muss die Informationen einordnen können. (...)
[Soll das an der Schule geschehen?]
Nicht nur. Jugendliche sind im Netz hauptsächlich in ihrer Freizeit unterwegs. Deshalb muss Medienpädagogik vor allem an der Schnittstelle von Schule und Freizeit ansetzen. (...) [Zum Beispiel] Angebote, die Jugendlichen vor allem einen produktiven Umgang mit Medien vermitteln. (...) Dort lernen sie beispielsweise, eigene Internet-Videos zu erstellen. Dabei geht es darum, ihnen zu zeigen, wie sie kreativ mit Medien umgehen und dabei ihren eigenen Interessen nachgehen können – anstatt Medien nur passiv zu konsumieren. (...)
Ist den Jugendlichen selbst bewusst, dass sie ihre Medienkompetenzen aus der Freizeit durchaus auch im Berufsleben brauchen können?
Das ist vor allem bei Jugendlichen aus bildungsbürgerlichen Familien so. Haupt- und Realschüler dagegen nehmen die Bereiche als stark getrennt wahr. (...) Diese Übergänge müssen wir ihnen in der Bildungsarbeit zeigen.

Teresa Havlicek, http://www.taz.de/1/nord/bremen/artikel/1/nicht-nur-passiv-konsumieren, Abruf: 9.8.2010

M4 Jugend und Medien – ein Interview

M5 Das Zeitalter des Mikroblogging

Webcode:
PE641789-161

Sachwissen

1 Ordnet den Begriffen in M 1 die richtige Erklärung zu. Die Buchstaben ergeben ein Lösungswort. Erklärt es.

2 Beschreibt mit M 2 wichtige Aufgaben der Medien in der Demokratie.

Methoden- und Analysekompetenz

3 In M 3 äußert sich ein Jugendlicher zur Frage, ob das „neue" Internet (Web 2.0) auch eine demokratischere Gesellschaft mit sich bringt.
  a Tragt zusammen, was ihr über das „Web 2.0" wisst.
  b Fasst Niklas' Beurteilung kurz zusammen. Nehmt Stellung dazu.
  c Nennt Möglichkeiten, die das Web 2.0 für die demokratische Gesellschaft bietet. Recherchiert dazu auch im **Internet** und bringt wenn möglich aktuelle Beispiele (siehe Webcode).

4 a Wertet die **Karikatur** M 5 aus. Welche Kritik enthält sie?
  b Inwiefern passt sie zu Niklas' Meinung? (M 3)

Urteils- und Handlungskompetenz

5 a Was wird an der Medienkompetenz Jugendlicher in M 4 kritisiert?
  b Wie schätzt ihr die Medienkompetenz Jugendlicher ein?
  c Was sollten Jugenliche über Medien lernen? Erstellt einen Lehrplan für Jugendliche, in dem ihr die wichtigsten Ziele nennt. Beispiele:
    1. Jugendliche sollten ihre Rechte im Internet kennen.
    2. Jugendliche sollten die wichtigsten Programme (Word, ...) beherrschen.
    3. ...

Lexikon

Account (englisch: Konto) bezeichnet Nutzerkonto mit Zugangsberechtigung für ein Computersystem (z. B. E-Mail-Account)

Analog. Ähnlich, entsprechend, gleich[artig]

Akademiker(-in) ist eine Person mit abgeschlossener Hochschulausbildung.

amnesty international (abgekürzt: ai; engl. amnesty: Begnadigung). Der Startschuss für die Menschenrechtsorganisation war der 28. Mai 1961. An diesem Tag veröffentlichte der Rechtsanwalt Peter Benenson einen Zeitungsartikel, in dem die Situation politisch Gefangener dargestellt wurde. Viele Menschen waren entsetzt über das, was sie in dem Artikel „The Forgotten Prisoners“ („Die vergessenen Gefangenen“) lasen. Sie schrieben Briefe an die Regierung und baten, sich für die politisch Gefangenen einzusetzen. Bereits zwei Monate schlossen sich auch in Deutschland Menschen zusammen und nahmen ihre Arbeit als Mitglieder für ai auf. Heute hat die Organisation über eine Million Mitglieder und ist in mehr als 140 Ländern vertreten. Amnesty international setzt sich aber nicht nur für Gefangene ein. Die Hauptforderung ist, dass in jedem Land und in jeder Situation die Menschenrechte eingehalten werden. Dazu gehören zum Beispiel das Recht auf freie Meinungsäußerung, faire Gerichtsverhandlungen und körperliche und geistige Unversehrtheit. Die Erfahrung hat ai gelehrt, dass man am meisten Erfolg hat, wenn man die Bürgerinnen und Bürger über Notsituationen und Verletzungen der Menschenrechte informiert. Aus diesem Grund startet die Organisation jährlich viele Aktionen und Kampagnen. Informationen zu Aktionen und Kampagnen unter: www.amnesty.de

Äquator. Das Wort kommt aus dem Lateinischen und bedeutet auf Deutsch Gleichmacher. Als solchen bezeichnet man den großen Kreis (auch Großkreis genannt) eines Planeten, der gleich weit entfernt von beiden Polen ist. Der Äquator ist der einzige Breitenkreis, der ein Großkreis ist. Die geographische Breite von 0° ist ihm zugewiesen.

Bedürfnisse. Ein Bedürfnis liegt vor, wenn der Mensch einen bestimmten Mangel empfindet und danach strebt, diesen zu beseitigen. Bedürfnisse erzeugen also starke Wünsche und werden damit zum Auslöser für wirtschaftliches Handeln. Nach der Dringlichkeit unterscheidet man Grundbedürfnisse, Kulturbedürfnisse und Luxusbedürfnisse.

Bestseller. Das Wort kommt aus der englischen Sprache und bedeutet auf Deutsch Verkaufsschlager. Als solche werden Bücher bezeichnet, die überdurchschnittlich gut verkauft werden. Die Verkaufszahlen entscheiden schließlich darüber, ob ein Buch in die Bestsellerliste aufgenommen wird. Ein Beispiel für einen Bestseller sind die verschiedenen Bände des Kinder- und Jugendbuchs Harry Potter.

Browser (von Englisch – to browse: umsehen, blättern) bezeichnet eine Software zum Finden und Ansehen von Dateien. Ein Browser wird zur Darstellung der Seiten im World Wide Web benötigt. Bekannte Browser sind: Internet Explorer, Mozilla Firefox, Opera oder Safari

Symbole der bekanntesten Browser

Bundesverfassungsgericht. Sollte ein Bürger der Meinung sein, dass ein neues (oder auch ein altes) Gesetz gegen das Grundgesetz verstößt, kann er das prüfen lassen. Zum Beispiel, ob es richtig ist, Soldaten und Soldatinnen in ein fremdes Land zu senden. Das Bundesverfassungsgericht ist der oberste Hüter der Verfassung und hat bei Streitigkeiten das letzte Wort. Sollte dort dem Kläger Recht gegeben werden, muss das Gesetz zurückgenommen oder zumindest so verändert werden, dass es dem Grundgesetz nicht widerspricht.

Community. Menschen, die zusammen in einem Ort lebt oder dieselben Interessen hat, bezeichnet man als Gemeinschaft. Auf Englisch heißt das „Community“. Diesen Begriff gibt es auch im Internet. Hier bezeichnet er eine Gemeinschaft von Internetnutzern, die meist ähnliche Interessen haben.

Deponie. Eine bauliche und technische Lagerstätte für Abfälle, die dort langfristig verbleiben. Lange Zeit wurde fast der gesamte Müll auf Deponien gebracht, dort gelagert oder zum Teil verbrannt. Diese Art der Entsorgung hat viele Nachteile. Bei der Verbrennung entstehen giftige Schadstoffe, die Luft und Wasser verschmutzen. Außerdem benötigen Mülldeponien viel Platz. Ihnen mussten sogar schon Wälder und Parks weichen. Diese Art, den Abfall zu beseitigen, ist für die Umwelt besonders belastend. Seit Beginn der 1990er-Jahre hat sich die Abfallpolitik geändert. Müll soll nur noch in Ausnahmefällen auf Deponien gebracht werden. Besser ist es, Müll zu vermeiden oder wieder zu verwerten (Recycling). Außerdem sollen von vornherein Materialien verwendet werden, die weniger Schadstoffe enthalten.

DGB-Jugend (DGB = Deutscher Gewerkschaftsbund). Eine Jugendorganisation, die sich um die Interessen junger Menschen im Zusammenhang mit Ausbildung, Praktikum und Job kümmert. Mitglieder der DGB-Jugend sind alle jungen Mitglieder der acht Gewerkschaften des DGB. Das sind zurzeit ca. 485 000 Menschen bis 27 Jahre.

Dynamik. Schwung, Lebendigkeit, Triebkraft

Eskalation wird die stufenweise Steigerung/Ausweitung eines Konflikts genannt, oft durch gegenseitiges „Hochschaukeln" der Beteiligten; so können während einer bewaffneten Auseinandersetzung die Einsatzmittel der Kriegsparteien eskalieren und im Extremfall bis zum Einsatz nuklearer Waffen führen.

Europäische Union (abgekürzt: EU) ist ein Zusammenschluss von europäischen Staaten, die gemeinsame politische Ziele verfolgen. Die EU besteht seit dem 1. November 1993. An diesem Tag haben sich zwölf Staaten, darunter auch Deutschland, zur Europäischen Union zusammengeschlossen. So war es vorher im Vertrag von Maastricht vereinbart worden. Schon davor gab es einen Zusammenschluss europäischer Staaten, die so genannte „Europäische Gemeinschaft". Jeder Staat in Europa hat die Möglichkeit, der Europäischen Union beizutreten. Allerdings müssen dafür einige Voraussetzungen erfüllt sein. Eine der wichtigsten Voraussetzungen ist es, dass der Staat, der beitreten will, demokratisch ist. Heute gehören 27 Staaten zur EU.

Gemeindehaushalt ist die Gesamtheit der öffentlichen Finanzen einer Gemeinde, dargestellt im Jahreshaushaltsplan mit sämtlichen Einnahmen und Ausgaben. Die Einnahmequellen der Gemeinden sind z. B. → Gemeindesteuern, Gebühren und Beiträge; Ausgaben sind zu leisten für die Verwaltung, das Schul- und Gesundheitswesen, die Wohlfahrtspflege, die Erhaltung und den Bau von Straßen und Plätzen.

Generation(en). Glieder in der Familienfolge, wie z. B. Urgroßeltern, Großeltern, Eltern und Kinder. Die Generationen einer Familie können als Stammbaum dargestellt werden, der auch schon längst verstorbene Vorfahren zeigt.

Geschlechterrolle. Jungen und Mädchen, Frauen und Männer unterscheiden sich äußerlich. Deshalb wird oft erwartet, dass sie auch unterschiedlich handeln, denken und fühlen. Jungen und Mädchen werden auf unterschiedliche Verhaltensweisen festgelegt, die angeblich „männlich" und „weiblich" sind. Das bezeichnet man als Geschlechterrolle (Frauen- /Männerrolle). Mädchen sollen eher brav, gefühlsbetont und wenig am beruflichen Fortkommen interessiert sein. Jungen und Männer dagegen sollen wenig Gefühl zeigen, tapfer und ehrgeizig sein. Die Geschlechterrollen sind nicht angeboren. Kindern wird im Laufe des Aufwachsens vermittelt, dass sich Mädchen und Jungen unterschiedlich zu verhalten haben. Lange Zeit galt das Erziehungsziel, eine Frau auf ein Leben als Ehefrau, Hausfrau und Mutter vorzubereiten, während der Mann mit seinem Beruf für den Lebensunterhalt der Familie zu sorgen hatte. Heute haben Mädchen und Jungen mehr Möglichkeiten, ihr Leben nach eigenen Wünschen und nicht nach festgelegten Rollenvorstellungen zu gestalten. Da dies leichter gesagt als getan ist, gibt es von unterschiedlichen Bundesministerien Projekte, in denen speziell Jungen und Mädchen unterstützt werden. Solche Projekte finden statt, weil Gleichberechtigung und Gleichwertigkeit der Geschlechter Ziele moderner Gesellschaften sind.

Greenpeace (ursprünglich aus dem Englischen und heißt zu deutsch „grüner Frieden") ist eine internationale Umweltschutzorganisation, die 1971 gegründet wurde. Aufmerksamkeit erregte Greenpeace mit seinen Kampagnen gegen Kernwaffentests und Walfang. Unter anderem konzentriert sich Greenpeace heute auch auf aktuelle Themen, wie der globalen Erwärmung, Gentechnik, Atomenergie, Zerstörung der Urwälder u.v.m. Neben Protesten arbeitet Greenpeace heute auch mit umweltfreundlicheren Alternativen wie dem Energieanbieter: Greenpeace Energy.

Grundgesetz (oft mit GG abgekürzt) ist die → **Verfassung** der Bundesrepublik Deutschland. Das Grundgesetz gibt es seit der Staatsgründung im Jahr 1949. In ihm stehen die allerwichtigsten „Spielregeln" für das Zusammenleben der Menschen in Deutschland. Alle Behörden, Gerichte, alle Bürger müssen sich daran halten. Kein Gesetz in unserem Land darf dem Grundgesetz widersprechen.

Grundrechte sind die in den Verfassungen der jeweiligen Staaten aufgelisteten staatlich garantierten Freiheitsrechte des Individuums gegenüber der Staatsmacht. In Deutschland werden die Grundrechte in Abschnitt I des Grundgesetzes allen anderen grundgesetzlichen Regelungen vorangestellt. Die Grundrechte leiten sich von den Menschenrechten her und sind für die Gesetzgebung, die vollziehende Gewalt sowie die Rechtsprechung bindend. Die Artikel 1–7, 10, 13, 14, 16a, 17 des Grundgesetzes (GG) verweisen direkt auf die Menschenrechte, während Artikel 8, 9, 11, 12, 16 ausschließlich auf deutsche Staatsbürger bezogen sind.

Güter. Alle Mittel, die dazu dienen können, menschliche Bedürfnisse zu befriedigen, werden als Güter bezeichnet. Die folgende Übersicht verdeutlicht den Zusammenhang zwischen Mangelgefühl, Bedürfnis und Gütern:

Mangelgefühl	Bedürfnis	Güter
Durst	Wasser	z. B. Mineralwasser
Erschöpfung	Erholung	z. B. Wellnessurlaub

ICQ-Nummer. ICQ (i seek you – ich suche dich) ist der Name eines bekannten Instant-Messenger-Programms. „Instant" heißt sofort und „Messenger" so viel wie Bote. Mit Instant Messengern werden Nachrichten sofort übermittelt. Jeder Teilnehmer besitzt eine eigene ICQ-Nummer, unter der er angesprochen werden kann. Weitere Instant-Messenger-Programme sind zum Beispiel: MSN-Messenger oder den AOL Instant Messenger.

Industriestaaten sind Länder, in denen es viele Fabriken und Industrieanlagen gibt. Zu den größten Industrieländern gehören die USA, die Länder der Europäischen Union, Australien und Japan. Der Begriff „Industrie" kommt übrigens vom lateinischen Wort „industria", was auf Deutsch „Fleiß" bedeutet.

Informationelle Selbstbestimmung bezeichnet das **Grundrecht** des Einzelnen, generell selbst über die Herausgabe und Verwendung seiner personenbezogenen Daten (z. B. Geburtsdatum, Wohnort, Bilder, Videos) zu bestimmen. Dieses Grundrecht wird im Grundgesetz nicht ausdrücklich erwähnt. Es folgt aber aus der Rechtsprechung des → **Bundesverfassungsgerichts.** Die Richter begründeten in einem Urteil von 1983: „Wer unsicher ist, ob abweichende Verhaltensweisen jederzeit notiert und als Information dauerhaft gespeichert, verwendet oder weitergegeben werden, wird versuchen, nicht durch solche Verhaltensweisen aufzufallen. […] Konkret heißt das: Wer sich ständig beobachtet fühlt und Angst hat, dass er wegen seines Verhaltens mit negativen Folgen zu rechnen hat, wird sich anders verhalten, als er das eigentlich möchte. (Stell dir beispielsweise vor, deine Eltern könnten dich immer und überall mithilfe einer Kamera sehen. Wie würdest du dich verhalten?) Dies würde aber die im Grundgesetz garantierte persönliche Entfaltungsfreiheit (Artikel 2, → **Grundgesetz**) sowie die zu schützende Würde des Menschen (Artikel 1 Grundgesetz) einschränken bzw. verletzen.

Informationsgesellschaft wird eine Gesellschaft bezeichnet, die durch die Fülle der Informationsmöglichkeiten mithilfe der modernen Medien geprägt ist. In einer solchen Gesellschaft werden Information und Wissen massenhaft produziert, gesammelt, verwertet, weiterverarbeitet, über Medien verbreitet und somit durch die Informationswirtschaft vermarktet.

Jeder zweite informiert
Erwerbstätige nach Wirtschaftszweigen (in Prozent)

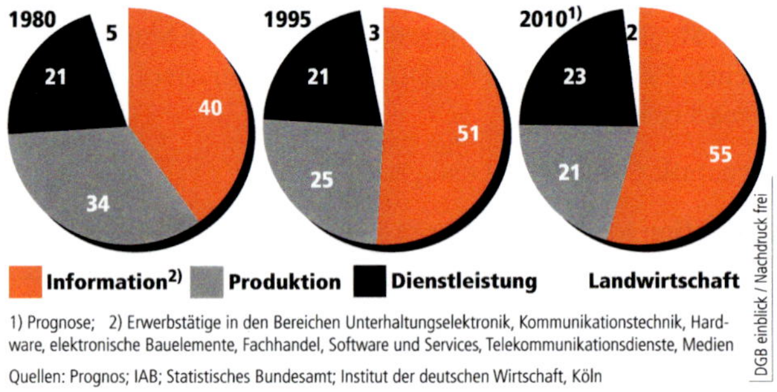

1) Prognose; 2) Erwerbstätige in den Bereichen Unterhaltungselektronik, Kommunikationstechnik, Hardware, elektronische Bauelemente, Fachhandel, Software und Services, Telekommunikationsdienste, Medien

Quellen: Prognos; IAB; Statistisches Bundesamt; Institut der deutschen Wirtschaft, Köln

Instanz bezeichnet die für ein Verfahren zuständige Stelle bei Behörden oder Gerichten. Wer vor den deutschen Gerichten Rechtsschutz sucht, hat in der Regel die Möglichkeit, seinen Rechtsfall durch mehrere Instanzen prüfen zu lassen. Das bedeutet, dass er sich nicht mit dem Urteil des ersten Gerichts (erster Instanz) zufrieden geben muss, sondern sich auch noch an das nächste höhere Gericht wenden kann. Um zur nächsthöheren Instanz zu gelangen, bedarf es eines Rechtsmittels. Dies sind im deutschen Recht: Berufung, → **Revision** und Beschwerde. Jedes Verfahren ist in der Regel auf maximal drei Instanzen begrenzt. Die obersten Gerichte (letzte Instanz) in Deutschland sind: Bundesgerichtshof, Bundessozialgericht, Bundesfinanzhof, Bundesarbeitsgericht und Bundesverwaltungsgericht. Gegen eine Entscheidung dieser letzten Instanzen ist nur noch die Verfassungsbeschwerde vor dem → **Bundesverfassungsgericht** möglich. Eine solche Beschwerde kann man aber nur vorbringen, wenn durch die Gerichtsentscheidung ein → **Grundrecht** verletzt ist.

Integration heißt übersetzt aus dem Lateinischen „Wiederherstellung eines Ganzen". Im deutschen Sprachgebrauch kann es auch als „Eingliederung" verstanden werden. Wenn zum Beispiel ein neuer Schüler in eure Klasse kommt und sich mit eurer Hilfe in die Klassengemeinschaft gut einfügt, dann wird er integriert. Ausländer oder Menschen mit anderer Religion, die in Deutschland bleiben möchten, bei uns vielleicht Asyl erhalten haben, werden ebenfalls in die deutsche Gesellschaft eingegliedert. Auch das nennt man Integration. Strafgefangene, die lange im Gefängnis waren, müssen nach ihrer Freilassung wieder in das normale Leben integriert werden. Das Gleiche gilt etwa für Arbeitslose oder Menschen, die wegen einer Krankheit lange nicht arbeiten konnten. Auch sie müssen wieder in die Arbeitswelt eingegliedert werden. Und die Wiederherstellung einer großen politischen oder wirtschaftlichen Einheit ist auch eine Integration. Die Eingliederung neuer Staaten in die Europäische Union, in der viele unterschiedliche Staaten gemeinsame Ziele verfolgen, ist eine (europäische) Integration.

Internetprovider. Das englische Wort „to provide“ bedeutet wörtlich übersetzt versorgen. Ein Internetprovider ist eine Firma, die ihren Computer – das ist meist ein Großrechner – für andere Benutzer zur Verfügung stellt. Über eine bestimmte Nummer wählt man diesen Großrechner über die Telefon- bzw. DSL-Leitung an. Steht die Verbindung, ist man „online“. Nun kann man über den Großrechner des Providers im Internet surfen. Auch eine eigene E-Mail-Adresse erhält man über den Provider. Die Dienste eines Providers sind nicht kostenlos: Man zahlt dafür, dass einen der Provider mit einem Internetzugang versorgt.

Kompost, Kompostierung. Viele Bestandteile des Mülls lassen sich zu Kompost verarbeiten. Das sind alle Speisereste, Gartenabfälle und sonstigen natürlichen Stoffe. Kompostierung ist ein biologischer Vorgang, bei dem gute Erde entsteht, die als Dünger verwendet werden kann. Kompostierfähiger Abfall wird deshalb gesondert in Bio-Tonnen oder Bio-Säcken gesammelt.

Konflikt/Konfliktlösung. Das Wort Konflikt kommt aus der lateinischen Sprache und heißt übersetzt Zusammenstoß, Auseinandersetzung, Streit. Zwischen zwei Menschen oder in einer Gruppe kann es immer wieder zu Auseinandersetzungen oder Streitereien kommen. Das passiert zwischen Freunden, in einer Familie oder in der Schulklasse. Dabei stoßen Menschen mit unterschiedlichen Wünschen, Bedürfnissen und Meinungen aufeinander. Jeder will seinen Willen durchsetzen und berücksichtigt nicht, was der andere möchte. Es gibt verschiedene Möglichkeiten, einen Konflikt zu lösen, z. B., dass einer bestimmt, was gemacht wird. Damit wird der Konflikt aber nicht richtig gelöst, weil dann nur ganz wenige mit dem, was schließlich gemacht wird, einverstanden sind. Besser ist es, eine Abstimmung durchzuführen. Noch besser ist es, nach einer Übereinkunft (Kompromiss) zu suchen, mit der möglichst alle einverstanden sind.

Konkurrenz siehe Wettbewerb

Konstituierende Sitzung. Die erste Sitzung eines neu gewählten Gremiums. Meistens spricht man von einer konstituierenden Sitzung im Zusammenhang mit der ersten Sitzung eines Parlaments. In dieser ersten Sitzung werden die wichtigsten Ämter (z. B. Vorsitz) vergeben und organisatorische Fragen geklärt.

Konsum bedeutet Verbrauch von Gütern und Dienstleistungen. Konsumgüter werden von Unternehmen produziert und von Konsumenten (Verbrauchern) gekauft und verbraucht.

Kurantmünzen. Bei diesen Münzen entspricht der aufgedruckte Betrag dem Wert des Metalls (vgl. → **Scheidemünzen**).

Massenmedien/Medien. Wenn wir fernsehen, Radio hören, uns in der Bibliothek ein Buch ausleihen oder Zeitung lesen, nutzen wir Medien. Wenn wir durchs Internet surfen, sind wir mit anderen Computern in der Welt verbunden und nutzen die elektronischen Medien. Medien (das Wort kommt vom lateinischen „medium“ und bedeutet so viel wie „Vermittler“) sind also Mittel oder bestimmte Verfahren, mit denen Nachrichten und Informationen verbreitet werden, auch Bilder und Filme. Man kann sich durch Medien weiterbilden, sich informieren, Ideen austauschen oder sich einfach unterhalten. Und weil sehr viele Menschen das beim Fernsehen oder Zeitungslesen tun, nennt man solche Medien auch „Massenmedien“. Besitzer dieser Medien, z. B. eine Fernsehstation, erreichen sehr viele Menschen und haben so die Möglichkeiten, die Meinung dieser Menschen zu beeinflussen. Deshalb ist es sinnvoll, sich in möglichst verschiedenen Medien zu informieren.

Manipulation. Unbemerkte Beeinflussung des menschlichen Willens und Handelns. Das Mittel der Manipulation wird oft in der Werbung verwendet. Da heißt es dann zum Beispiel, dass das Waschmittel W weißer als weiß wäscht oder das Auto A schneller fährt. Wenn der Zuschauer diese Reklame oft genug sieht, glaubt er es vielleicht und kauft dann das Waschmittel oder das Auto, ohne die angepriesenen Eigenschaften wirklich überprüft zu haben. Menschen können auf ganz unterschiedliche Weise manipuliert werden: falsche Behauptungen, verkürzte Darstellungen (zum Beispiel nur die Erwähnung guter Eigenschaften).

Medienrechtler ist ein Jurist (Rechtsgelehrter), der sich auf den Bereich des Medienrechts spezialisiert hat. Das Medienrecht beschäftigt sich mit den Regelungen privater und öffentlicher Information und Kommunikation. Der Rechtsbereich des Medienrechts setzt sich zusammen aus Teilbereichen des öffentlichen Rechts, des Zivilrechts und des Strafrechts.

Migranten sind einzelne Menschen oder Gruppen, die aus unterschiedlichen Ursachen ihren Wohnsitz vorübergehend oder ständig verändern. Der Begriff Migration umfasst also alle Wanderungsbewegungen. Immer ist Migration der Versuch, die eigene Lebenssituation zu verbessern bzw. widrigen Lebensbedingungen zu entfliehen.

Müllverbrennungsanlagen. Müllverbrennung ist eine Form der Abfallentsorgung. Problem: Bei der Verbrennung werden Gase und Staub freigesetzt und gelangen in die Nahrungskette des Menschen. Viele der freigesetzten Stoffe sind bisher nicht untersucht worden. Ihre gesundheitlichen Schäden sind noch nicht abschätzbar.

ökologisches Gleichgewicht. Im ökologischen Gleichgewicht bleibt die Anzahl der Individuen sowie der Arten in einem Ökosystem praktisch unverändert. Es kann zu Schwankungen um einen Mittelwert kommen, die sich aber von selbst wieder ausgleichen. Bei Veränderungen des ökologischen Gleichgewichts können gravierende Veränderungen in der Natur eintreten.

Opposition. Wenn euch nicht passt, was Eltern, Lehrer oder die meisten eurer Mitschüler sagen und wollen, dann seid ihr in der Opposition. Das Wort kommt aus dem Lateinischen und bedeutet, im Widerspruch zur Mehrheit zu stehen. In der Politik heißt das, dass Parteien im Deutschen Bundestag, die nicht zu den Regierungsparteien gehören, sich in der so genannten parlamentarischen Opposition befinden. Sie sind ein wichtiger Teil in der Demokratie, weil sie mit aufpassen, dass die Gesetze eingehalten werden.

Paragraf. Das Paragrafenzeichen findet sich in Gesetzestexten immer vor einer Zahl. Es zeigt den Beginn eines neuen Paragrafen (Abschnitts) an, der durch die Zahl bezeichnet wird. Zum Beispiel § 110. Der Ursprung des Zeichens ist unklar. Vermutlich handelt es sich aber um die Abkürzung Doppel SS für „signum sectionis“ (lateinisch: Zeichen des Abschnitts). Um wertvolles Papier zu sparen, machten die Schreiber früher keine Leerzeile zwischen Absätzen, sondern kennzeichneten diese mit dem Paragrafenzeichen am Rand. Auch die Paragrafen werden noch einmal durch nummerierte Absätze unterteilt. Den Absätzen sind eingeklammerte Nummern (1) vorangestellt. So spricht man beispielsweise von: Paragraf 110 Absatz 1.

Petitionsausschuss. Jeder Bürger, jede Bürgerin hat das Recht, sich mit einer schriftlichen Bitte (das lateinische Wort dafür ist „petition“) oder auch einer Beschwerde an das Parlament, an den Bundespräsidenten oder eine Behörde zu wenden. Dies steht in Artikel 17 des → **Grundgesetzes.** Der Empfänger einer solchen Petition ist verpflichtet, den Brief anzunehmen und zu beantworten. Damit ist allerdings nicht die Verpflichtung verbunden, die Bitten der Bürger zu erfüllen oder den Beschwerden immer Recht zu geben. Im Deutscher Bundestag und in den Parlamenten der Länder gibt es so genannte Petitionsausschüsse, die diese Bitten an die Volksvertretung im Einzelnen genau prüfen und darauf antworten.

Podcast. Kunstwort aus iPod (ein MP3-Player der Firma Apple) und englisch broadcasting („Rundfunk“). Podcast ist ein Verfahren zur Verbreitung von Audio- und Videodateien über das Internet. Per Download werden die Daten auf den PC oder MP3-Player übertragen. Die radio- bzw. fernsehähnlichen Beiträge werden von sog. Podcastern wie u. a. Hörfunk- und Fernsehsendern, Zeitungen und Privatpersonen angeboten. Podcasts können abonniert, gespeichert und zu jeder beliebigen Zeit abgespielt werden.

Politik. Im alten Griechenland hießen die Stadtstaaten „polis“. Das waren Städte, die sich selber verwalteten. Daher leitet sich das Wort „Politik“ ab. Es ist die Staatskunst, also alles, was das geordnete Zusammenleben der Bürgerinnen und Bürger regelt. Politik umfasst alle Dinge, die von Regierungen, Ministerinnen und Ministern, aber auch zum Beispiel von Verwaltungen (Ämtern) und Bürgermeistern in den Gemeinden bestimmt und gesetzlich festgelegt werden. Wenn in deiner Stadt ein neues Schwimmbad gebaut oder eine neue Straße geplant wird, dann ist das eine kommunalpolitische Entscheidung. („Kommune“ ist ein anderer Begriff für „Gemeinde“.) Oder wenn auf der höchsten Staatsebene der Bundeskanzler oder die Bundeskanzlerin und das Kabinett Beschlüsse fassen über die Beziehungen zu anderen Staaten, dann ist das Außenpolitik.
Es gibt fast keinen Bereich im Zusammenleben der Menschen, der nichts mit Politik zu tun hat. Das zeigt sich schon in den Bezeichnungen: Kinder- und Jugendpolitik, Schulpolitik, Arbeitsmarktpolitik, Gesundheitspolitik, Rentenpolitik.
Aber Politik hat nicht nur etwas mit Regierung und Ministern zu tun. „Politik“ hat oft eine viel weitere Bedeutung. Darunter versteht man alles, was mit der Durchsetzung von Forderungen und

Zielen zu tun hat, mit Einflussnahme und Gestaltung, sowohl im persönlichen als auch im öffentlichen Bereich.

Product Placement (engl.: ein Produkt platzieren) = **Schleichwerbung** (siehe dort)

Produktionsgüter siehe **Güter**

Präsidentenwahl im Iran (2009). Am 12. Juni 2009 fanden im Iran die Präsidentschaftswahlen statt. Dabei konnte sich der bisherige Amtsinhaber Mahmoud Ahmadinejad durchsetzen, der laut Informationen des Innenministeriums 62,6 Prozent der Stimmen erreichte. Er erzielte damit überraschend bereits im ersten Wahlgang die nötige Mehrheit. Sein stärkster Konkurrent, Hussein Mussawi, dagegen kam demnach auf einen Stimmenanteil von nur 33,7 Prozent. Anhänger der Opposition sprachen allerdings von Wahlbetrug und auch Experten werteten das Ergebnis als gezielte Manipulation der herrschenden religiösen Klasse.

Die islamische Republik Iran ist keine reine Diktatur: Das vielfach verzahnte politische System Irans vereinigt theokratische (Herrschaftsform, bei der die Staatsgewalt allein religiös legitimiert ist) mit demokratischen Elementen. Die zentrale Rolle spielt Revolutionsführer Ayatollah Ali Khamenei, das geistige Oberhaupt der Republik und Nachfolger Ayatollah Khomeinis. Er ernennt die wichtigsten Positionen in Militär, Justiz, Wirtschaft und den staatlichen Medien. Das Parlament wird vom Volk gewählt, jedoch kontrolliert der so genannte islamische Wächterrat, wer zu den Wahlen antreten darf. Der Wächterrat hat zudem das letzte Wort über gesetzgeberische Entscheidungen des Parlaments. Er trifft auch eine Vorauswahl der Kandidaten für das Präsidentenamt.

Anhänger von Hussein Mussawi protestieren gegen den Ausgang der Präsidentschaftswahl im Juni 2009 im Iran

Pressefreiheit. Das Recht der freien Meinungsäußerung, und dazu gehört die Pressefreiheit, gehört in unserer Demokratie zu den → **Grundrechten**. Es soll damit sichergestellt werden, dass alle Bürgerinnen und Bürger frei ihre Meinung sagen und schreiben können und sich ihre Informationen beschaffen können, wo sie wollen. Grundsätzlich darf niemand den Journalisten und Journalistinnen vorschreiben, was sie zu schreiben oder zu berichten haben. Durch bestimmte Vorschriften und Gesetze wird die Pressefreiheit allerdings eingeschränkt. Es darf niemand beschädigt oder beleidigt werden, die persönliche Ehre der Menschen muss geachtet werden. Es darf auch nichts in Zeitungen geschrieben oder im Fernsehen gezeigt werden, was dem Jugendschutz widerspricht. Manche warnen davor, dass die Pressefreiheit in Gefahr sei, wenn einzelne Unternehmen zu viele Zeitungen oder Fernsehstationen kaufen. Damit könnte die Meinung im Lande zu sehr beeinflusst werden und vielleicht auch Druck auf die Journalisten ausgeübt werden. Solche „Pressekonzentration", wie das heißt, kann man in manchen Ländern, auch in Deutschland beobachten. Hier gibt es das Bundeskartellamt, das solche Vorgänge kontrolliert.

Profilbildung. Sehen deine Eltern zufälligerweise deinen letzten Sucheintrag bei Google, so wissen sie, wofür du dich in diesem Augenblick interessiert hast. Da es deine Eltern sind, wissen sie aber in der Regel über deine Hobbys, Gewohnheiten und Interessen Bescheid. Anders ist das bei fremden Personen oder Firmen. Aber auch sie könnten durch die Auswertung von Daten mehr über dich erfahren, als du denkst. Wenn du als registrierter Kunde z. B. bei einem Online-Versand shoppen gehst, hinterlässt du Datenspuren. Zusammengefügt ergeben sie ein Kundenprofil von dir. Zum Beispiel für welche Themen du dich interessierst, welche Artikel du anderen empfohlen hast, wie viel Geld du durchschnittlich zur Verfügung hast oder für dein Hobby bereit bist auszugeben. Alleine anhand von Daten ist es möglich, eine ganze Reihe von Profilen über Nutzer anzulegen: über Handydaten Bewegungsprofile, über Kunden- oder Rabattkarten sehr genaue Kundenprofile usw.

Psychologe. Fachmann/Fachfrau auf dem Gebiet der Psychologie, der Wissenschaft, die sich mit dem Verhalten und dem seelisch gesteuerten Erleben des Menschen befasst.

Regierung. Die Regierung leitet den Staat. Sie besteht aus einer Gruppe von Personen, die man auch Kabinett nennt. Chef der Regierung ist in Deutschland der Bundeskanzler oder die Bundeskanzlerin. Die Regierung trifft sich regelmäßig in Sitzungen. Dort werden die Entscheidungen über die Innen- und Außenpolitik eines Staates getroffen. Das können zum Beispiel neue Gesetze sein zu Kindergeld und Steuern oder Maßnahmen zu Regelungen im Straßenverkehr. Oder es wird beraten und festgelegt, wie die Beziehungen Deutschlands zu anderen Ländern am besten geregelt werden können. In Deutschland gehört der Regierungschef oder die Regierungschefin in der Regel der stärksten Partei im Deutschen Bundestag an.

Scheidemünzen. Münzen, bei denen der aufgeprägte Betrag (Nennwert) höher als der Wert des Metalls ist (vgl. → **Kurantmünzen**).

Schleichwerbung. Häufig ist Werbung in Fernsehserien, Filmen und Computerspielen versteckt. Werbefachleute nennen

Screenshot aus einem Computerspiel

Schleichwerbung auch „Product Placement“: In der Serie trinkt der Hauptdarsteller immer wieder ein bestimmtes Getränk, in einer anderen Folge steht der Hauptdarsteller völlig „unauffällig“ vor einem großen Werbeplakat. Solches Product Placement ist eine Platzierung von Markenartikeln zu Werbezwecken, die nicht offensichtlich als Werbung gekennzeichnet ist. Für die Platzierung der Markenartikel fließen hohe Beträge.

Rente/Pension, auch Ruhegehalt genannt, ist ein regelmäßig ausbezahltes Einkommen, welches (meist) als Altersversorgung dient.

Revision (aus dem Lateinischen: re „wieder, zurück“ und videre „ansehen“) bedeutet allgemein (nochmalige) Durchsicht, Nachprüfung, Änderung, z. B. einer Ansicht oder Meinung. Im rechtlichen Sinne meint es ein Rechtsmittel, mit dem die Überprüfung von Rechtsfragen durch ein höheres Gericht beantragt wird. Die Revisionsfrist (also Antragsfrist) beträgt im Zivil-, Verwaltungs- und Finanzgerichtsprozess einen Monat, im Strafprozess eine Woche.

Schmähkritik. Eine Äußerung (z. B. Anschuldigung) ist dann als Schmähkritik zu bezeichen, wenn sie ungeachtet der tatsächlichen Lage etwas Falsches behauptet, mit dem Ziel, der angesprochenen Person zu schaden. Dem Täter muss es erkennbar nur um die persönliche Herabsetzung des Opfers gehen. In diesem Fall ist die Äußerung nicht mehr durch das Grundrecht auf freie Meinungsäußerung (Artikel 5 → Grundgesetz) abgedeckt. Denn dieses Recht findet seine Schranken (Artikel 5 Absatz 2) in den Vorschriften der allgemeinen Gesetze, den gesetzlichen Bestimmungen zum Schutze der Jugend und in dem Recht der persönlichen Ehre.

Social Map bezeichnet die grafische Darstellung in Form einer Karte (englisch: map) von sozialen Gemeinschaften oder anderen Beziehungen verschiedener Gruppen und Individuen zueinander. Das können Übersichten zu Freundschaftsbeziehungen, Familien oder anderen Netzwerken, so auch soziale Netzwerke im Internet, sein. Auch die Präsenz von Firmen im Internet lässt sich als Social Map darstellen.

Solidarität. Du empfindest, dass dein Freund zum Beispiel von einem Lehrer ungerecht behandelt wird. Du stehst auf und sagst es laut. Du stellst dich also auf seine Seite, zeigst so dein Zusammengehörigkeitsgefühl. „Solidarität“ kommt aus dem Lateinisch-Französischen und heißt genau: „Zusammengehörigkeit“. Es können auch mehrere Personen oder auch Gruppen sein, die sich gegenseitig helfen und unterstützen, zum Beispiel Nachbarschaftshilfe leisten, und so zeigen, dass sie „solidarisch“ sind. In der christlichen Religion heißt die Solidarität mit den Armen „Nächstenliebe“. Politisch hat sich dieses solidarische Handeln im 19. Jahrhundert entwickelt, als sich die Menschen in der so genannten Arbeiterbewegung für bessere Lebens- und Arbeitsbedingungen einsetzten. Solidarität kann also auch ausgeübt werden, wenn man sich persönlich gar nicht kennt. Man fühlt sich dann solidarisch, weil jemand anderes die gleiche politische Überzeugung wie man selbst hat oder weil es ihm schlecht geht und er Not leidet.

Sozialwissenschaftler. Ein Wissenschaftler oder eine Wissenschaftlerin, die sich mit dem Zusammenleben der Menschen und seinen Ordnungsformen befasst.

Spätaussiedler. Nachfahren der deutschen Auswanderer, die sich im 18. und 19. Jahrhundert in Osteuropa (Rumänien, Ungarn, Ukraine und vor allem Russland) niederließen. Sie konnten seit den 1960er-Jahren auf Antrag (und mit der Begründung ihrer Deutschstämmigkeit und/oder der Familienzusammenführung) in die Bundesrepublik einwandern.

Stadtverordnetenversammlung (Gemeindevertretung) ist das oberste Entscheidungs- und Beschlussorgan einer Stadt bzw. Gemeinde. Sie besteht aus den Stadtverordneten bzw. Gemeindevertretern, die bei Kommunalwahlen von den Bürgerinnen und Bürgern auf die Dauer von fünf Jahren gewählt werden.

Twitter (von englisch to tweet = zwitschern). Internetdienst des 2006 von Jack Dorsey, Biz Stone und Evan Williams gegründeten US-amerikanischen Unternehmens Twitter Inc.; registrierte Benutzer können per PC oder Handy (SMS) auf twitter.com bis zu 140 Zeichen umfassende Texte und Fotos, sog. Tweets, publizieren. Der Absender kann entscheiden, ob er seine Nachrichten allen Benutzern zur Verfügung stellen oder den Zugang auf eine Freundesgruppe beschränken will.

UNHCR. Ein Großteil der Hilfe für Flüchtlinge wird vom UNHCR organisiert, dem „United Nations High Commissioner for Refugees" (Hoher Flüchtlingskommissar der Vereinten Nationen). Das UNHCR ist eine Sonderorganisation der Vereinten Nationen, die 1951 gegründet wurde. Die erste Aufgabe vom UNHCR bestand ab 1951 darin, etwa einer Million größtenteils europäischer Zivilisten zu helfen, die wegen des Zweiten Weltkrieges ihre Heimat verlassen mussten. Ab den 1950er-Jahren wurde die Flüchtlingskrise zu einem wahrhaft globalen Problem. Sie erreichte Afrika und später Asien, um dann nach Europa zurückzukehren. Auf dem Höhepunkt der Krise, Mitte der 1990er-Jahre, half UNHCR 27 Millionen Menschen in einem einzigen Jahr. Insgesamt hat UNHCR seit seiner Gründung dazu beigetragen, dass 50 Millionen Flüchtlinge ein neues Leben beginnen konnten.

Titelbild der Zeitschrift „Flüchtlinge" vom UNHCR

UNICEF (United Nations Children's Fund = Kinderhilfswerk der Vereinten Nationen). Das Weltkinderhilfswerk wurde 1946 gegründet. Es besaß 2005 über 7200 Mitarbeiter/-innen in fast 160 Staaten. Die Arbeit des Weltkinderhilfswerks wird durch Spenden ermöglicht (2003 fast 1,7 Milliarden US-Dollar). UNICEF unterstützt Kinder und Mütter vor allem in den Bereichen Gesundheitsfürsorge, Familienplanung, Ernährung, Erziehung und leistet Soforthilfe in Notsituationen.

Verfassung. In seiner Verfassung legt ein Staat fest, nach welchen Regeln er organisiert wird und wie das Zusammenleben der Menschen funktionieren soll. Die Verfassung beschreibt das politische System, also wie das Land regiert werden soll. Es wird festgelegt, was die Regierung darf, was sie nicht darf, welche Macht die Polizei, die Streitkräfte oder andere Staatsorgane haben. Vor allem aber ist festgeschrieben, welche Grundrechte den einzelnen Menschen zustehen, damit sie frei und ohne staatlichen Zwang leben und arbeiten können. In Deutschland wird die Verfassung → **Grundgesetz** genannt.

Volksverhetzung. Wer zum Hass oder zu Gewalttaten aufruft, wer gegen Fremde, gegen Menschen anderer Hautfarbe oder solche, die eine andere politische Meinung haben, aufhetzt, macht sich strafbar. Er begeht Volksverhetzung. Er stört, wie es im amtlichen Deutsch heißt, den öffentlichen Frieden. Man spricht auch von „Volksverhetzung", wenn andere Menschen böswillig beschimpft, verächtlich gemacht und dadurch in ihrer Würde verletzt werden. Es ist auch eine Straftat, wenn man Schriften oder Texte zum Beispiel im Internet verbreitet, die die nationalsozialistischen Verbrechen leugnen oder zum Rassenhass aufstacheln. Volksverhetzung kann mit Geld- oder Freiheitsstrafe von drei Monaten bis zu fünf Jahren bestraft werden.

Vorurteil. Häufig haben wir Vorstellungen und Meinungen über andere Menschen oder andere Völker, die gar nicht der Wirklichkeit entsprechen. Wir verallgemeinern dann etwas, was wir vielleicht einmal erlebt haben oder was wir von anderen gehört oder irgendwo gelesen haben. Manchmal ist es auch nur ein unbestimmtes Gefühl. Eine solche Meinung ist kein begründetes, sondern ein vorschnelles Urteil – ein Vor-Urteil.

Diese Cartoons zum Thema „Fremde" und „Vorurteil" haben die Künstler CONCERTO BRUSSELS (Texte) und SERGIO SALMA (Zeichnungen) im Auftrag der Europäischen Gemeinschaft gezeichnet.

Web 2.0. Der Begriff ist nicht als Bezeichnung einer rein technischen Erneuerung des Internets zu verstehen, sondern umfasst schlagwortartig alle interaktiven und gruppendynamischen Anwendungen des heutigen „Mitmach-Internets". Dazu gehören Weblogs, Wikis, Videoportale, Tauschbörsen und soziale Netzwerke. Während das Internet in den 1990er-Jahren eher statisch war, versetzen neue Techniken und größere Internetbandbreiten die Anwender zunehmend in die Lage, selbst Inhalte im Internet zu erstellen und weiterzugeben.

Weblog. Kunstwort aus Web und Logbuch. Ein Weblog ist eine Webseite im Internet, die von einem oder mehreren Autoren, Blogger genannt, regelmäßig durch neue Einträge ergänzt wird. Neue Einträge stehen am Anfang der Seite, ältere folgen in umgekehrt chronologischer Reihenfolge. Die datierten Beiträge können Texte, Links auf andere Webseiten, Bilder und Videos enthalten und von anderen kommentiert werden. Weblogs dienen z. B. als persönliches Tagebuch, der Sammlung kommentierter Weblinks, dem Austausch von Meinungen, Neuigkeiten und Wissen, der Dokumentation von Projekten. Die Gesamtheit aller Weblogs bildet die Blogosphäre.

Werbung. Eine Firma hat ein neues Produkt, zum Beispiel ein neues Waschmittel, hergestellt. Um damit Geld verdienen zu können, müssen viele Leute das Waschmittel kaufen. Die Käufer müssen aber erst einmal wissen, dass es dieses neue Mittel überhaupt gibt. Es wird also dafür Werbung gemacht. Die Namen und die Bilder neuer Produkte tauchen in Zeitungen und Zeitschriften, im Fernsehen, Radio, Kino und an anderen Stellen auf. Je öfter die Menschen das Bild von der Waschmittelpackung sehen, desto aufmerksamer werden sie. Beim nächsten Gang in den Supermarkt kaufen sie das Produkt vielleicht schon. Das Ziel der Werbung wäre dann erreicht. Man könnte auch sagen, die Menschen sind beeinflusst worden, ohne dass ihnen das richtig klar war. Kritiker nennen dies → **Manipulation**.

Wettbewerb gibt es in vielen Lebensbereichen: Wenn zwei oder mehrere Menschen oder politische Parteien um eine bestimmte Sache kämpfen, handelt es sich um einen Wettbewerb. Bewerber treten, wie es oft heißt, in Konkurrenz zueinander an. Dieses aus dem Lateinischen kommende Wort (concurrere) heißt nichts anderes als „Wettbewerb". In der Wirtschaft bedeutet Wettbewerb, dass Unternehmen miteinander konkurrieren. Die Firmen wollen möglichst viele Kunden gewinnen. Deswegen müssen sie gute Produkte anbieten, die möglichst besser und gleichzeitig kostengünstiger sind als die Produkte der Konkurrenten. So steigt die Chance, dass sie die Produkte verkaufen. Dieser Wettbewerb ist in der Wirtschaft sehr wichtig. Experten sprechen davon, dass der Wettbewerb Motor für den Fortschritt und für das gute Funktionieren der Wirtschaft ist. Es heißt oft, dass Wettbewerb (Konkurrenz) das Geschäft belebt, denn die Firmen sind bestrebt, immer bessere Produkte zu entwickeln, um im Konkurrenzkampf zu bestehen.

PREISKÄMPFE

WWF (World Wide Fund For Nature = Weltweite Stiftung für die Natur) ist eine der größten internationalen Naturschutzorganisationen der Welt. Sie wurde am 11. September 1961 gegründet und ist heute in mehr als 100 Ländern aktiv. Weltweit unterstützen fast fünf Millionen Förderer den WWF. Das Logo des WWF zeigt den Großen Panda. Modell für dieses Logo war die berühmte Pandabärin Chi Chi, die während der Gründung des WWF im Londoner Zoo lebte.

Werbeanzeige des WWF

Zensur. Was Zensuren sind, wisst ihr alle: gute oder schlechte Noten, also Bewertungen für schulische Leistungen. Es gibt in undemokratischen Staaten auch eine Zensur der Medien. Darunter versteht man, dass eine staatliche Behörde alles kontrolliert, was in Büchern, Zeitungen und Zeitschriften stehen soll, was die Menschen im Fernsehen, in Filmen oder auf der Theaterbühne sehen dürfen und was nicht. Zweck dieser staatlichen Zensur ist es, dass die Bürger nur das erfahren, was die Regierung mitteilen will. Texte oder Bilder, die zum Beispiel die Regierung kritisieren, werden aus den Zeitungen oder Filmen herausgestrichen. Oder sie werden so verändert, dass die Kritik nicht mehr zu erkennen ist. Mit dieser Zensur soll die Meinung der Menschen beeinflusst werden. Wenn sie nichts über Probleme in einem Staat lesen oder im Fernsehen sehen können, dann denken sie vielleicht, es sei alles in Ordnung. In undemokratischen Staaten, vor allem in Diktaturen, gibt es oft ein eigenes Ministerium, das für die so genannte Vorzensur zuständig ist. Von diesem Ministerium muss alles erst genehmigt werden, bevor es veröffentlicht werden darf. Durch die Nachzensur kann ein Film oder ein Theaterstück, wenn es den Herrschenden nicht gefällt, nachträglich verboten werden.

In demokratischen Staaten wie der Bundesrepublik Deutschland ist die Presse- und Meinungsfreiheit garantiert. In Artikel 5 des Grundgesetzes heißt es ausdrücklich: „Eine Zensur findet nicht statt." Allerdings kann es Fälle geben, wo doch eine Zensur stattfindet. Wenn zum Beispiel ein Text oder ein Film gegen das Grundgesetz oder Bestimmungen des Jugendschutzes verstößt, kann die Veröffentlichung verboten werden.

Zielgruppe. Werbung oder bestimmte Programmangebote der Massenmedien (Fernsehen, Radio, Zeitschriften) richten sich oft an eine bestimmte Zielgruppe. Dies sind z. B. bei Werbung für einen Gebissreiniger ältere Menschen oder Kinder und Jugendliche bei Handyklingeltönen. Die Werbefachleute studieren unter anderem die Gewohnheiten und das Käuferverhalten bestimmter Konsumentengruppen, um diese für ihre Werbemaßnahmen zu verwenden. Kinder und Jugendliche sind nicht nur wegen ihres Taschengeldes eine stark umworbene Zielgruppe, sondern auch, weil sie bei vielen Anschaffungen in der Familie (z. B. Brotaufstrich) mitbestimmen.

KINDGERECHTE FERNSEHWERBUNG

Zweiter Weltkrieg. Der Zweite Weltkrieg dauerte von 1939 bis 1945. Er begann am 1. September 1939, als deutsche Truppen das benachbarte Polen überfielen. Die Nationalsozialisten, die in Deutschland unter der Führung des Diktators Adolf Hitler die Macht erlangt hatten, wollten, dass Deutschland wieder groß und mächtig wurde. Sie wollten die Bestimmungen des Versailler Friedensvertrages, der nach dem Ersten Weltkrieg die Macht Deutschlands begrenzte, nicht mehr akzeptieren. Polen war das erste Land, das von den deutschen Truppen besetzt wurde. Deutschland war mit Italien und Japan verbündet (man nannte sie die „Achsenmächte"). Die Gegner der Achse waren vor allem Großbritannien, Frankreich, die Sowjetunion und die USA. Insgesamt waren an diesem weltweit geführten Krieg 27 Nationen beteiligt. In Europa waren fast alle Länder von dem Kriegsgeschehen direkt betroffen. Zunächst gelang es den deutschen Truppen, die meisten europäischen Länder zu erobern. Doch besiegen konnte es seine Gegner nicht. Im Jahr 1941 traten die USA in den Krieg gegen Deutschland ein. Zusammen mit den anderen Verbündeten (Alliierten) befreiten sie die Gebiete, die von den deutschen Armeen besetzt worden waren. Die deutschen Truppen wurden besiegt. Der Diktator beging am 30. April 1945 in Berlin Selbstmord. Deutschland kapitulierte (gab auf) und am 9. Mai 1945 trat ein Waffenstillstand in Kraft.
Der Zweite Weltkrieg endete jedoch erst mit der Kapitulation Japans Anfang September 1945. Dem waren amerikanische Atombombenabwürfe auf die japanischen Großstädte Hiroshima und Nagasaki vorausgegangen.
Insgesamt hat der Zweite Weltkrieg über 60 Millionen Tote gefordert. Mehr als 6 Millionen Juden sind von den Deutschen ermordet worden. Sinti und Roma und andere Minderheiten sind verfolgt und getötet worden.

Frankfurt am Main – Sicht vom Dom auf Römer und zerstörte Altstadt. Ansicht nach der Zerstörung im Zweiten Weltkrieg

Arbeitstechniken

Cluster erstellen

1. Schreibt in die Mitte eines leeren Blattes das Wort, zu dem ihr Ideen sammeln wollt. Kreist das Wort ein.
2. Schreibt nun die Wörter rund um das Wort auf, die euch genau jetzt in den Sinn kommen.
3. Verbindet die neuen Wörter durch Striche mit dem Kernwort.
4. Ihr könnt so viele Wörter aufschreiben, wie euch in ungefähr 5 bis 10 Minuten einfallen.

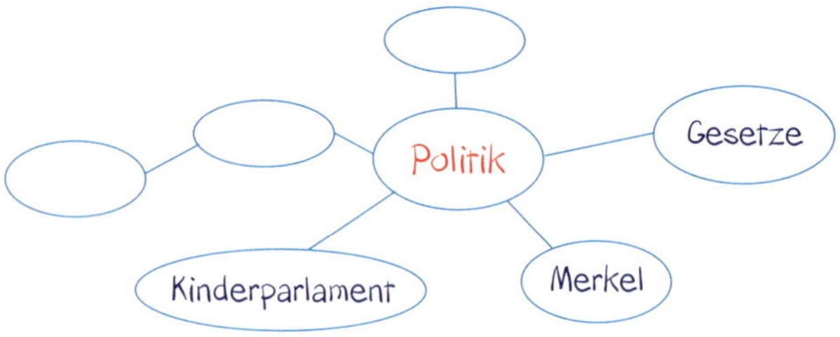

Mit dem Internet arbeiten

Eine gute Möglichkeit, Informationen zu beschaffen, bietet das Internet. Allerdings solltet ihr folgende Hinweise bei der Arbeit mit dem Internet beachten.

Internetrecherche

Zunächst solltest du prüfen, ob die Internetrecherche sinnvoll ist. Sie kann sinnvoll sein, wenn
- ihr schnell Informationen benötigt,
- ihr aktuelles Datenmaterial sucht,
- ihr Material benötigt, über das die örtlichen Bibliotheken nicht oder nicht so schnell verfügen können,
- ihr vielleicht noch nicht genau wisst, welche Informationen es zu einem Thema gibt.

Aber Achtung: Heruntergeladene Inhalte solltet ihr nicht ungeprüft gelten lassen.

Wie finde ich was im Internet?

Am einfachsten ist es, wenn man die Adresse kennt. Sehr häufig wird inzwischen in Zeitungen, Zeitschriften und im Fernsehen die Internetadresse angegeben – sie beginnt mit „www". Achtet darauf, die Adresse genau anzugeben – vor allem die Punkte. Manche Adressen sind naheliegend: www.nordrhein-westfalen.de

Viele Adressen sind hingegen unbekannt. Sie müssen über „Suchmaschinen" herausgefunden werden. Wichtige Suchmaschinen sind: www.google.de, www.metager.de, www.Yahoo.de, www.altavista.com
Und die bekanntesten Suchmaschinen für Kinder findet ihr unter: www.blindekuh.de oder www.kiddysearch.de

Umgang mit Online-Lexika

Um erste Informationen zu einem Thema zu bekommen und eventuell noch ein paar Links zu erhalten, könnt ihr auch Online-Lexika verwenden. Hierbei müsst ihr unterscheiden zwischen zwei Arten von Lexika. Zum einen gibt es Lexika, deren Inhalt von einer abgegrenzten Expertengruppe zusammengetragen und geprüft wurde. Diese Experten stehen mit ihrem Namen für die Richtigkeit und Ausgewogenheit (d. h. keine einseitige Darstellung) der Angaben. Ein solches Lexikon findet ihr beispielsweise auf www.hanisauland.de oder bei der Bundeszentrale für politische Bildung (www.bpb.de).

Eine andere Art der Online-Lexika sind solche, zu denen jeder etwas beitragen kann. Der Vorteil: Diese Lexika wachsen schnell und enthalten viele Begriffe. Es wächst aber auch die Gefahr, dass die Informationen nicht richtig oder einseitig dargestellt sein könnten. Zwar überprüfen sich die freiwilligen Schreiber auch untereinander wie beispielsweise bei www.wikipedia.de – ihr findet diese Überprüfung, wenn ihr auf den Reiter „Diskussion" (M 1) klickt. Jedoch gilt gerade hier, dass die Informationen nicht ungeprüft übernommen werden dürfen.

M 1 Ausschnitt der Internetseite Wikipedia

Ein Interview durchführen

Arbeitsschritte für das Interview im Rathaus

1. Beratet in Gruppen darüber, wie man den Besuch im Bürgermeisteramt vereinbaren kann (z.B. über die Vorbereitung des Telefonats mit der Amtsleiterin oder dem Amtsleiter, über die Beschaffung von Informationen über das Rathaus oder den Weg zum Rathaus).

2. In einem weiteren Schritt sammelt jeder Fragen, die an die Oberbürgermeisterin oder den Oberbürgermeister (oder eine andere Person, die euch Auskunft geben kann) gestellt werden sollen.

3. Alle Fragen werden nach Schwerpunkten sortiert:
   - Fragen zur Person
   - Fragen zur beruflichen Laufbahn
   - Fragen zur Bürgermeisterwahl usw.

   Findet weitere Themengebiete und sucht Fragen dazu.

4. Bereitet das Interview vor.
   Einigt euch auf eine Fragestellerin oder einen Fragesteller. Besprecht die technische Vorgehensweise (Rekorder mit Mikrofon) und den Ablauf.

M2 **Ein Interview mit der Oberbürgermeisterin**

M3 **Beispiel für Themenbereiche und Fragen:**

a) Aktuelle Lage der Gemeinde
Muss die Gemeinde sparen? Wenn ja, wo würden Sie sparen?

b) Aktuelle Bauvorhaben
Warum wird das Kaufhaus in der City abgerissen?

c) Voraussetzungen für das Amt
Muss man einer Partei angehören, um Bürgermeisterin zu werden?

d) Arbeit des Gemeinderats
Wie oft kommt der Gemeinderat zusammen?

M1 **So – besser nicht! Interviewversuch zum Thema Energieverbrauch der Schule**

Karikaturen auswerten

Karikaturen sind bewusst übertriebene Darstellungen zu politischen und gesellschaftlichen Problemen. Der Zeichner (Karikaturist) spitzt ein Problem zu, übertreibt oder untertreibt es. Oft kommentiert er es mit spitzen Bemerkungen. Wichtig ist es zu erkennen, was mit der Karikatur kritisiert wird.

Zur Auswertung einer Karikatur bieten sich die folgenden vier Schritte an:

1. Was sehe ich? Was fällt an der Zeichnung besonders auf?
2. Welches Problem ist dargestellt?
3. Was will der Karikaturist damit erreichen?
4. Was ist deine Meinung zur Aussage der Karikatur?

Beispiel einer Karikaturenauswertung

Was sehe ich? Was fällt an der Zeichnung besonders auf? Die obere Karikatur zeigt im Vordergrund zwei Krankenschwestern, die in einem Raum einen älteren schwergewichtigen Mann aus dem Bett heben und sich dabei sehr anstrengen müssen, was man am Gesichtsausdruck und an den Schweißtropfen erkennt. Der Mann spricht aus: „... so was ist doch Männerarbeit!" und blickt dabei aus dem Fenster. Durch das Fenster sind zwei Frauen zu sehen, die auf einem Gerüst einer handwerklichen Tätigkeit nachgehen, dies zeigen der Hammer, die Helme und die Holzlatte.

Welches Problem ist dargestellt? Es geht in der Karikatur um häufige Vorurteile über Frauen in der Berufswelt und über typische Frauenberufe und Männerberufe.

Was will der Karikaturist erreichen? Der Karikaturist will verdeutlichen, dass Frauen in typischen Frauenberufen (z. B. Pflegeberufe) oft körperlich sehr schwer arbeiten. Wenn sie aber typische Männerberufe (z. B. im Handwerk) ausüben, werden sie vielfach mit dem Vorurteil konfrontiert, dass sie dafür zu schwach seien. Die Karikatur soll zum Nachdenken darüber anregen.

Was ist deine Meinung zur Aussage der Karikatur? Hier schreibst du deine persönliche Meinung. Wie siehst du das Problem? Stimmst du dem Karikaturisten zu? Welche eigenen Erfahrungen kannst du anführen?

Lernplakate erstellen

Das Lernplakat dient der Ergebnissicherung. Mit einem Lernplakat kann man wichtige Lernergebnisse zusammenfassen und veranschaulichen, das, was man sich unbedingt merken will und anderen mitteilen möchte. Lernplakate können gut in Gruppen entworfen werden:

1. Die Teilnehmer legen den Inhalt des Lernplakates fest.
2. Sie verständigen sich über die Botschaft, die ihr Plakat vermitteln soll.
3. Sie sammeln Ideen über einen interessanten Spruch und die Überschriften.

Für die Fertigstellung werden Plakatkarton und dicke Filzstifte benötigt.

- Für kurze Sprüche ist Hochformat besser geeignet als Querformat.
- Format, Bild und Text müssen gut zusammenwirken.
- Die Botschaft des Plakats muss auf weite Entfernung lesbar sein.

Mindmap

Eine Mindmap (= Gedankenkarte) anfertigen ist eine Arbeitstechnik, um ein Thema zu strukturieren und Zusammenhänge aufzuzeigen.
Gehe dazu folgendermaßen vor:

1. Verwende ein Blatt im Querformat.
2. Schreibe das Thema in die Mitte des Blattes und hebe es durch einen Kreis hervor.
3. Sammle alle Ideen, die dir zum Thema einfallen, zunächst auf einem „Schmierzettel".
4. Welche dieser Ideen sind besonders wichtig? Notiere die wichtigsten Hauptideen in Druckbuchstaben auf Linien (= Zweigen), die direkt vom Thema weggehen. Verwende dabei möglichst nur Stichwörter (Schlüsselbegriffe) oder kurze Formulierungen.
5. Füge für Unterpunkte eines Hauptastes weitere Nebenzweige ein.
6. Gestalte deine Mindmap durch Symbole, kleine Zeichnungen, Farben, unterschiedliche Schrift.

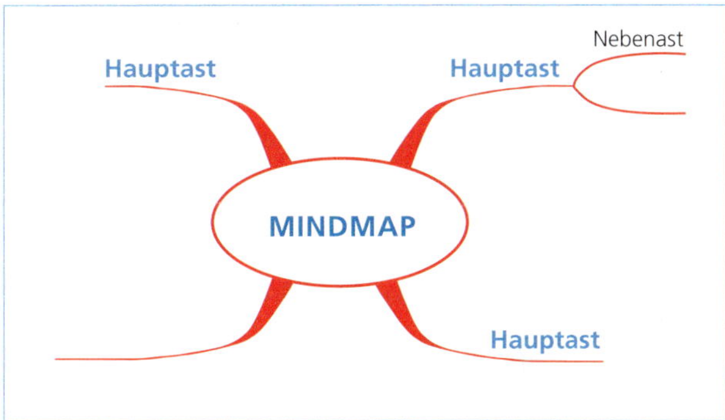

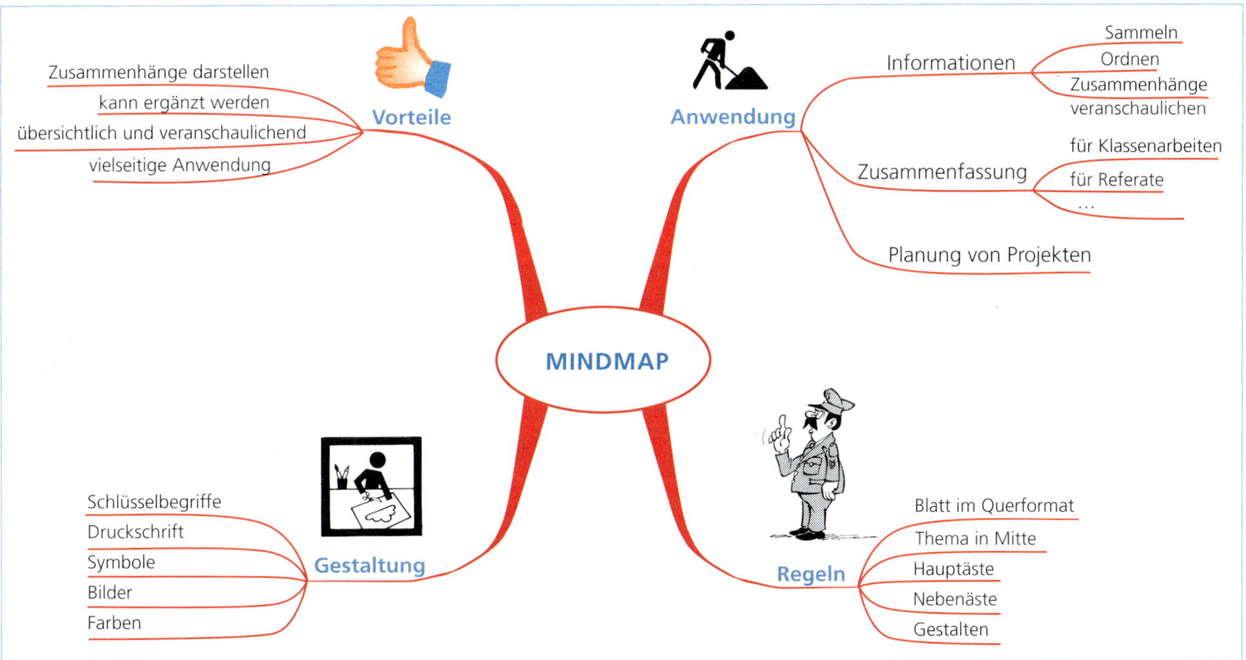

Schaubilder auswerten

Diagramme und Schaubilder begegnen uns täglich in Zeitungen und Zeitschriften, im Fernsehen und in Schulbüchern. Durch sie werden Zahlenangaben zeichnerisch dargestellt, damit zeitliche Entwicklungen, Zusammenhänge oder Vergleiche einfacher ersichtlich werden. Die folgenden Arbeitsschritte sind eine Hilfe bei der Auswertung von Diagrammen und Schaubildern.

Bedeutung von Prozentangaben

Sehr oft werden in Diagrammen auch Prozentangaben verwendet. Der Begriff Prozent stammt aus dem Italienischen (pro cento: von Hundert). **Prozentangaben** bedeuten nichts anderes als **Hundertstel**. Es gilt z. B.:

100 % sind die Gesamtheit.

50 % sind $\frac{50}{100} = \frac{1}{2}$, also die Hälfte.

25 % sind $\frac{25}{100} = \frac{1}{4}$, also ein Viertel.

In Diagrammen und Schaubildern werden Prozentangaben manchmal auch sprachlich umschrieben. Es heißt z. B. *„Von 100 Befragten haben 17 …“*, diese Umschreibung bedeutet das Gleiche wie *„17 % der Befragten haben …“*.

Waren bei einer Frage mehrere Antworten gleichzeitig möglich (Mehrfachantworten), dann ist die Summe in Prozentangaben größer als 100 %.

1. Was wird dargestellt?
   - Wie heißt das Thema?
   - Sind alle Begriffe klar? Schlage unbekannte Begriffe in einem Lexikon nach oder frage nach.
   - Um welche Diagrammart handelt es sich?
   - Ist ein bestimmter Zeitraum oder Zeitpunkt dargestellt? Auf welche Region beziehen sich die Angaben?
   - Woher kommen die Informationen?
2. Was ist die Hauptaussage des Schaubildes?
   - Häufig sind zeitliche Entwicklungen ersichtlich. Kann man diese Entwicklungen näher beschreiben?
   - Welche Vergleiche der Zahlenangaben sind möglich? (Gibt es besonders große und besonders kleine Werte? Fallen bestimmte Werte besonders auf?)
   - Fasse die Hauptaussage in eigenen Worten zusammen.
3. Wie bewertest du das Schaubild?
   - Sind die Angaben des Schaubildes noch aktuell?
   - Gibt es Fehler oder Widersprüche?
   - Was meinst du zur Hauptaussage des Schaubildes?

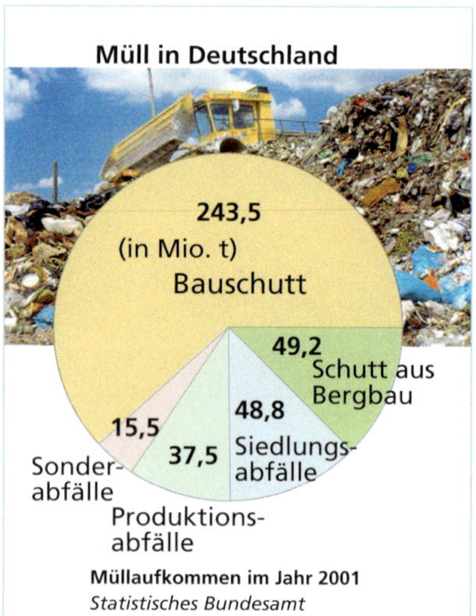

M1 Kreisdiagramm

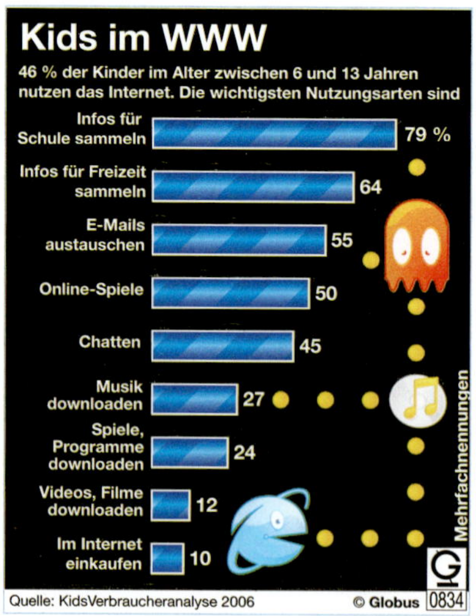

M2 Balkendiagramm

M3 Säulendiagramm

Werbung auswerten

Zur Auswertung von Werbeanzeigen und Werbespots bieten sich die folgenden Fragestellungen an:

A Leitfragen zur Auswertung von Werbeanzeigen

1. Welches Produkt wird beworben?
2. Welche Zielgruppe soll die Anzeige ansprechen?
3. Welche Informationen liefert die Werbung?
4. Welche Tricks der Werbemacher sind erkennbar?
   a Wie wird Aufmerksamkeit erreicht?
   b Welche Bedürfnisse werden angesprochen?
   c Welche Farben werden verwendet?
   d Was fällt am Bild/an den Bildern auf?
   e Welchen Unterhaltungswert hat die Werbung?
   f Welche sprachlichen Kunstgriffe fallen auf?
   g Was fällt außerdem noch besonders auf?
5. Was ist deine Meinung zu dieser Anzeige? Hier schreibst du deine persönliche Meinung. Wie gefällt dir die Werbung? Fühlst du dich von der Werbung angesprochen oder nicht? Begründe.

B Leitfragen zur Auswertung von Werbespots

1. Welches Produkt wird beworben?
2. Welche Zielgruppe soll der Spot ansprechen?
3. Welche Informationen liefert der Werbespot?
4. Welche Tricks der Werbemacher sind erkennbar?
   a Wie wird Aufmerksamkeit und Spannung erreicht? (Erzählt der Werbespot eine Geschichte? Welchen Unterhaltungswert hat der Spot? Wie schnell wechseln die Bildeinstellungen? …)
   b Welche Personen (Prominente, „Experten", Comicfiguren) kommen vor? Was verkörpern sie?
   c Welche Bedürfnisse, Wünsche und Gefühle werden angesprochen? Welche Stimmung wird durch Musik, Bildmotive und Farben erreicht?
   d Wird gesprochen, geschrieben oder gesungen?
   e Was fällt außerdem noch besonders auf?
5. Was ist deine Meinung zu diesem Werbespot?

Tipps:
- Es ist sinnvoll, den Werbespot mehrmals anzusehen und Beobachter für bestimmte Fragen einzuteilen.
- Viele Werbespots sind auch im Internet bei den jeweiligen Unternehmen oder z. B. unter www.kress.de und www.gwa.de zu finden.

Arbeitsformen

Brainstorming in Einzel- und Gruppenarbeit

Brainstorming heißt übersetzt Gedankensturm. Es funktioniert folgendermaßen:

1. In Einzelarbeit sammelt jeder möglichst viele, auch ausgefallene oder „verrückte“ Ideen. Zur späteren Auswertung bietet es sich an, jeden Gedanken auf ein eigenes Blatt oder Karteikärtchen zu schreiben.
2. Bildet anschließend Gruppen mit höchstens fünf Teilnehmern. Stellt euch innerhalb der Gruppe eure Ideen vor – bestimmt fallen euch dabei weitere Ideen ein oder ihr könnt vorhandene Ideen zu neuen verbinden. Beachtet: Eine Bewertung ist streng verboten.

Gruppenhitliste

So erstellt ihr eine Gruppenhitliste:

1. Jeder schreibt auf seinen persönlichen Wahlzettel den für ihn wichtigsten Begriff zu einem Thema. (Ihr könnt auch mit mehreren Begriffen arbeiten.)
2. Vergleicht in der Gruppe. Erstellt eine Hitliste, der am häufigsten genannten Begriffe.
3. Ihr könnt jetzt auch eine Klassenhitliste oder eine Schulhitliste erstellen.

Gruppenpuzzle

Diese Arbeitsform bietet sich an, wenn ihr in einer Gruppe ein Thema bearbeiten wollt, das verschiedene Gesichtspunkte hat. Nachdem ihr das Thema und die Unterthemen (Gesichtspunkte) benannt habt, geht ihr so vor:

1. Setzt euch in Stammgruppen je nach Anzahl der Unterthemen zusammen, in diesem Beispiel vier.

Entscheidet euch in der Gruppe, welches der Unterthemen euch am meisten interessiert. Teilt euch entsprechend den Themen auf.

2. Jede Gruppe hat einen zukünftigen Experten für jedes Thema benannt. Die Experten setzen sich nun in den Expertengruppen zusammen. Hier eignen sie sich die Informationen über das Thema an. Anschließend diskutieren sie, wie sie das bearbeitete am besten erläutern können. Hierzu können kleine Skizzen, Mindmaps etc. angefertigt werden.

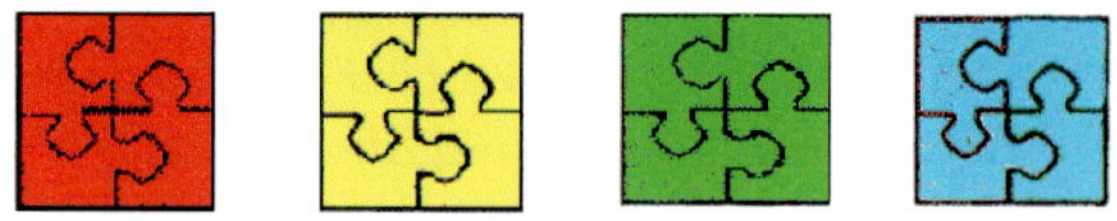

3. In der dritten Runde kehren die Experten wieder in ihre Stammgruppen zurück. Jeder Experte erläutert nun sein Spezialthema und klärt Rückfragen.

4. Sind die Stammgruppen fertig, kann das Hauptthema im Plenum diskutiert werden.

Ideenkarussell

Mit einem Ideenkarussell könnt ihr viele Gedanken zu einem Thema in der Gruppe sammeln. Geht dabei wie folgt vor:

1. Schreibt angefangene Sätze zum Thema an die Tafel.

> Ohne Autos werden wir ...
> Energie gewinnen wir dann aus ...
> Wenn es kalt wird, werden wir ...

2. Schreibt weitere Satzanfänge hinzu.
3. Ergänzt sie, sodass vollständige Sätze entstehen. Wenn schon Ergänzungen da sind, lest diese, bevor ihr selbst schreibt.
4. Sprecht über die entstandenen Sätze.

Kartenabfrage

1. Bestimmt in der Klasse ein Thema, zu dem ihr eine Kartenabfrage durchführen wollt. Schreibt das Thema groß in die Mitte der Tafel.

2. Teilt euch in Gruppen zu etwa vier Schülern ein. Schreibt eure Gedanken auf Karten auf. Immer nur ein Gedanke pro Karte – schreibt groß und deutlich!

3. Wählt ein Moderatorenteam (2 bis 3 Schüler). Dieses Team sammelt nach etwa 5 bis 10 Minuten die Karten ein und heftet sie an die Tafel.

4. Sortiert nun gemeinsam die Karten. Findet Doppelungen und legt die Karten nach Unterthemen zusammen, denen ihr Überschriften gebt.

5. Mit dem Ergebnis könnt ihr nun weiterarbeiten: Ihr könnt zum Beispiel die einzelnen Themen in Gruppen genauer untersuchen.

Rollenspiel

Jeder spielt in seinem Leben viele verschiedene Rollen, oft ohne es zu merken: die Rolle als Schüler, Tochter, Bruder, Kumpel, … Hinter allen diesen Rollen steht eine Person, die auf ihre Umgebung unterschiedlich reagiert.

Situationskarte:

Rollenkarte 1
(Name, Alter, Beruf, …):
Einstellungen:
Ziel:

Das Rollenspiel bietet die Möglichkeit, sich in Situationen „hineinzuversetzen", in Rollen „hineinzuschlüpfen", um dabei zu verdeutlichen, wie Menschen in bestimmten Augenblicken denken, fühlen und handeln. Auch typische Streitsituationen können mit einem Rollenspiel aufgegriffen werden.

Zur Vorbereitung, Durchführung und Auswertung eines Rollenspiels solltet ihr folgendermaßen vorgehen:

1. Um welches Problem geht es? Was soll mit dem Rollenspiel geklärt werden? Welche Rollen gibt es? Wo findet die Handlung eigentlich statt? Auf einer Situationskarte wird die Ausgangslage beschrieben.

2. Auf Rollenkarten wird die jeweilige Rolle näher bestimmt. Sie werden als „Drehbuch" an die einzelnen Spieler verteilt. Hier wird festgelegt: Welche Einstellungen werden vertreten? Welche Ziele will der Einzelne erreichen? Wie soll er auftreten? Die Rollen werden verteilt.

3. Für jeden Spieler sind mehrere Beobachter zuständig. Sie beobachten und untersuchen folgende Punkte: Hat sich der Spieler an seine Rolle gehalten und diese verständlich dargestellt? Haben seine Argumente überzeugt? Hat der Spieler laut und deutlich gesprochen?

Stummes Schreibgespräch

Für ein stummes Schreibgespräch benötigt ihr folgende Materialien:
Schere, Kreppband, Filz- oder Wachsmalstifte, Wandtapeten (von großen Papierrollen, Resttapeten oder Kartonpapier).
Je nach Gruppengröße werden auf mindestens zwei zusammengestellten Tischen zwei Wandtapeten in der Breite eines Tisches aneinandergelegt und mit Kreppband befestigt. Die Stühle werden beiseite gestellt.
Nun wird in großer Schrift auf jede Tapete eine Aufgabe oder eine Frage geschrieben.
Auf ein vereinbartes Zeichen wird für etwa 10 Minuten nicht mehr gesprochen. Ihr könnt euch während dieser Zeit nur noch schriftlich mitteilen.
Bis zu 15 Personen verteilen sich gleichmäßig um die Tischgruppe. Während der ganzen Zeit geht ihr langsam um die Tische und entscheidet selbst, wann, wie viel und wo ihr etwas hinschreiben wollt. Wie in einem normalen Gespräch wird es möglich sein, viel zu schreiben oder erst einmal zu sehen, was die anderen schreiben. Ihr könnt Meinungen und Argumente hinschreiben, Beiträge von anderen kommentieren, sie bestärken oder ihnen widersprechen. Die Meinungsäußerungen der anderen dürfen aber nicht durchgestrichen oder verändert werden. Ein Beispiel für ein stummes Schreibgespräch findet ihr auf Seite 47.

Kompass

A B C D E F G H J
160 140 120 100 80 60 40 20 0
westl.
Grönland
(dän.; Selbstverwaltung)
Jan Mayen
(norw.)
Alaska
(USA)
Aleuten
Mackenzie
Baffinland
Juneau
Nuuk
Reykjavík
ISLAND
Färöer
(dän.)
KANADA
GROSS-
BRITANNIEN
IRLAND
London
Paris
FRANK
REICH
Vancouver
Winnipeg
Seattle
Neufundland
Saint-Pierre
und Miquelon (frz.)
Minneapolis
Montreal
Ottawa
VEREINIGTE
STAATEN
(USA)
Chicago
New York
Washington
San Francisco
Saint Louis
Mississippi
Los Angeles
Houston
New
Orleans
Miami
Azoren
(port.)
PORTUGAL
Madrid
SPANIEN
Lissabon
Gibraltar
(brit.)
Rabat
Algerien
Bermudainseln
(brit.)
Madeira
(port.)
MAROKKO
ALGERIEN
Hawaii-In.
(USA)
Honolulu
Nördlicher Wendekreis
ATLANTISCHER
OZEAN
MEXIKO
Mexiko
Havanna
BAHAMAS
KUBA
DOM.REP.
HAITI
JAMAIKA
Kanarische Inseln
(span.)
Sahara
MAURETANIEN
MALI
Revilla-Gigedo-Inseln
(mex.)
ST. KITTS UND NEVIS
ANTIGUA UND BARBUDA
Guadeloupe (frz.)
DOMINICA
Martinique (frz.)
ST. LUCIA
BARBADOS
ST.VINCENT
GRENADA
Puerto
Rico (USA)
Ndl. Antillen
PAZIFISCHER
BELIZE
GUATEMALA
HONDURAS
EL SALVADOR
NICARAGUA
COSTA RICA
PANAMA
KAP VERDE
Dakar
GAMBIA
SEN.
GUINEA-BISSAU
GUINEA
SIERRA LEONE
LIBERIA
CÔTE
D'IVOIRE
GHANA
TOGO
BENIN
BURKINA
FASO
Bamako
Clippertoninsel
(frz.)
Caracas
VENEZUELA
TRINIDAD
U. TOBAGO
GUYANA
SURINAME
Frz.-Guayana
Bogotá
KOLUMBIEN
Äquator
Quito
ECUADOR
Galápagosinseln
(ecuad.)
Manaus
Amazonas
Sankt Paul
(bras.)
Fernando de Noronha
(bras.)
SÃO TOMÉ
UND PRÍNCIPE
Ascension
(brit.)
BRASILIEN
Recife
PERU
Lima
Marquesas-In.
(frz.)
Tuamotu-In.
(frz.)
Gesellschafts-In.
(frz.)
Tahiti
OZEAN
BOLIVIEN
La Paz
Brasília
Sankt Helena
(brit.)
Rio de Janeiro
São Paulo
Trindade
(bras.)
PARAGUAY
Asunción
Südlicher Wendekreis
Tubuai-In.
(frz.)
Pitcairn
(brit.)
Sala-y-Gomez
(chil.)
Osterinsel
(chil.)
San Félix
(chil.)
CHILE
ARGENTINIEN
Juan-Fernández-Inseln
(chil.)
Santiago
URUGUAY
Montevideo
Buenos
Aires
Tristan da Cunha
(brit.)
Goughinsel
(brit.)
Falklandinseln
(brit.)
Punta Arenas
Feuerland
Südgeorgien
(brit.)
Süd-Sandwich-Inseln
(brit.)
Süd-Orkney-Inseln
(brit.)
Grahamland
(brit.)
Südlicher Polarkreis
ALB. = ALBANIEN
ARM. = ARMENIEN
AS. = ASERBAIDSCHAN
B. = BELGIEN
BD. = BANGLADESCH
BH. = BHUTAN
B.-H. = BOSNIEN-HERZEGOWINA
BU. = BURUNDI
DOM. REP. = DOMINIKANISCHE REPUBLIK
EST. = ESTLAND
GE. = GEORGIEN
IS. = ISRAEL
JORD. = JORDANIEN
KAMB. = KAMBODSCHA
KIRG. = KIRGISISTAN
KRO. = KROATIEN
L. = LUXEMBURG
LETT. = LETTLAND
LIB. = LIBANON
LIT. = LITAUEN
MAZ. = MAZEDONIEN
MON. = MONTENEGRO
MOL. = MOLDAU
NL. = NIEDERLANDE
Ö. = ÖSTERREICH
R. = RUANDA
S. = SCHWEIZ
SERB. = SERBIEN
SEN. = SENEGAL
SLO. = SLOWENIEN
SLW. = SLOWAKEI
TSCH. R. = TSCHECHISCHE REP.
TAD. = TADSCHIKISTAN
V.A.E. = VEREINIGTE ARABISCHE EMIRATE
austr. = australisch
bras. = brasilianisch
brit. = britisch
chil. = chilenisch
dän. = dänisch
ecuad. = ecuadorianisch
frz. = französisch
ind. = indisch
jap. = japanisch
jem. = jemenitisch
maurit. = mauritisch
mex. = mexikanisch
ndl. = niederländisch
neus. = neuseeländisch
norw. = norwegisch
port. = portugiesisch
russ. = russisch
span. = spanisch
südafr. = südafrikanisch
Besitzungen europäischer Staaten in Übersee sind schraffiert.

Franz-Josef-Land (russ.)
Sewernaja Semlja
Nowaja Semlja
Murmansk
FINNLAND
Nördlicher Polarkreis
Jenissei
Lena
R U S S L A N D
(Russische Föderation)
Ob
Sankt Petersburg
EST.
LETT.
LIT.
WEISS-RUSSLAND
Moskau
Perm
Jekaterinburg
Nowosibirsk
Irkutsk
Tschita
Samara
Wolga
Charkow
Kiew
UKRAINE
MOL.
RUMÄNIEN
BULGARIEN
Wolgograd
Astana
KASACHSTAN
MONGOLEI
Ulan-Bator
Amur
Chabarowsk
Sachalin
Kamtschatka
Kurilen (russ.)
Sankt-Lorenz-Insel (USA)
Aleuten (USA)
Bischkek
Almaty
KIRG.
USBEKISTAN
Taschkent
Tiflis
GE.
ARM.
AS.
Baku
Istanbul
Ankara
Eriwan
TÜRKEI
TURKMENISTAN
Aschgabad
Duschanbe
TAD.
Teheran
IRAN
AFGHANISTAN
Kabul
Islamabad
PAKISTAN
ZYPERN
LIB.
SYRIEN
IS.
JORD.
IRAK
Bagdad
KUWAIT
BAHRAIN
KATAR
V.A.E.
Kairo
ÄGYPTEN
SAUDI ARABIEN
Riad
Mekka
OMAN
JEMEN
Karachi
Nil
SUDAN
Khartum
Asmara
ERITREA
DSCHIBUTI
Addis Abeba
ÄTHIOPIEN
SOMALIA
Mogadischu
Sokotra (jem.)
CHINA
Peking
Tibet
Lhasa
Xian
Nanking
Schanghai
Tschungking
NEPAL
BH.
Neu-Delhi
Ganges
INDIEN
Kolkata
B.D.
Mumbai
Haiderabad
Chennai
MYANMAR
Yangon
THAILAND
LAOS
VIETNAM
Hanoi
Bangkok
KAMB.
Ho-Tschi-Minh-Stadt
Macau
Hongkong
Taipeh
TAIWAN
Wladiwostok
NORD-KOREA
SÜD-KOREA
Seoul
Pusan
JAPAN
Tokio
Osaka
Nanseiinseln (jap.)
PAZIFISCHER OZEAN
Bonininseln (jap.)
Vulkaninseln (jap.)
Nördlicher Wendekreis
Marianen (USA)
Wake-I. (USA)
Guam (USA)
Jap (USA-Verw.)
MIKRONESIEN
MARSHALLINSELN
Karolinen (USA-Verw.)
PALAU
PHILIPPINEN
Manila
Andamanen (ind.)
Nikobaren (ind.)
Lakkadiven (ind.)
SRI LANKA
Colombo
MALEDIVEN
MALAYSIA
BRUNEI
SINGAPUR
Sumatra
Borneo
Celebes
Molukken
INDONESIEN
Jakarta
Java
West-irian
OST-TIMOR
PAPUA-NEUGUINEA
Port Moresby
SALOMONEN
Äquator
NAURU
KIRIBATI
TUVALU
VANUATU
FIDSCHI
Neukaledonien (frz.)
INDISCHER OZEAN
SEYCHELLEN
Amiranten (zu Seych.)
Tschagosinseln (brit.)
Diego Garcia (brit.)
Kokosinseln (austr.)
Christmasinsel (austr.)
KOMOREN
Kisangani
UGANDA
KENIA
Nairobi
DEM. REP. KONGO
Kinshasa
R.
BU.
TANSANIA
Dodoma
Daressalam
Lubumbashi
SAMBIA
MALAWI
MOSAMBIK
Harare
SIMBABWE
BOTSUANA
Tshwane
Maputo
SWASILAND
LESOTHO
SÜDAFRIKA
MADAGASKAR
Antananarivo
Réunion (frz.)
MAURITIUS
Rodrigues (maurit.)
ZENTRALAFRIKAN. REPUBLIK
AUSTRALIEN
Südl. Wendekreis
Brisbane
Perth
Canberra
Sydney
Melbourne
Tasmanien
Norfolkinsel (austr.)
Kermadec-In. (neus.)
NEUSEELAND
Auckland
Wellington
Chathaminseln (neus.)
Aucklandinseln (neus.)
Campbellinsel (neus.)
Macquarieinseln (austr.)
Amsterdam
Sankt Paul (frz.)
Prinz-Eduard-Inseln (südafr.)
Crozetinseln (frz.)
Kerguelen (frz.)
McDonald-Inseln (austr.)
Heardinsel (austr.)
Australischer Anspruch
Frz. Anspruch
Austr. Anspruch
0 1000 2000 km
L M N O P Q R S T
40 60 80 100 120 140 160 180

Register

Bildquellen

agenda/Wolfgang Huppertz: 121/M5; akg-images: 60/M3, 68; Rainer Alf: 55/M4; Amnesty International: 162 o. l.; Anne-Frank-Schule, Hamburg: 32/M4; AP: 10 F (Foto: Richard Lewis), 102/M1 (© Marcio Silva), 104/M1, 167; Arco Images: 174 r.; Kerstin Ardelt, Freital: 14/M3; Astrofoto/ESA: 88 M.; Avenue Images: 65/M2 2. r., 85/M2; avero, Berlin/ARD-Foto: 142/143, 143 r. und u.; Bachmann/f1 online: 28/M2; Helga Bachmann/Greenpeace: 173/M1; BMW AG: 113/M5; Sebastian Bolesch: 92/M2; Bundesbildstelle: 10 A; Bundesministerium für Familie, Senioren, Frauen und Jugend: 19/M5, 37// M1, 50/M2, 163 o. r.; Bundeszentrale für politische Bildung: 163 u. r.; Carlson Verlag: 162 o. r.; Competence Center Neue Technologien, Fraunhofer-Institut: 147 M.; Corbis: 18/M1 u. (© Florensco Productions), 65/M2 2. l. (© Jack Fields), 88 M. r. (© Bettmann), 120 o. l. und u. r. (© Owen Franken), o. r. (© Richard T. Nowitz), u. l. (© Dave Bartruff); Corel Library: 11/ M3 u. (2); Dena: 101/M5; Deutsche BP, Hamburg: 95/M4; Deutscher Caritasverband, Freiburg: 49 o. l.; Deutsch Wikipedia: 116/M2; Christian Ditsch/version-foto.de: 10 B; EDEKA-Pressebild: 76/M2; Stefan Eling: 103/M4, 166 l.; Extra Tips Werbungs-Vertriebsgesellschaft mbH: 16; Family Media/Titelfoto Meeke Voges: 49 M.; Fotolia: 90/M2, 128 u. l. (© Timo Darco), 129 r. (© Szerdahelyi Adam), 146 u. (© tom), r. (© tospark), 146/147/Hintergrund (© frenta), 147 u. (© eyezoom1000), 148/M1 (© tom), 168 o. r. (© Lorelyn Medina); Miguel Fernandez: 151 u. l.; Bernd Gerken, Borken: 127/M5; G.E.Z.: 136 l.; Jürgen Grabowski, Berlin: 99/M4, 107/M4; Susanne Groß, Garbsen: 57/M5; Sebastian Grote: 152/M2; Herbert Gutsch: 58/M4; Elke Häußler, Neuenstein: 158/M1; Haidhausen Verlag Grafik.PR Werbung GmbH, Herten: 70/ M1; Horst Haitzinger: 41/M3, 95/M8; Sabine Held: 32/M1, M2, 33/M6; h.e.p. Verlag AG, Bern: 82/M1; Ernst Hürlimann: 86/M3; Hessisches Ministerium der Justiz, für Integration und Europa: 109/M3; Jugendparlament Wiesbaden: 12/M1; Jugendrotkreuz: 53/M2; Elisabeth Köster, Bonn: 119/M5 (3); Walter Kurowski: 85/M3; Reinhold Löffler: 141/M4; LSV-Hessen: 26/M1, 27/M3; Henning Lüders, Berlin: Titelfoto, 86/M2; LVR Landesmuseum Bonn: 71/M4; Marie Marcks, Heidelberg: 61; Markenverband e. V. Wiesbaden: 78/M1; mauritius-images: 46, 65/M2 1. l., 4. l., 3. r., 91 1–6, 117/M7 (Superstock), 127 u.; Gerhard Mester: 51, 103/M6; Burkhard Mohr: 81M4, M6; Joan Cozacu: 76/M5; Oxfam Deutschland e. V.: 82/M2, 83/M5; Manfred von Papen, Berlin: 165 u.; Perscheid: 171 u. l.; picture-alliance/akg-images: 71/M3, 88 l. u.; picture-alliance/dpa: 57/M6, 93/M9 o., 117/M8, 162 u. r., 171 r.; picture-alliance/dpa/© dpa: 128/129 o.; picture-alliance/ dpa/© dpa-Bildarchiv: 18/M1 o., 20/21, 82/M3, 122/M2 (4); picture-alliance/dpa/© dpa-Report: 116/M2, 140, 160/M2 3; picture-alliance/dpa/© dpa-Sportreport: 63/M3 u.; picture-alliance/dpa/dpaweb/© dpa: 28/M1; picture-alliance/dpa/dpaweb/© dpa-Fotoreport: 63/M3 r.; picture-alliance/dpa/dpaweb/© dpa-Report: 122/M1; picture-alliance/Helga Lade Fotoagentur: 14/M1; picture-alliance/newscom: 146; picture-alliance/ZB/Peter Grimm: 124/M2; picture-alliance/ZB/© ZB-Fotoreport: 116/M4, 128/129 u.; picture-alliance/ZB/© dpa-Report: 10 E; picture-alliance/ZB/© ZB – Bernd Settnik: 36/37; Thomas Plaßmann: 67/M5, 107/M3, 149/M4; Annette Pölert-Klassen: 22/M1, M3; Presse- und Informationsamt Frankfurt: 116/M1; Projectphotos: 71/M5; Redaktion handysektor.de, www.handysektor.de: 157; Edgar Reinert, Reutlingen: 173/M2; Rights Protected: 116/M1; Roland Poellinger (www.rforge.com) in: JFF – Institut für Medienpädagogik, Jugendonline, netzcheckers.de (Hrsg.). handy life. funken klicken freunde treffen. Bonn/München 2009: 156/M1; Presse- und Informationsamt der Bundesregierung: 141/M6; Sammlung Bauern-Schuster, Annette Schamuhn (Fotos: Lüders, Karstadt-Warenhaus AG, SIGMA, Elektro GmbH): 63/M2; Henning Schöttke: 129 u.; Thomas Schulz: 11/M3 o. M.; Senatsverwaltung für Integration, Arbeit und Soziales. Der Beauftragte für Integration und Migration: 115/M3; Spar Österreich, Pressebild: 76/M1; Spiegel-Verlag, Hamburg: 49 (3), 56, 103/M5; Stern/Picture Press: 49 o. r.; Peter Südhoff, Berlin: 11/M3 o. l. und o. r.; The Image Bank: 11/M2; © TOM: 114; Jürgen Tomicek: 115/M5; Unger: 60/M2; UNHCR: 110/M1; Verband für intellektuelle Arbeit: 126/M2; Verlagsarchiv: 94/M3; WDR: 160/M2 4; © Weissbach/teamwork: 30; Peter Wirtz, Dormagen: 10 D; Freimut Wössner: 67/4; Jupp Wolter/Haus der Geschichte, Bonn: 94/M1; WWF: 170 o. r., u. r.; Thomas Zimmermann: 76/M3, 80/M1

Nicht in allen Fällen war es uns möglich, die Rechteinhaber der Abbildungen ausfindig zu machen. Für eventuell entstandene Fehler oder Auslassungen bitten wir um Verständnis. Berechtigte Ansprüche werden selbstverständlich im Rahmen der üblichen Vereinbarungen abgegolten.

Illustration: Daniel Hoesch, Matthias Pflügner, Dorothee Wolters
Grafiken und Karten: Dr. Volkhard Binder, Peter Kast

Cornelsen

ISBN 978-3-06-064178-9
9 783060 641789